이 책에 쏟아진 찬사

분명히 잘 쓴 제안서인데 왜 수주에 실패하는지 이유를 모르겠다면 《자주 이기는 제안서》를 펼쳐라. 정답은 이 책 안에 있다. 나는 삼성SDS 대표직에 있을 때부터 해외사업 제안 컨설팅, 해외사업 제안 교육, 국내사업, 세미나 운영 등에서 쉬플리코리아와 다양한 협력을 하였다. 40년 컨설팅 노하우를 가진 글로벌 기업 쉬플리는 성공적인 제안 컨설팅을 통해 고객을 효과적으로 돕고 있는 곳으로, 미국의 마이크로소프트 본사 역시 쉬플리와 함께 다양한 비즈니스를 수행하고 있다.

쉬플리코리아는 생소하던 제안 원리들을 처음 국내에 도입하였을 뿐만 아니라 국내 시장에서 무려 88%라는 획기적인 제안 성공률을 기록하며 많은 기업과 수주 성공을 이뤄냈다. 그런 만큼 이 책은 쉬플리코리아의 김용기 대표가 직접 집필했다는 이유만으로도 신뢰가 가고 기대가 된다. 제안 실무를 하는 담당자에게는 필수적이라 할 수 있고, 현업에서 수년간 실무를 보다가 오랜만에 제안 작업을 하는 제안 PM 등 제안서 작성자들에게도 일독을 권한다. 특히 글로벌 사업에 어려움을 겪는 여러 기업의 담당자들에게는 글로벌 스탠다드의 제안 방법론을 이해할 수 있는 좋은 책이라고 생각한다. 이 책은 치열한 수주 전쟁에 참여하는 당신에게 승리를 가져다 줄 든든한 무기가 될 것이다.

고순동 (한국마이크로소프트 대표이사 사장)

B2B 영역에서 제안의 중요성과 체계적인 수주 프로세스 관리의 중요성은 점차 커지고 있다. 하지만 그동안 국내에는 B2B 비즈니스에 대해 전문적으로 이

해할 수 있도록 돕는 책이 없었다. 제안 전략을 세우고 고객 중심의 제안서 작성법을 확인하고 싶다면 주저 없이 이 책을 권한다. 영업과 기술 책임자는 물론이고 조직의 리더까지 이 책을 함께 읽고 나면 분명 제안과 수주에 대한 생각이 바뀔 것이다.

LG전자의 한국영업본부 역시 쉬플리코리아와 함께 중요한 사업들의 선 제안과 수주 프로세스 및 시스템의 개선 작업을 지속적으로 해나가고 있다. 《자주 이기는 제안서》는 입찰 시장뿐만 아니라 대형 B2B 사업의 선 제안과 CRM 개선 등의 영역에서도 많은 인사이트를 주리라 생각한다.

이상윤 (LG전자 한국영업본부 B2B그룹 부사장)

몇년 전, 쉬플리코리아의 컨설팅을 받아 처음 국가 입찰에 도전했고, 연거푸 성공했던 경험이 있다. 이 책을 읽으며 당시 전략 도출에서부터 프레젠테이션에 이르는 입찰의 전 과정을 매우 섬세하게 복습한다는 생각이 들었다. 읽는 내내 직접 컨설팅을 받는 느낌이었다. 수주율을 올리려면 반드시 옆에 두고 학습해야 할 입찰과 제안 사업의 완벽한 교과서이다.

양태회 (비상교육 대표)

우리나라는 더욱 투명하고 공정한 경쟁사회를 지향하는 한편, 미래의 꿈을 위해서는 국제적 경쟁력 우위를 발전시켜 나가야 합니다. 쉬플리는 50년 이상 기업의 수주 방법론과 프로세스를 연구하고 전 세계에 전파한 최고의 수주 전문 기업으로 비즈니스 성공을 이끄는 가이드 역할을 해왔습니다. 특히, 최근 들어 우리나라 방위산업 기업들이 선진 해외 경쟁국들의 높은 장벽을 극복하고 수출사업을 수주하여 국가 경제에 기여하고 국위선양에 이바지하기 위해서도 수주 방법론 진화는 중요합니다.

쉬플리코리아는 오늘날 비즈니스 환경이 AI기술의 발전과 글로벌 경쟁 심화로 인해 그 어느 때보다도 빠르게 변화하고 있음을 고려하여, 이번 개정판을 통해 그 동안 축적된 노하우를 한국 현실에 맞게 정교하게 녹여냈습니다. 쉬플리의 《자주 이기는 제안서》를 제대로 활용하여 체계화된 수주 프로세스를 갖추게 된다면 수주 성공률을 극적으로 높이는 효과를 가져올 것입니다. 이 귀중한 책의 재발간을 진심으로 축하드리며, 모든 독자들이 본서를 통해 새로운 영감과 실질적 성과를 얻게 되기를 기대합니다.

권태환 (한국국방외교협회 회장)

현재는 정보화 사회다. 과거와는 다르다. 그런데 아직까지도 자신의 경험과 매뉴얼만 믿고 주먹구구식으로 제안서를 쓰는 사람이 많다. 모든 분야에서 전문가는 확실히 다르다. '제안'도 전문 영역이기에 전문가의 손길이 제안서에 닿으면 빛을 발한다. 쉬플리는 제안 분야에 있어서 세계 최고의 전문가 집단이고, 쉬플리의 손길이 닿으면 제안서가 바뀐다. 이 책을 통해 독자들도 세계 최고의 제안 전문가 집단인 쉬플리의 노하우를 만나보길 바란다.

이연택 (청암 EnC 부사장)

비즈니스 전장에서 입찰 제안의 중요성은 두말할 필요조차 없다. 하지만 실제 기업 현장에서는 주먹구구식 대응이 많아 안타까웠다. 〈DBR〉이 입찰 제안 전문 회사인 쉬플리코리아의 콘텐츠에 애착을 가진 것은 이런 배경에서다. 〈DBR〉 연재를 통해 많은 협상 실무자에게 긍정적인 공감을 얻었던 쉬플리코리아만의 입찰 제안 전략은 이제 《자주 이기는 제안서》를 통해 비즈니스 관행을 혁신하고 여러 기업의 입찰 제안 경쟁력을 한 단계 끌어올리는 데 기여할 것이다. 이 책이 현장에서 더욱 유용하게 활용되기를 기대한다.

김남국 (〈DBR〉 편집장)

사업 기회를 발굴하고 수주하기 위해 우리 기업들은 많은 어려움과 난관을 극복해야 한다. 50년 이상 검증된 쉬플리코리아의 수주 원리가 담긴《자주 이기는 제안서》는 이미 제안서 작성의 해법으로 통용되고 있다. 이 책의 원리에 기반하여 제안서를 개발한다면 기업의 경쟁력을 높이고 사업 수주에 결정적 길잡이가 되어 줄 것이다.

최동일 (한화오션 특수선사업부 설계위원)

쉬플리코리아의《자주 이기는 제안서》는 기업 경쟁력을 높이기 위한 나의 바이블이자 성공전략이다. 글로벌 컨설팅 기업 쉬플리가 40년간 정상을 지킬 수 있게 한 성공 노하우와 이기는 제안서 작성법이 담겨 있다. 이제 과감히 투자하고 실천하라! 그러면 성공에 대한 고민이 해결될 것이다.

이승종 (현대로템 방산국내영업팀 팀장)

이 책의 초판인《최강 입찰 제안서》를 읽고 나서 다른 사람들(특히 경쟁사)도 읽으면 어쩌나 걱정했던 기억이 있다. 하지만 이제는 걱정하지 않는다. 읽는 것이 아니라 실천하는 것이 중요하다는 깨달음을 얻었기 때문이다. 세상에는 많은 지식이 있지만 받아들이고 실천하는 사람에게만 소용이 있다. 이 책에는 초판보다 더 많은 지식과 노하우가 담겨 있어서 한 번에 받아들이기 쉽지 않다. 하지만 곁에 두고 계속 읽는다면 분명 '자주 이기는' 방법에 접근할 것이고, 이후에도 이기는 일이 계속 반복될 것이다.

조영탁 (휴넷 대표이사)

자주 이기는
제안서

(자이제 시리즈 I)

수주 영업에서 프레젠테이션까지
수주와 제안의 모든 것

자주 이기는 제안서

SHIPPLEY WINNING PROPOSAL

쉬플리코리아 김용기 지음

휴넷쉬플리코리아

프롤로그

이 책은 2012년에 출간된《최강 입찰 제안서》의 증보판으로 2019년 1월 초판 발행에 이어 2판을 인쇄하게 되었습니다.《최강 입찰 제안서》를 구매하셨던 분들께서는 책의 제목이 달라졌다고 해서 내용이 전부 다른 새로운 책이 아니라는 점을 염두에 두시고 내용을 꼼꼼히 살펴본 후 구매해 주시기를 부탁드립니다.

《자주 이기는 제안서》1차 인쇄분의 완판에 감사드리며, 6년 전에 출간된 책을 다시 증판하게 된 것은 무엇보다도 독자들이 보내주신 찬사와 응원이 있었고, 1판이 발행된 당시와 비교하여 사회적, 환경적으로도 많은 변화가 있었기 때문입니다. 그 중 두 가지 핵심적인 변화는 다음과 같습니다.

첫째는 우리 사회가 투명성과 함께 수준 높은 시민의식으로 한층 더 발전하고 있다는 것입니다. 우리 사회는 그간 코로나 팬데믹을 비롯하여 여러 어려움을 극복하면서 미래를 향한 발전과 의지가 더욱 높아지고 있습니다. 실력과 노력으로 건강한 결과를 가져오는 것이 투명성(Transaparency)이며 이 책에서 지향하는 가치입니다.

둘째는 수주영업/전략개발/제안 전문성이 과거보다 더욱 더 강조되고 있습니다. 이러한 경향은 글로벌에서 국내로 그 현상이 전파되고 있는데 쉬플리 본사는 오래전부터 마이크로소프트(Microsoft)의 '제안센터(Proposal Center)' 업무를 대행하고 있습니다. 이처럼 각 기업이 '제안센터' 업무를 외주화하거나 제안 전문가와 전문조직으로부터 지원을 받는 경향은 한층 더 본격화될 것으로 보입니다. 필자 역시 이러한 흐름이 바람직하다는 판단으로 고객분들께 '제안센터' 설립을 적극 권유하고 있습니다. 이러한 배경을 바탕으로 저는 이 책을 새롭게 펴내야겠다고 생각했습니다. 그리고 다음과 같은 이유로 제목 또한 새롭게 바꾸는 것이 좋겠다는 생각이 들었습니다.

첫째, 이 책의 기존 제목인 '최강 입찰 제안서'라는 이름은 당시 초판을 펴낸 출판사가 제의해 온 것입니다. 당시 저는 책을 만드는 데 있어서 만큼은 초보라는 생각으로 그 제의를 받아들였습니다. 그런데 책이 나오고 나서 오랫동안 제 마음 한 구석에는 찜찜한 생각이 가득했습니다. '최강 제안서'라는 것이 과연 있기는 할까?' 하는 생각 때문이었습니다. 아무래도 제목이 책의 정체성을 온전히 담아내지 못하는 것 같았습니다. 매번 컨설팅을 할 때마다 쉬플리의 과제는 앞서 진행했던 컨설팅을 극복하는 것을 목표로 하고 있습니다. 즉 쉬플리에게 '최강 제안서'란 가장 최근에 작업한 것일 수밖에 없습니다.

둘째, 이 책이 오탈자를 수정하는 정도에 그친 것이 아님을 밝히고 싶었습니다. 실제로 증보판 작업에는 초판 집필에 쏟은 것과 비슷한 만큼의 시간을 투자했습니다. 초판이 출간되고 많은 시간이 흐른 지금까지 우리나라에 발표된 수주, 영업, 제안, PT와 관련된 지식을 모두 들여다보면서 기존에 있던 내용은 깊이 발전시키고, 없거나 부족한 내용은 새로 삽입하였습니다.

마지막으로 이 책이 당분간 우리나라의 수주영업, 수주제안 분야에 있어서 표준이 되지 않을까 감히 생각해 봅니다. 그렇기에 좀 더 많은 분들이

이 책을 접하면 좋겠다는 불순한 의도도 제목을 바꾸는 데 영향을 끼쳤음을 고백합니다.

이 책은 한 번 보고 덮어도 되는 일회성 책이 아닙니다. 두껍고 무거운, 인스턴트 시대 흐름에 역행하는 책을 만들게 된 것은 전적으로 제 의도입니다. 이 책을 구입하신다면 가급적 책상 위에서 가장 손이 잘 가는 곳에 책을 두고, 자주 펼쳐보며 제안과 관련된 여러 고민들을 숙성시키셨으면 합니다. 그것이 구입하신 가격 이상의 가치를 뽑아내는 방법이라고 생각합니다. 저는 이 책을 통해 그렇게 손때가 묻을 만큼의 가치를 전해드리기 위해 최선을 다했습니다.

한 가지 꼭 말씀드리고 싶은 것은, 제 저술과 강의는 온전히 저의 지적 생산물이 아니라는 점입니다. 제가 말씀드리는 기초지식의 상당 부분은 쉬플리 본사가 50년 이상 연구하고 컨설팅한 내용에서 나왔습니다. 또한 책과 강의를 풍부하게 하는 여러 사례와 경험은 지난 17여 년간 우리 쉬플리코리아 팀이 컨설팅과 교육을 통해 축적한 땀과 눈물의 산물입니다. 오늘도 그 땀과 눈물의 의미를 알고, 기꺼이 그 길을 가주는 후배들께 감사드립니다. 어떠한 표현으로도 그 감사함을 제대로 표현할 수 없을 것입니다. 세월이 흐르면 우리는 또 더 많이 이기고 질 것입니다. 그러나 우리는 그것이 시계추의 반복이 아니라 나사못 같은 나선형의 발전임을 믿어 의심하지 않습니다.

2025년 10월
김용기

차례

프롤로그 — 5

Chapter 1. 입찰과 제안

1.1 입찰과 제안의 중요성 — 19
- 1.1.1 제안서를 잘 써야 입찰에 성공한다 21
- 1.1.2 수의계약은 없어지는 추세이다 24
- 1.1.3 제안 역량은 대정부 비즈니스의 핵심 역량이다 25
- 1.1.4 입찰 제안은 전 산업으로 확대되는 추세이다 30

1.2 제안의 오해와 진실 — 33
- 1.2.1 오해 1: 제안서는 형식일 뿐 영업이 모든 것을 결정한다 36
- 1.2.2 오해 2: 제안서는 일단 양이 많아야 한다 37
- 1.2.3 오해 3: 추가 제안은 많을수록 좋다 37
- 1.2.4 오해 4: 우리 업계는 가격이 전부이다 38
- 1.2.5 오해 5: 제안서는 그래픽 중심으로 작성해야 한다 38
- 1.2.6 오해 6: 한국 기업은 해외 사업을 잘하고 있다 39

1.3 제안 프로세스 — 41
- 1.3.1 프로세스가 중요하다 43
- 1.3.2 수주영업과 수주전략이 승부를 결정한다 47
- 1.3.3 제안 기획이 제안서 품질을 결정한다 49
- 1.3.4 제안서 작성은 단계(Milestone)로 관리하라 53
- 1.3.5 프레젠테이션은 먼저 출발해야 이긴다 54

Chapter 2. 수주영업

2.1 수주영업의 이해 — 59
- 2.1.1 수주영업은 세일즈가 아니라 비즈니스 개발이다 61
- 2.1.2 영업이 성패를 좌우한다 64
- 2.1.3 수주영업의 핵심은 관계가 아니라 정보 수집이다 65

2.2 수주영업의 핵심 스킬 — 71
- 2.2.1 영업 정보를 관리하라 73
- 2.2.2 가치제안을 하라 89

2.3 평가자 공략법 — 91
- 2.3.1 의사결정자와 영향자를 공략하라 93
- 2.3.2 기술전문가, 사용자, 행정가는 관심이 다르다. 95
- 2.3.3 분석적 평가자와 통합적 평가자는 관점이 다르다 96
- 2.3.4 평가자는 주류에서 벗어나면 부담감을 느낀다 100

2.4 설득력이 높은 제안 — 103
- 2.4.1 고객의 구매단계를 파악하라 105
- 2.4.2 높은 신뢰도를 유지하라 109
- 2.4.3 검증된 커뮤니케이션 기술로 설득력을 높이라 111
- 2.4.4 특정한 니즈와 커뮤니케이션 스타일에 맞추라 114
- 2.4.5 구매심리 상태를 이해하라 116

Chapter 3. 제안서 전략

3.1 전략 관리의 비밀 — 121
- 3.1.1 형식보다 내용을 먼저 결정하라 123
- 3.1.2 전략은 이기기 위해 필요한 무기이다 127
- 3.1.3 전략은 고객에서 출발한다 128
- 3.1.4 경쟁사 분석을 통해 핵심 차별화요소를 규명하라 137

3.2 전략 개발 프로세스 ——————————————————— 147
    3.2.1 전략은 목적을 명확히 하는 것이다. 149
    3.2.2 전략기술서에 전략의 핵심을 담으라 150
    3.2.3 전술개발의 효과성을 검증하라 155
    3.2.4 전술개발에는 '솔루션 최적화'와 '커뮤니케이션 방법 개발'이 있다 158
    3.2.5 영원히 이기는 전략은 없다 161

3.3 실전 전략 ——————————————————————— 165
    3.3.1 1등 전략·2등 전략 167
    3.3.2 정공법·역공법 171
    3.3.3 리스크 관리 173
    3.3.4 컨소시엄 183
    3.3.5 가격 책정 190

Chapter 4. 제안서 기획

4.1 제안 PM의 역할 ——————————————————— 201
    4.1.1 제안팀은 필요한 사람으로 구성하라 203
    4.1.2 킥오프 미팅이 핵심이다 212
    4.1.3 일정 관리가 제안서 품질을 결정한다 217

4.2 목차 개발 ——————————————————————— 225
    4.2.1 좋은 목차는 고객의 관점과 구조를 유지한다 227
    4.2.2 목차 개발의 기본 원리를 이해하라 228
    4.2.3 고객이 생각하는 중요성에 따라 페이지를 할당하라 237
    4.2.4 충실도 체크리스트는 전략기술서보다 더 중요하다 239
    4.2.5 효율적인 하위 목차를 개발하라 242

4.3 섹션기획서 ——————————————————————— 245
    4.3.1 제안계획을 수립하라 247
    4.3.2 섹션기획서를 작성하라 252

4.4 제안서 구조와 템플릿 ——————————————— 271
    4.4.1 제안서는 논문이나 소설이 아니다 273
    4.4.2 4-Box로 헤드라인 구조를 만들어라 275
    4.4.3 섹션의 목업(Mock-Up)을 구성하라 280
    4.4.4 섹션 레이아웃을 결정하라 282
    4.4.5 효과적인 문서디자인 원칙을 적용하라 286

Chapter 5. 제안서 작성

5.1 좋은 제안서 ——————————————— 293
    5.1.1 좋은 제안서는 쉬운 제안서이다 295
    5.1.2 제안서 평가의 7가지 기준을 이해하라 297
    5.1.3 POWeR 프로세스를 적용하라 303
5.2 제안서 작성의 핵심 원리 ——————————————— 305
    5.2.1 4-Box 구조를 활용하라 307
    5.2.2 초안을 빠르게 작성하라 308
    5.2.3 단락을 효과적으로 사용하라 308
    5.2.4 주장을 구체화하라 309
    5.2.5 약점을 다루라 309
    5.2.6 제목을 효과적으로 활용하라 309
    5.2.7 목록을 사용하여 핵심 메시지를 강조하라 310
    5.2.8 섹션요약을 적극적으로 사용하라 310
5.3 제안서 핵심 스킬 ——————————————— 313
    5.3.1 제안 요약에서 승부하라 315
    5.3.2 고객 중심으로 제안 요약을 작성하라 326
    5.3.3 평가자를 위하여 섹션 요약을 작성하라 335
    5.3.4 제목은 평가를 돕는다 342
    5.3.5 주제문에서 차별화된 솔루션을 제시하라 346

      5.3.6 성공스토리로 인상적인 메시지를 전하라 353
　5.4 제안서 디자인 ──────────────────────────── 355
      5.4.1 잘 만들어진 그래픽은 내용을 더 명확히 설명한다 357
      5.4.2 고객사를 잘 알고 있다는 것을 시각적으로 보이라 360
      5.4.3 그래픽을 먼저, 텍스트를 나중에 작성하라 361
      5.4.4 메시지를 가장 잘 뒷받침할 수 있는 그래픽을 선택하라 363
      5.4.5 그래픽은 단순화하여 한 가지 내용만 넣으라 367
      5.4.6 그래픽이 나오기 전에 내용을 먼저 소개하라 367
      5.4.7 그래픽을 왼쪽에서 오른쪽으로, 위에서 아래로 읽도록 하라 368
      5.4.8 귀찮은 접이 방식 페이지 그래픽을 최소화하라 370
      5.4.9 그래픽 자체에 글자를 넣지 말고 그림설명문에서 자세히 설명하라 371
      5.4.10 큰 섹션에 맞춰 그래픽에 번호를 부여하라 374
　5.5 리뷰 ──────────────────────────────── 375
      5.5.1 제안서의 표준 리뷰시스템을 수립하라 377
      5.5.2 표준 핵심 단계와 리뷰를 결정하라 381
      5.5.3 세부 단계별 해야 할 일을 분명히 수행하라 382
　5.6 수정 ──────────────────────────────── 387
      5.6.1 평가자의 기준에 주목하라 389
      5.6.2 평가 기준을 점검하라 392

Chapter 6. 제안 프레젠테이션

　6.1 이기는 PT의 원리 ─────────────────────────── 401
      6.1.1 평가위원의 평가에 결정적 영향을 끼치는 것들 404
      6.1.2 이기는 PT는 준비 시기와 방법이 다르다 408
　6.2 대상, 시공간, 목적 분석 ──────────────────────── 411
      6.2.1 대상(People) 413
      6.2.2 시공간(T.P.O) 418

6.2.3 목적(Purpose)　420
6.3 PT 전략 개발 ─ 421
6.3.1 콘텐츠 전략─장점을 부각하고 경쟁자를 공략하라　423

6.3.2 PT 운영 전략─핵심은 '차별성'이다　424

6.4 PT 본문, 오프닝, 클로징 개발 ─ 427
6.4.1 설득력 있는 메시지의 구성　429

6.4.2 본론 작성　431

6.4.3 서론 작성　435

6.4.4 결론 작성　438

6.5 이기는 비주얼 만들기 ─ 441
6.5.1 슬라이드 작성 원칙을 준수하라　443

6.5.2 디자인 원칙을 준수하라　447

6.6 PT 플랫폼 스킬 ─ 455
6.6.1 리허설 시간을 확보하라　457

6.6.2 무대에서 승리하라　459

6.6.3 질의응답(Q&A)에서 승부하라　465

6.6.4 실전과 동일하게 연습하라　469

찾아보기 ─ 473

왜! 매우 증보판인지 설명드립니다.

▶ **신규 목차를 삽입했습니다.**
2.3.1 의사결정자와 영향자를 공략하라
2.3.2 기술전문가, 사용자, 행정가는 관심이 다르다.
2.3.4 평가자는 주류에서 벗어나면 부담감을 느낀다
3.2.5 영원히 이기는 전략은 없다
4.2.4 충실도 체크리스트는 전략기술서보다 더 중요하다
4.4.5 효과적인 문서디자인 원칙을 적용하라
5.1.1 좋은 제안서는 쉬운 제안서이다
5.3.3 평가자를 위하여 섹션 요약을 작성하라

▶ **부분적으로 내용을 삽입하거나 개선했습니다.**
1.1.3 제안 역량은 대정부 비즈니스의 핵심 역량이다
1.2.1 오해 1: 제안서는 형식일 뿐 영업이 모든 것을 결정한다
1.3.1 프로세스가 중요하다
1.3.3 제안 기획이 제안서 품질을 결정한다
2.1.3 수주영업의 핵심은 관계가 아니라 정보 수집이다
2.2.1 영업 정보를 관리하라
2.3.1 의사결정자와 영향자를 공략하라
2.3.3 분석적 평가자와 통합적 평가자는 관점이 다르다
2.4.1 고객의 구매단계를 파악하라
2.4.2 높은 신뢰도를 유지하라
2.4.5 구매심리 상태를 이해하라
3.1.3 전략은 고객에서 출발한다
3.1.4 경쟁사 분석을 통해 핵심 차별화요소를 규명하라
3.2.1 전략은 목적을 명확히 하는 것이다

3.2.2 전략기술서에 전략의 핵심을 담으라
3.2.3 전술개발의 효과성을 검증하라
3.2.4 전술개발에는 '솔루션 최적화'와 '커뮤니케이션 방법 개발'이 있다
4.1.3 일정 관리가 제안서 품질을 결정한다
4.2.1 좋은 목차는 고객의 관점과 구조를 유지한다
4.2.2 목차 개발의 기본 원리를 이해하라
4.3.1 제안계획을 수립하라
4.3.2 섹션기획서를 작성하라
5.1.2 제안서 평가의 7가지 기준을 이해하라
5.1.3 POWeR 프로세스를 적용하라
5.2.6 제목을 효과적으로 활용하라
5.2.8 섹션요약을 적극적으로 사용하라
5.3.1 제안 요약에서 승부하라
5.4.10 큰 섹션에 맞춰 그래픽에 번호를 부여하라
5.6.2 평가 기준을 점검하라
6.1.1 평가위원의 평가에 결정적 영향을 끼치는 것들
6.1.2 이기는 PT는 준비 시기와 방법이 다르다
6.5.1 슬라이드 작성 원칙을 준수하라
6.5.2 디자인 원칙을 준수하라
6.6.2 무대에서 승리하라
6.6.4 실전과 동일하게 연습하라

* 최소 5줄 이상의 분량으로 내용이 개선되었거나 새로 삽입된 경우만 표시했습니다.
* 기존 책과 내용 순서가 변한 부분들은 위 리스트에 포함하지 않았습니다.
* 그림과 표의 형식을 수정한 부분들도 위 리스트에 포함하지 않았습니다.

CHAPTER 1
입찰과 제안

1.1 입찰과 제안의 중요성
1.2 제안의 오해와 진실
1.3 제안 프로세스

1.1
입찰과 제안의 중요성

지금 필요한 것은 경쟁력 있는 제안 역량이다.
경쟁력 있는 제안 역량이란
차별화된 정보를 수집할 줄 아는 전문가 영업 역량,
고객의 정보를 이기는 전략으로 만들 수 있는 전략 개발 역량,
이를 고객과 소통할 줄 아는 제안서 역량, PT 역량을 의미한다.

1.1.1 제안서를 잘 써야 입찰에 성공한다

"제안서를 잘 써야 입찰에 성공한다"라는 말이 반드시 맞는 말은 아니다. 쉬플리의 조사에 따르면 고객의 제안 요청서(RFP: Request for Proposal)상의 요구조건을 100% 충족시킨 제안서라 하더라도 그 성공률은 100%가 아니라 52%라고 한다. 왜 그럴까? 아래 〈그림 1〉처럼 제안 요청서상 고객의 공식적인 요구조건은 실제 고객의 요구조건을 100% 모두 다루고 있지 않기 때문이다.

> 이 책에서 사용하는 '고객'이라는 용어는 이 책을 읽고 있는 독자의 고객을 뜻한다. 마찬가지로 '우리 회사'는 독자가 근무하고 있는 회사를 말한다.

고객의 니즈는 제안 요청서에 공개된 공식적인 요구조건뿐만 아니라 비공식적인 요구조건(Unstated Requirement)까지 포함한다.

그림 1. 제안 요청서상의 요구조건이 고객의 니즈 전체는 아니다

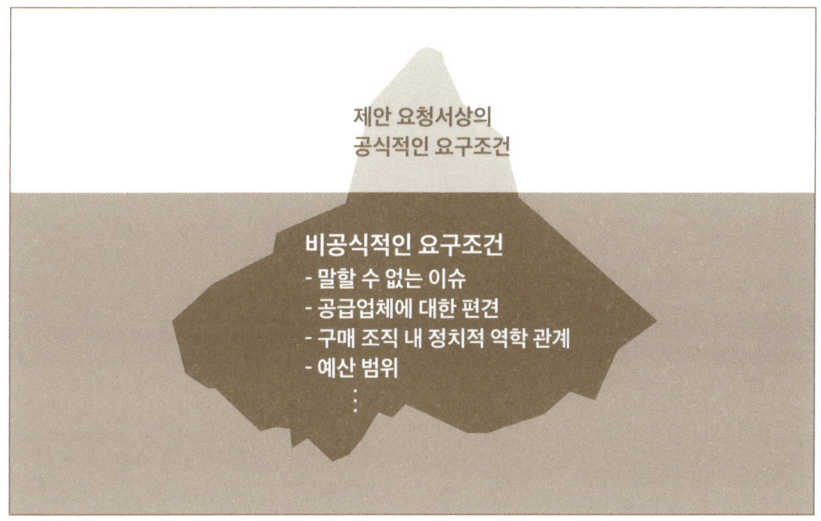

> 제안 요청서상에 표현되는 고객의 니즈는 '공식적인' 니즈이다. 제안 요청서에는 없지만 고객이 말해주지 않거나 말할 수 없는 숨겨진 니즈가 반드시 있다.

비공식적인 요구조건이 생기는 이유는 다음과 같다. 첫째, 공식적으로 밝힐 수 없기 때문이다. 고객 조직의 비공식적 이유(경험, 편견, 선호도

등)나 정치적 역학관계 등이 이에 해당한다. 둘째, 고객 스스로 자신의 니즈를 정의(Define)하기 어렵기 때문이다. 우리가 배가 아플 때 어디가, 왜 아픈지 정확히 모르는 것과 같은 이치이다.

따라서 궁극적으로 이기는 제안을 하려면 빙산(Iceberg) 전체를 다 이해해야 한다. 그래서 수주하는 제안에는 제안서 작성 전에 고객과의 관계수립(Long Term Positioning)과 프로젝트 수주를 위한 계획수립(Opportunity Planning)을 통해 빙산 아래 숨어 있는 고객이 말해주지 않는 니즈까지 찾으려는 노력과 프로세스가 필수이다. 오히려 제안 요청서가 발행되면 고객에게 미치는 판매자의 영향력은 극히 제한된다. 왜냐하면 고객사는 결정된 제안 후보자에게는 정보를 공평하게 분배해야 한다는 원칙이 있기 때문이다. 또한 제안 요청서를 발행할 때쯤 되면 고객도 상당히 전문가적인 관점을 갖게 되어 예전보다 전문가가 덜 필요하게 된다.

〈표 1〉은 모 컨설팅 회사가 미국의 24개 대형기업을 대상으로 조사한 결과다. 제안 성공률이 탁월히 높은 기업은 일반 기업에 비해 제안 요청서 발행 이전의 사전영업에 훨씬 많은 자원을 투입(65% vs 15~20%)하고 있고

표 1. 비즈니스 개발 베스트 프랙티스 연구

분야	보통	상위	최상위
총 입찰 성공률[1]	20%	40~50%	80~90%
경쟁 입찰 성공률[1]	10%	25%	65%
수주액: 입찰비용[1]	25:1	75:1	225:1
사전 RFP 지출 비용[2]	15~20%	30~40%	65%

1. 이 데이터는 AAI, AlliegSignal, Honeywell, Hughes, IBM, Paramax, TRW를 포함해 미국의 24개 주요 기업을 Pricewaterhouse Coopers 연구소가 조사한 것이다.
2. 출처: Shipley의 BD-CMM 연구 자료. 미출간.

제안 성공률이 높은 기업은 RFP 이전 지출 비용 비율이 높다. 왜냐하면 이들은 RFP 이전의 사전영업에 자원을 집중하여 고객의 근원적 니즈를 파악함으로써 제안 성공률을 높이기 때문이다.

그 결과 비용 대비 수주액이 9배나 더 많음(1:25 vs 1:225)을 보여주고 있다.

어떻게 우리 회사의 제안 성공률을 높일 수 있을까? 그 핵심은 제안 요청서가 발행되면 늘 허겁지겁 제안서를 작성하는 기존의 관행에서 벗어나 **수주 가능성이 높은 제안에 집중해서 참여**하는 것이다. 선별된 고객의 선별된 기회에 참여함으로써 제안서 작성에 선택과 집중을 할 수 있다. 즉, 수주 가능성이 낮은 제안에 참여하지 않음으로써 제안 성공률을 높이고, 더 적은 개수의 제안에 자원과 인력을 충분히 집중 투자함으로써 제안 성공률을 높이는 효과를 얻는 것이다.

그럼에도 불구하고 사업 수주에서 제안서의 역할은 여전히 중요하다. 효과적인 제안서가 솔루션의 정확한 전달과 제안전쟁에서 승리를 보장한다. 눈에 보이는 TV나 자동차를 판매하는 것이 아닌 이상 고객은 제안서를 통해 판매자의 솔루션을 이해할 수밖에 없다.

제안서가 중요한 이유는 고객 입장에서는 그 자체가 솔루션이기 때문이다. 즉, 복합적인 솔루션일 경우 고객은 솔루션의 전문적인 내용을 이해하기 어렵기 때문에 어떤 측면을 어떻게 이해하느냐에 따라 고객이 인식하는 솔루션의 가치는 달라진다. 이를 표현하면 〈표 2〉와 같다.

표 2. 객관적 가치와 인지가치

	S (Solution) 예) 판매자의 솔루션	×	C (Communication) 예) 영업, 제안서, PT 등	=	S'(고객이 인지하는 가치)
	S (Solution)		C (Communication)		S' (고객의 인지가치)
A 업체	9		5		45 (9×5)
B 업체	7		9		63 (7×9)

솔루션의 객관적 가치가 중요한 것이 아니라 고객이 인지하는 가치가 솔루션 선택의 기준이 된다는 사실을 이해하라.

1.1.2 수의계약은 없어지는 추세이다

수의계약(Handshake' deals)은 기업경영의 투명성을 떨어뜨리고 기업의 구매비용을 높인다. 이를 간파한 경영진은 대부분의 구매결정 프로세스를 투명화하여 비용을 낮추는 방법으로 공식화된 경쟁입찰 프로세스를 운영하고 있다.

수의계약의 비효율성은 정부기관의 조달사업(Procurement)에서 더욱 심각하다. 수의계약으로 진행되는 사업은 공무원과 민간기업의 고질적인 유착관계를 낳아 높은 원가 산정 문제를 야기하고, 결국 국민의 세금을 낭비하는 요인으로 작용하며 근본적으로 국가의 경쟁력을 떨어뜨린다.

이러한 현상을 반영하여 새로운 자유무역협정(FTA: Free Trade Agreement)에서는 8만 달러(약 1억 원) 이상의 프로젝트는 투명성을 위해 입찰을 의무화하고 있다.

민간기업 간 거래에도 수의계약의 감소 현상이 뚜렷하여 공식적인 '**입찰경쟁**'이 전 사업에 확대되고 있다. 과거에 거의 수의계약에 의존하던 컨설팅, 교육, 법무서비스, 회계서비스 등이 이제는 대부분 입찰을 통해 거래가 이루어지고 있다. 이것은 한국뿐만 아니라 전 세계적 현상이다.

1.1.3 제안 역량은 대정부 비즈니스의 핵심 역량이다

입찰 제안은 대정부 비즈니스의 꽃이다. 특히 정부의 조달사업은 지속적이고 안정적인 매출을 보장한다는 점에서 주요 수주 산업(건축/토목, 시스템 통합, 방위산업) 분야에서는 기업의 사활이 걸려 있다고 말할 수도 있다.

2008년 금융위기가 왔을 때 이명박 정부는 서둘러 공공발주를 확대하였다. 시장의 수요 축소와 기업의 매출 감소에 따른 국가경제의 리스크를 최소화하기 위한 의도였다. 이때 입찰 제안 역량을 갖춘 기업들은 오히려 이 위기를 성장의 기회로 삼았다. 실제로 특정 산업에서는 이 시기를 기점으로 시장 점유율과 업계 순위의 판도가 뒤바뀌기도 했다. 그 핵심 원인 중 하나가 해당 기업의 입찰 제안 역량이었다.

2016년 김영란법이 시행되면서 우리 사회는 혼돈스러워졌다. 그리고 그 이후에 터진 최순실 국정농단 사건은 우리 사회의 처참한 단면을 인정해야 하는 시간이었다. 투명하게 거래를 하자는데, 투명하게 정치를 하자는데 사회가 일대 혼란에 빠진 것이다. 필자는 쉬플리 대표로서 이들 사건을 겪으며 두 가지를 경험했다.

단기적으로는 이들 사건이 쉬플리 컨설팅에 부정적인 영향을 끼쳤다. 일련의 사건 속에서 '쉬플리의 수주영업/전략/제안서/PT 컨설팅'이 매우 무력한 무기로 보였다. 쉬플리 잠재 고객 중 상당수는 '아, 사업은 쉬플리 컨설팅을 통해서가 아니라, 로비를 통해서 수주하는 것이구나!'라고 생각했던 것 같다.

그런데 시간이 흐르면서 장기적으로 이들 사건은 쉬플리 비즈니스에 큰 호재가 되었다. 이제 더는 관계(connection)에 의존한 사업을 하는 것이 비효율적일 뿐 아니라 매우 위험한 행동이라는 사실을 깨달은 것이다. 우리나라 최대 기업 총수가 감옥에 갔다! 이것은 큰 의미가 있다. 광복 이후 이승만 정권이 적산분배를 하면서 시작된 재벌과 권력의 70년 야합의 역사가 종료되었음을 (또는 종료되어야 함을) 말해주는 사건이기 때문이다. 고객은 이제 단 하나의 길(전략과 제안에서 이기는 것)만이 있음을 동물적으로 이해하기 시작한 것이다. 이제 그들은 고객을 접대할 시간에 솔루션과 전략, 소통을 고민하기 시작했다.

고객의 사적인 이익을 챙겨주고, 호감을 사고, 입맛에 맞추면 사업을 성공시키는 시대는 갔다. 지금 필요한 것은 경쟁력 있는 제안 역량이다. 경쟁력 있는 제안 역량이란 차별화된 정보를 수집할 줄 아는 전문가 영업 역량, 고객의 정보를 이기는 전략으로 만들 수 있는 전략 개발 역량, 이를 고객과 소통할 줄 아는 제안서 역량, PT 역량을 의미한다.

Shipley Tip

우리나라의 조달사업

한국의 공공 조달사업 특징은 '낮은 평가 수준, 높은 투명성'으로 요약할 수 있다. 지난 수년간 한국 정치인과 기업인에게 가장 민감한 단어는 '투명성(Transparency)'이었다. 그들은 투명한 거래를 위해서라면 무엇이든 포기할 의향이 있었다. 대표적 결과가 조달사업의 '낮은 평가 수준'이다.

한국에서는 투명성을 높이다 보니 평가 수준이 너무 낮아져 버렸다. 이는 기업의 비윤리적인 영업 관행과도 무관하지 않은데, 정부는 기업의 무차별적인 영업 행위를 근절하기 위하여 평가위원을 평가 전날 저녁(혹은 심한 경우 당일 새벽)에 선정하여 아주 짧은 시간에 평가를 끝내 버린다. 실제로 9시에 서울이나 대전에 있는 조달청에 도착한 평가위원들은 수백 페이지에 이르는 3~5개 기업(모두 합치면 수천 페이지)의 기술적이고 전문적인 문서를 불과 2~3시간에 읽고 평가를 마쳐야 한다.

가장 일반적인 평가 일정은 다음과 같다.

- 9~10시: 평가위원 도착 및 오리엔테이션
- 10~12시: 제안 평가
- 12~1시: 점심
- 1~3시: 제안 프레젠테이션
- 3~5시: 점수 제출 및 검증

몇 백억, 몇 천억 원 규모의 구매절차를 진행하는 국가방위사업도 평가기간이 점점 짧아지고 있다. 대체로 과거에 4박 5일 정도 하던 평가가 2박 3일 또는 1박 2일로 축소 진행되는 경우가 많다. 또한 업체와 평가자의 대면을 최소화하기 위해서 프레젠테이션마저도 하지 않는 경우가 허다하다.

평가의 투명성 확보를 명분으로 정확한 평가는 희생되고 있는 것이다.

Shipley Tip

한국은 왜 투명성(Transparency)에 민감한가?

1. 불투명한 사회에서 투명한 사회로 이행하는 것은 우리나라의 건강한 미래를 위하여 필수 불가결한 조건이다. 우리가 선진국 사회에 진입하기 위해서는 국가행정과 기업경영이 한 단계 진일보한 투명성을 갖추어 저비용, 고효율의 사회를 구현해야 한다.

2. 한국은 지구촌 최고의 집단주의(Collectivism) 사회로, 투명성에 취약하다. 집단주의는 개인주의(Individualism)의 상대적인 말로 개인보다는 집단의 가치와 관계를 더 중요하게 생각하는 문화적 성향을 말한다. 결론적으로 집단주의 사회에서는 투명성이 높아지기 어렵다. 아래 상황을 읽고, 독자 스스로 질문에 대답해보라.

당신은 절친한 친구가 운전하는 차를 타고 있었다. 동료는 속도 제한이 시속 30km인 어린이보호 구간에서 시속 50km로 운행하다가 갑자기 뛰어나온 어린이를 치었다. 다른 증인은 없다. 당신이 유일한 증인으로 경찰에 출두하게 되었다. 만약 당신이 경찰에게 "그 당시 운전자가 시속 30km 이하로 서행하고 있었다"라고 거짓 증언한다면 친구의 처벌이 경감되거나 석방될 수도 있다.

당신은 어떤 선택을 하겠는가?

A. 진실을 말한다.
B. 거짓말을 한다.

이 질문에 'A. 진실을 말한다'를 선택한 사람의 국가별 비율은 다음 페이지의 그림과 같았다.

한국은 일본, 중국과 같은 아시아 국가이지만 집단주의가 훨씬 더 강한 나라이다. 즉, 한국에서는 '진실'보다 '관계'와 '집단'이 더 중요하다는 점을 알 수 있다. 하지만 이 조사가 1998년 이전에 이루어진 점을 감안하면 개인주의화가 더 진행된 최근에는 이 비율이 상당히 올라갔을 것으로 예측된다.

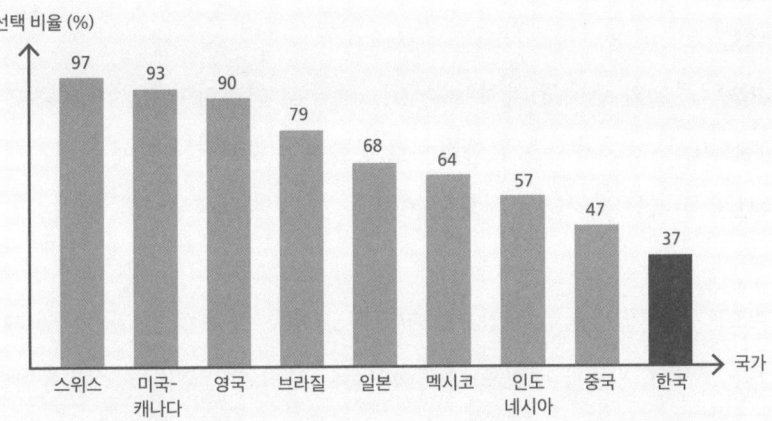

Fons Trompenaars & Charles Hampden-Turner, 1998. Riding the waves of Culture(2eds.). McGraw-Hill에서 발췌.

적어도 기업 간 경쟁분야에서 한국 사회는 하루가 다르게 투명해지고 있다. 이유는 다음과 같다.

- 국가경쟁력과 기업경쟁력에서 투명성을 높이는 것은 불가피한 선택이다.
- 집단주의에서 개인주의로 문화와 가치가 변해 가고 있다.

필자는 이 문제에 매우 민감하다. 거래가 투명하고 공정해야 비즈니스가 잘되기 때문이다. 투명성이 높지 않으면 구매절차나 제안서는 모두 요식행위가 되고, 쉬플리에는 비즈니스 기회가 생기지 않을 것이다.

최근에 공공조직을 대상으로 영업행위를 하는 시스템 통합 업체나 방위산업 업체들이 쉬플리의 주 고객인 이유도 정부의 구매절차가 투명해져 사업 수주에서 로비나 관계 중심의 영업보다는 제안전략과 고객과의 커뮤니케이션의 중요성이 점점 커지고 있기 때문이다.

1.1.4 입찰 제안은 전 산업으로 확대되는 추세이다

기업은 구매와 판매를 가치사슬(Value Chain)로 연결하여 부가가치를 창출한다. 따라서 그 가치를 효과적으로 창출하기 위해서는 판매를 관리하는 것만큼 구매를 관리하는 일도 중요하다. 그 결과 구매부서의 역할이 점점 커지고 있다.

또한 입찰 제안은 전 산업으로 확장되고 있다. 불과 몇 년 전까지만 해도 입찰 제안서 작성과 제안 프레젠테이션이 중요한 산업은 시스템통합(SI) 업체와 플랜트, 방위산업 정도에 한정되어 있었다. 그러나 최근에는 컨설팅, 교육 산업뿐만 아니라 회계, 법률 서비스, 급식, 물류와 유통업 등 전 산업으로 확장되고 있는 추세이다.

Shipley Tip

입찰 제안은 모든 산업으로 확대되고 있다

쉬플리에서 매월 진행하는 '제안전략' 공개세미나에 대형 로펌에서 온 참여자가 있었다. 흥미로운 것은 이분이 10년 동안 모 IT기업에서 제안서를 쓴 경력 때문에 로펌에 채용되었다는 점이다.

최근 기업이 법률·회계 자문 및 컨설팅 업체를 선정하는 방식이 변하고 있다. 과거 담당 임원의 인적 네트워크를 활용하여 선정하던 방식에서 공식적인 입찰 프로세스로 대체되는 추세이기 때문이다. 이렇게 되니 입찰 제안이나 제안서, 제안 프레젠테이션에 문외한인 변호사들이 적잖이 당황할 수밖에 없었고, 이를 해결하기 위해 로펌에서는 제안서 작성 조직을 만들고, 급히 이분을 전문가로 영입한 것이다.

이 사례는 입찰 제안 프로세스가 얼마나 광범위하게 다양한 산업으로 퍼져 나가고 있는지를 단적으로 보여준다.

수년 전까지만 해도 방위산업, 우주항공, 대형 IT산업 종사자가 아닌 일반인에게는 '입찰 제안'이란 단어조차도 생소했다. 그러나 오늘날은 교육, 유통, 운송, 물류, 심지어는 금융업까지 그 분야가 확대되고 있다.

예를 들어 보면 다음과 같다.

- 국내 1위 외식업체: 모 종합병원 푸드코트 운영권 계약이 제안서와 PT로 이루어짐(약 3년간 1,000억 원 규모 매출 예상).
- 대형 물류회사 국제 해외 속달 국제입찰: 우정사업부에서 제공하는 EMS(Express Mail Service) 사업(560억 원 규모의 국제 입찰)에 국내 물류기업뿐만 아니라 글로벌 기업이 제안서로 경쟁함.
- 대형 글로벌 회계 컨설팅회사: 대기업과 계약하는 국내 Big 4 회계 컨설팅회사는 항상 제안서와 프레젠테이션으로 경쟁함.

1.2
제안의 오해와 진실

제안서는 형식이 아니라 차별적인 가치를 제시하는
중요한 도구이고, 우리가 차별적인 가치를
고객에게 제공하면 고객은 가격과 함께
가치를 고려하여 구매를 결정한다.

현장에 가 보면 여전히 입찰 제안에 많은 오해가 있다. 그런데 이런 오해는 회사의 입찰 제안 역량을 떨어뜨리고, 잘못된 문화를 형성하여 회사의 사업 수주 경쟁력에 치명적인 영향을 끼칠 수 있다. 특히 해외 사업의 경우, 제안의 잘못된 인식과 부족한 지식은 사업을 결정적으로 그르칠 수 있음을 명심해야 한다. 국내 사업에서도 제대로 작성된 제안서와 제안 프레젠테이션을 할 수 있는 역량을 갖춘다면 근원적인 경쟁우위를 점할 수 있다. 다음〈표 1〉은 제안과 관련한 몇 가지 오해와 진실을 정리한 것이다.

표 1. 제안에 대한 7가지 오해와 진실

오해	진실
제안서는 형식일 뿐 영업이 모든 것을 결정한다.	수주영업은 개인 대 개인의 관계보다는 조직 차원의 정보 습득과 전략적 제안이 성공의 핵심 요소이다.
제안서는 일단 양이 많아야 한다.	맹목적인 양적 추구는 평가위원의 평가를 어렵게 하여 부정적인 영향을 주는 경우도 있다.
추가 제안은 많을수록 좋다.	추가 제안은 고객의 니즈를 해결한 경우에만 유효하다.
우리 업계는 가격이 전부이다.	가격만이 경쟁요소라면 그 기업은 영업조직이 필요 없고 견적팀만 있으면 된다.
제안서는 그래픽 중심으로 작성해야 한다.	그래픽이 많으면 메시지 전달을 방해하고, 적으면 메시지를 전달하기 어렵다.
한국 기업은 해외 사업을 잘하고 있다.	해외 수주사업에서는 검증되지 않은 영업 및 제안서 작성 프로세스로 낮은 수주율을 기록하고 있다.

1.2.1 오해 1: 제안서는 형식일 뿐 영업이 모든 것을 결정한다

NO.

여기에서 말하는 영업은 '관계구축 영업'을 말한다. 쉬플리는 이것을 ABS(Alcohol Based Selling)라고 부른다. 한국 정서에서 '관계구축'은 비즈니스의 모든 것처럼 여겨진다. 그러나 수주영업에서는 '관계구축'이 전부가 아니라 관계구축을 통해 '고객과 경쟁자 정보'를 수집하여 전략적으로 세일즈하는 것이 중요하다.

수주영업은 **고객 정보를 통해 고객의 니즈를 파악하고 경쟁자 정보를 통해 경쟁자보다 차별화된 솔루션을 제시하는 것**이며, 이 활동을 SBS(Solution Based Selling)라고 부른다. 효과적인 SBS를 위해서는 전략적 영업활동과 전략적 제안서가 필요하다.

사업 수주에서 관계 중심의 영업을 솔루션 제안보다 더 중요하게 여기는 산업이나 국가가 여전히 존재하는 것은 사실이다. 하지만 세계는 빠르게 투명성(Transparency)이 높아지고 있다. 그리고 이 투명성은 오히려 후진국(Undeveloped Country) 또는 개발도상국(Developing Country)일수록 급속히 개선되고 있다. 미래를 준비하려면 우리의 영업방식을 빠르게 전문가 영업으로 혁신해야 한다. 전문가 영업으로 혁신에 실패한다면 우리의 시장과 입지는 하루가 다르게 줄어들 수밖에 없다. 이제는 비즈니스 관행을 관계 중심에서 정보 중심으로, 비공식적 커뮤니케이션에서 공식적 커뮤니케이션(제안서, 프레젠테이션)으로 바꾸어 미래지향적 비즈니스로 만들어야 한다.

ABS(Alcohol Based Selling) : 관계구축 영업

SBS(Solution Based Selling) : 고객에게 최적의 솔루션을 제시하는 전략적 세일즈

1.2.2 오해 2: 제안서는 일단 양이 많아야 한다

NO.

제안서의 양이 많아서 평가자의 평가를 방해한다면 오히려 심각한 감점 요인이다. 양이 많아서 평가자의 점수를 얻는 경우도 있는데, 이는 자신의 주장을 명확히 제시하고, 이를 증명하기 위하여 충분한 근거를 제시할 때이다. 굳이 분량으로 경쟁해야 하는 경우에는 평가를 방해하지 않도록 후반부에 내용을 추가하거나 첨부문서로 달아두는 것이 좋다.

1.2.3 오해 3: 추가 제안은 많을수록 좋다

NO.

추가 제안이란 고객이 공식적으로 요청하지 않았는데 세일즈 조직이 자발적으로 고객의 편의를 위해서 제안하는 것을 말한다. 추가 제안을 양으로 승부하는 것은 어리석은 일이다. 추가 제안은 고객에게 매력적이고, 경쟁자가 제시하기 어려운 내용(우리는 이것을 핵심 차별화요소(Discriminator)라고 부른다.)을 담아야 한다. 따라서 고객의 니즈를 정확히 파악하여 이에 대응하는 솔루션을 제시할 수 있어야 한다.

1.2.4 오해 4: 우리 업계는 가격이 전부이다

NO.

수주 여부를 결정하는 것이 오로지 가격이라면 그 회사에는 영업조직이 필요없고 견적팀만 있으면 된다.

가격이 결정적인 패인(敗因)이라는 말은 자신의 솔루션을 차별화하는 데 실패한 매니저의 변명인 경우가 99%이다. 솔루션 차별화에 실패하면 남아있는 것이 가격 말고 무엇이 있겠는가? 본질적으로 시장이 그런 것이 아니라 자신의 회사가 가격 외에는 경쟁력이 없다는 점을 깨달아야 한다.

1.2.5 오해 5: 제안서는 그래픽 중심으로 작성해야 한다

NO.

제안서에서 그래픽이 많을수록 좋은 것은 아니다. 강조를 하려면 그래픽이 제안서 전체의 최대 50%를 넘지 않는 선에서 고객에게 전달하고 싶은 핵심 메시지만을 표현해야 한다. **모든 평가자가 그래픽으로 정보를 흡수하지 않는다는 점**을 잊지 말라. 또한 무절제하고 기계적인 개념도 중심의 그래픽은 평가자가 제안서 읽기를 포기하고, 외양만으로 평가를 하게 만든다는 것도 명심하라.

그래픽은 반드시 그 밑에 그림설명문(Action Caption)을 달아서 관련 텍스트를 찾아 읽지 않고, 그래픽과 설명문만 읽어도 메시지가 완전하게 전달될 수 있도록 하여야 한다.

> 그림설명문(Action Caption)을 통해 그래픽의 메시지 전달력을 높인다.

1.2.6 오해 6: 한국 기업은 해외 사업을 잘하고 있다

NO.

한국 기업이 성과를 내고 있는 해외 사업 분야와 영역은 다음에 국한된다.

- 소비재 사업(자동차, 전자제품 등)
- 해외 글로벌 업체가 주도권을 가진 컨소시엄
- 관 주도 사업 분야(발주처는 해외 기관이지만 한국 정부에서 자금을 지원하는 사업)

한국 기업은 해외 수주사업에서 매우 낮은 수주율을 기록하고 있다. 쉬플리는 그 원인이 표준화되지 않은 해외 영업과 제안서 작성 프로세스에 있다고 본다. 특히 영어 제안서 작성은 내부에 이를 검증하는 시스템이 없어서 낮은 수주율의 결정적인 요인이 되고 있다.

> **Shipley Tip**
>
> 글로벌 시장에서 한국 기업 중 상당수는 글로벌 기업과 경쟁에서 매우 낮은 수주율을 기록하고 있다. 그 결과 많은 기업은 국내 기업끼리만 경쟁할 수 있는 해외원조사업ODA(Official Developed Assistance)를 중심으로 해외사업을 진행한다. 해외 일류 기업(Fortune지 선정 500대 기업의 TOP 50개 기업 중 43개 기업)은 대부분 쉬플리 수주영업/제안서 개발 프로세스를 채택하거나 구성원 훈련(30,000명)을 통해 제안 역량을 향상시키고 있어 국내의 주먹구구식 영업이나 제안서로는 앞으로도 수주는 어려울 것이라는 것이 저자의 생각이다.

1.3
제안 프로세스

기업 조직 내에 제안 프로세스가 있다고 말하기 위해서는
첫째, 프로세스를 표준화한 문서가 있어야 하고
둘째, 정의된 단계마다 그 활동을 위한 구체적인 방법론이
있어야 한다. 그리고 셋째, 구성원들이 단계별 도구를
능숙하게 사용할 수 있어야 한다.

1.3.1 프로세스가 중요하다

사업에는 상세한 제안 프로세스가 필요하다. 왜냐하면 세분화된 프로세스는 복잡한 현실에 더 효과적으로 대응할 수 있게 하기 때문이다. 사실, 쉬플리는 프로세스를 96단계로 정의하여 관리하고 있으나 여기에서는 핵심 단계만을 다루어 이해를 높이고자 한다.

> 쉬플리에서는 수주영업에서 제안서 제출과 프레젠테이션까지의 과정을 총 96단계로 나누고 있다.

그렇다면 기업에 필요한 프로세스란 어떤 것인가?

- **첫째**, 프로세스를 표준화한 문서(Documentation)가 있어야 한다.
- **둘째**, 각 단계에서의 구체적인 행동 방법론(Tool)이 있어야 한다.
- **셋째**, 구성원에게 단계별 도구를 사용할 수 있는 역량(Capability)이 있어야 한다.

결론적으로 회사에 제안 프로세스가 있다고 말하려면 표준화된 문서와 구체적인 방법론, 그리고 훈련된 구성원이 있어야 하는 것이다.

제안 성공률을 높이려면 세 가지 분야에서 프로세스가 정의되고, 도구가 개발되고, 구성원이 훈련되어야 한다. 세 분야란 수주영업(혹은 사전영업), 전략 개발(수주 전략 및 제안 전략), 커뮤니케이션(면대면 영업, 제안서 및 프레젠테이션)이다.

그림 1. 프로세스의 단계

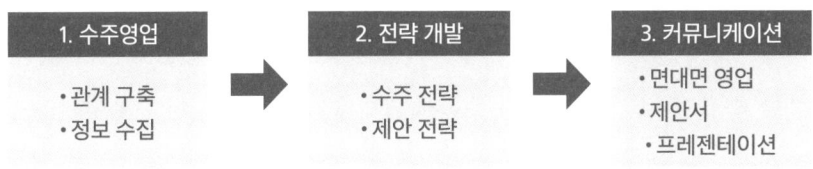

제안 프로세스는 크게 두 가지 프로세스로 나누어진다.

첫 번째는 제안참여 의사결정(Bid/No Bid Decision) 프로세스가 있고, 두 번째는 제안서 작성을 위한 프로세스가 있다.

제안참여 의사결정 프로세스는 단계별 의사결정(Milestone)을 이해하는 것이 중요하다.

먼저 기회분석(Opportunity Assessment)이 끝나고 나면 고객과 경쟁자 정보 수집을 위한 영업활동(Capture Planning, 이하 수주영업)을 할 것인가 말 것인가를 결정하는 것이 영업참여 결정(Pursuit Decision)이다. 정보수집을 위한 영업활동이 끝나면 이 축적된 정보를 기반으로 제안참여 의사결정(Bid/No Bid Decision)을 하게 된다. 제안에 참여하기로 하면 그 시점부터 제안서 기획(Proposal Planning)을 한다. 이 제안서 기획은 전략 개발 및 리뷰와 섹션 기획서 작성 및 리뷰까지를 포함한다. 제안서 기획(Proposal Planning)은 처음부터 하는 것이 아니라 작성된 영업정보(Capture Plan)를 기반으로 제안서 작성과 관련된 일정 및 역할분담 등이 추가된다. 이 단계에서 수주전략(Capture Strategy)은 제안전략(Proposal Strategy)으로 발전한다. 이 과정에서 RFP가 나오면 참여 여부에 대한 최종 의사결정을 해야 하는데 이를 입찰 타당성 결정(Bid Validation Decision)이라 부른다. 왜 이 단계에서 참여결정(Bid Decision)의 타당성을 또 결정해야 하는가? 왜냐하면 RFP 때문이다. RFP는 경쟁자와 나의 영업 산물이기도 하다. 나도 열심히 전문가 영업을 했지만 경쟁자가 먼저 더 깊이 있게 전문가 영업을 했다면 RFP는 경쟁자에게 유리하게, 우리에게는 불리하게 작성되었을 것이다. 나에게 불리한 조항, 극복할 수 없는 조건 등 예상치 못한 돌발변수가 생긴다면 이 단계에서라도 'No bid!' 할 수 있어야 한다.

> 수주영업(Capture Planning)은 Capture Plan 작성을 포함한 수주영업 전체의 기획과 실행을 의미한다.

이렇게 여러 기회를 객관적인 기준과 단계별 의사결정 프로세스로 관리하는 것을 서구에서는 파이프라인 관리(Pipeline Management) 또는 Funnel Management라고 한다.

그림 2. 단계별 제안참여 의사결정(Bid / No Bid Decision)

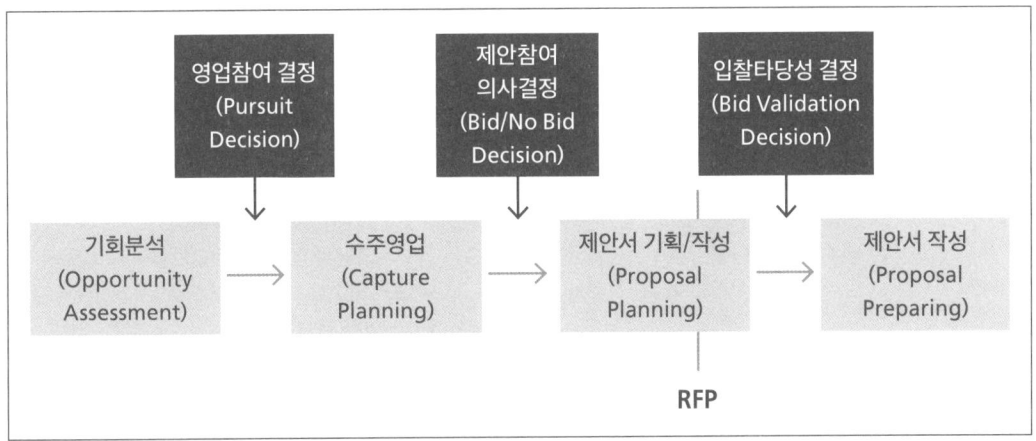

제안 프로세스의 세부 내용은 다음과 같다.

단계 1: 기회분석(Opportunity Assessment)

주요 활동	의사 결정	세부 내용
잠재고객 속에 숨어 있거나 미래에 예상되는 기회를 발굴하고 이를 우리의 기회로 만들어 나감	영업 참여 의사 결정 (Pursuit Decision)	참여 가능한 사업의 기회를 확인하고, 참여할 것인가를 결정함

제안 프로세스를 파악하고, 이 맥락 속에서 제안서 작성의 세부 프로세스를 이해하는 것이 중요하다.

단계 2: 수주영업(Capture Planning)

주요 활동	의사 결정	세부 내용
참여하기로 한 기회에서 고객의 근원적인 니즈를 분석하고, 이를 기준으로 경쟁사를 파악하여 자사의 솔루션 및 수주전략을 결정함	제안 참여 의사 결정 (Bid/No bid Decision)	이번 사업에서 이길 수 있을 것인가를 기준으로 제안 참여 여부를 결정함

단계 3: 제안서 기획(Proposal Planning)

주요 활동	의사 결정	세부 내용
수주계획을 기반으로 제안서 작성을 위한 계획을 세움. 수주전략을 제안전략으로 구체화하고, 역할과 책임을 정의하고, 주요 리뷰 단계 등 일정과 그라운드 룰 등을 결정함	제안 참여 타당성 검증 (Bid Validation Decision)	제안에서 이길 수 있을 것인가를 최종 검토하고 확인함

단계 4: 제안서 작성(Proposal Preparing)

주요 활동	의사 결정	세부 내용
킥오프 미팅 때 결정된 제안 기획의 내용을 공유함. 특히 결정된 제안전략을 어떻게 각 섹션에서 구현할 것인가를 결정함 전략 리뷰→초안 리뷰→완성본 리뷰→최종 리뷰를 단계별로 진행함	최종 리뷰 (Review)	제안서를 승인함

1.3.2 수주영업과 수주전략이 승부를 결정한다

수주영업 및 수주전략 수립 프로세스의 세부 내용은 다음과 같다.

단계 1: 팀 구성

활동(Activity)	결과물(Output)
• 프로젝트 담당자 혹은 전담 팀 구성	• 프로젝트 조직도

단계 2: 고객과 관계 형성

활동(Activity)	결과물(Output)
• 고객 접촉 확대, 솔루션 관련 정보 수집	• 고객미팅 플래너

단계 3: 수주전략 수립

활동(Activity)	결과물(Output)
• 수주전략 초안 개발 / 리뷰 (리뷰된 수주전략을 Capture Plan에 포함) • 수주전략의 실행계획 적용	• Capture Plan 초안
• 수주전략 업데이트 및 제안 요약(Executive Summary) 초안 설계	• Executive Summary 초안

> Capture Plan은 특정 사업 기회에 대한 영업 정보와 이를 관리하는 쉬플리 도구라는 두 가지 의미로 통용된다.

단계 4: 고객과 협력

활동(Activity)	결과물(Output)
• 고객의 니즈 분석 및 요구조건 개발 작업 지원 • 고객과 함께 솔루션 정의	• Capture Plan 업데이트 버전

경쟁사 비교표 (BCM:Bidder Comparison Matrix): 이기는 전략을 개발하기 위해서는 경쟁자 분석이 이루어져야 한다.

단계 5: 경쟁자 분석

활동(Activity)	결과물(Output)
• 협력업체 구성 의사결정: 경쟁자 분석을 통해서 자사의 약점을 극복하기 위한 업체 구성 • 블랙햇 리뷰(경쟁자 분석 리뷰)	• 경쟁사 비교표 (BCM)

단계 6: 입찰 참여 의사 결정

1.3.3 제안 기획이 제안서 품질을 결정한다

제안서 작성 프로세스는 리더십의 리뷰를 핵심단계(Milestone)로 정해서 일정 관리를 해야 한다.

첫 번째, 제안전략을 개발한다. 제안전략은 수주전략의 연속선상에 있으며 수주전략의 일부분이다. 따라서 제안전략은 수주전략과 일관되면서 수주전략을 구체화한 것이다. 예를 들어 고객과의 미팅에서 품질을 강조했다면 제안서에서도 품질을 강조해야 한다. 갑자기 싼 가격을 강조하면 안된다. 이 전략의 리뷰를 전략리뷰 또는 Blue Team Review라고 한다.

그림 3. 제안전략은 수주전략의 부분이면서 수주전략의 연장선상에 있다.

두 번째, 전략과 고객의 요구조건 리스트(Compliance Checklist)가 완성되면 이것을 섹션별로 구현해야 한다. 섹션별로 구체적인 솔루션과 메시지를 개발하는 도구를 스토리보드(Storyboard)라고 하는데, 쉬플리에서는 이것을 섹션기획서(PDW: Proposal Development Worksheet)라고 부른다.

필자가 컨설팅할 때 가장 긴장하는 부분이다. 고객의 저항이 심하기 때문이다. 특히 제안서 짜깁기에 익숙한 조직과 개인은 이 '계획 세우기' 단계에 많은 부담감을 느낀다. 왜냐면 계획을 세워 제안서를 써보지 않았기 때문이다. 그러나 계획을 세워 제안서를 작성하면 시간과 비용을 획기적으로 줄일 수 있다는 것이 쉬플리 컨설팅 이후 고객의 공통된 의견이다. 이 단계가 정말 중요하다. 이 섹션기획서를 확정하는 것을 섹션기획서 리뷰 또는 Pink Team Review라고 부른다.

마지막으로 제안서 초안이 완성되면 이것을 리뷰하는 것을 제안서 리뷰 또는 Red Team Review라고 부른다.

이 단계별 리뷰는 회사의 고객과 우리 솔루션을 이해하는 별도의 사람들이 팀으로 리뷰하면 가장 효과적이므로 Blue Team Review, Pink Team Review, Red Team Review라는 표현을 사용했다. 현실적으로 이 리뷰의 대부분은 리더십의 몫이다.

쉬플리의 컨설팅은 이 리뷰단계를 중심으로 해서 전개된다. 왜냐하면 대부분의 기업 조직의 독립적인 리뷰팀 또는 리더십이 제안서의 품질을 높일 수 있을 만큼 전략과 제안에 전문성이 충분하지 않기 때문이다. 물론 리뷰만으로 수주 목적이 달성되지 않으므로 제안서의 핵심인 제안전략 개발 및 제안요약(Executive Summary)과 사업전략 개발(Why Us) 등은 쉬플리가 주체가 되어 작성한다.

그림 4. 단계별 제안서 리뷰 프로세스

제안 기획 프로세스의 세부 내용은 다음과 같다.

단계 1: 제안전략 개발

활동(Activity)	결과물(Output)
• 수주전략의 정보를 세부적으로 구체화 • 제안전략 개발 및 일정, 업무, 예산 구체화 • 제안전략 및 가격전략 승인	• 전략기술서

전략개발은 영업활동 및 제안서 작성과 동시에 지속적으로 진행된다. 여기에서는 편의상 개념적으로 분리했을 뿐이고, 전략개발은 요약에서 보듯이 각 단계의 세부단계로 진행된다.

단계 2: 고객과의 커뮤니케이션

활동(Activity)	결과물(Output)
• 고객의 니즈 및 요구조건 정의 • 고객과 기본 솔루션 정의 • 제안 요청서(RFP) 초안 입수 및 의견 개진	• 예상 RFP

단계 3: 솔루션 결정

활동(Activity)	결과물(Output)
• 작업분류체계(WBS) 정의, 프로그램 개발 일정 수립, 구매 일정 구체화 • 협력업체와 업무 분장 및 금액 계약	• WBS, PERT (Program evaluation and review technique, 작업의 순서나 진행상황을 한눈에 파악할 수 있도록 작성한 것)

단계 4: 제안서 작성 준비

활동(Activity)	결과물(Output)
• 제안팀 멤버 및 업무 분장 결정 • 제안관리 계획(Proposal Management Plan) 수립 • 목차 설계 초안	• 제안관리 계획(PMP)

단계 5: 입찰 가격 구체화

활동(Activity)	결과물(Output)
• 가격 정보 업데이트, 원가 정의 및 목표 가격 결정	-

단계 6: 섹션기획서 준비 및 작성

활동(Activity)	결과물(Output)
• 섹션기획서 준비, 작성자 정보제공 내용 준비: 핵심팀이 작성자에게 이번 제안에 사용할 섹션 기획서 템플릿과 핵심 정보를 제공해야 함 • 요구조건 응답표 작성, 상용 콘텐츠 준비 • 제안서 킥오프 미팅 • 섹션기획서 리뷰	• 섹션기획서

단계 7: 최종 제안 요청서(RFP) 확인 후 최종 입찰 참여 여부 결정(Bid Validation Decision)

1.3.4 제안서 작성은 단계(Milestone)로 관리하라

제안서 작성 프로세스의 세부 내용은 다음과 같다.

단계 1: 솔루션 선정

활동(Activity)	결과물(Output)
• 협력업체 최종 선정 • 사업설명회 참석 • 솔루션 결정 • 충실도 체크리스트, 작업분류체계(WBS)에 따른 질의응답표 작성	• 충실도 체크리스트

단계 2: 제안서 작성 계획 확정

활동(Activity)	결과물(Output)
• 제안관리 계획 완성 • 섹션기획서 리뷰 (핑크팀 리뷰) • 제안 요청서(RFP)에 맞춘 목차 및 목업 완성	• 제안관리 계획 최종본 • 목차

단계 3: 제안서 작성

활동(Activity)	결과물(Output)
• 텍스트, 그래픽 제작 • 제안서 업데이트 미팅	• 제안서 초안

단계 4: 제안서 리뷰

활동(Activity)	결과물(Output)
• 제안서 리뷰(레드팀 리뷰) • 레드팀 리뷰 의견 반영	-

단계 5: 제안서 완성

활동(Activity)	결과물(Output)
• 제안서 출력 • 최종 경영진 리뷰(법적, 비용적 측면 포함) • 제출	• 제안서

1.3.5 프레젠테이션은 먼저 출발해야 이긴다

제안 프레젠테이션 프로세스의 세부 내용은 다음과 같다.

단계 1: 프레젠테이션 전략개발

활동(Activity)	결과물(Output)
• 솔루션 및 메시지 개발 • 목차(스토리라인) 개발	• 전략 기술서 • 목차

단계 2: 내용 개발

활동(Activity)	결과물(Output)
• 페이지별 내용 구체화 • 목업(Mock up) 개발	• 목업(Mock up)

프레젠테이션 준비 역시 제안서가 제출된 이후에 시작하는 것이 아니라 주요 전략이 수립되면 바로 프레젠테이션의 주요 내용을 목차와 목업 형태로 구체화해야 한다. 프레젠테이션의 준비를 빨리 시작할수록 경쟁자와 차별화된 프레젠테이션을 할 수 있다는 점을 명심하라.

단계 3: 슬라이드 개발

활동(Activity)	결과물(Output)
• 슬라이드 내용 확정 • 슬라이드 디자인 • Q&A 슬라이드 확정	• 슬라이드 초안 • 디자인된 슬라이드 • Q&A 슬라이드

단계 4: 리허설

활동(Activity)	결과물(Output)
• 1차 연습: 본인 혼자 Reading • 2차 연습: 개인 코칭 및 피드백 • 3차 연습: 동일한 조건에서 실제와 똑같이 리허설 (리뷰팀이 청중으로 참여, 컨소시엄의 경우 참여기업 함께 리허설 진행) • 질의/응답 리허설	• 리허설 피드백 시트 • 리허설 횟수 체크 시트

단계 5: 프레젠테이션 수행

Shipley Tip

제안서 개발 프로세스를 수립하라

프로세스(Process)란 특정한 목적을 위한 체계적 행동이나 단계를 말한다. 제안 성공률이 높은 조직과 PM은 문서화된 Best Practice 프로세스를 반복적으로 따른다. 다음은 효과적인 제안서 개발 프로세스를 위한 지침이다.

① 회사/업계의 Best Practice에 기초하여 경영진이 동의하는 비즈니스 개발 프로세스를 구축한다. 이 표준화된 프로세스는 고객에 따라 유연하게 수정할 수 있어야 한다.

② 사업별 비즈니스 개발 및 제안서 작성에서 역할·책임·권한 수준을 규정한다.

③ 제안서 작성 프로세스가 회사 정책, 전략 및 회사 내부의 일반적인 프로세스에서 벗어나지 않도록 한다.

④ 일관적이고 반복 사용이 가능하도록 제안서 개발 프로세스를 문서로 기록한다.

⑤ 제안서를 작성할 때 참여자들이 프로세스를 잘 이해하고 준수할 수 있도록 교육한다.

⑥ 프로세스 담당자를 지정하여 제안서와 관련한 측정 지표를 수집하고 지속적인 발전을 촉진하며 도구와 인프라를 유지할 수 있도록 한다.

CHAPTER 2
수주영업

2.1 수주영업의 이해
2.2 수주영업의 핵심 스킬
2.3 평가자 공략법
2.4 설득력이 높은 제안

2.1 수주영업의 이해

세일즈가 개인이나 한정된 소수를 대상으로 상품이나 서비스를 판매하는 것이라면, 비즈니스 개발은 구매조직(공공정부 또는 사기업)의 니즈에 따라 조직 차원에서 최적화된 솔루션을 개발하여 제공하는 것을 말한다.

2.1.1 수주영업은 세일즈가 아니라 비즈니스 개발이다

수주영업을 비즈니스 개발(Business Development, 이하 B/D)이라고 한다. 일반적인 세일즈가 개인이나 한정된 소수를 대상으로 상품이나 서비스를 판매하는 것이라면, 비즈니스 개발은 구매조직(공공정부 또는 사기업)의 니즈에 따라 조직 차원에서 최적화된 솔루션을 개발하여 제공하는 것을 말한다.

세일즈와 B/D의 차이점은 다음과 같다. 세일즈는 개인이나 한정된 소수가 고객이지만 B/D는 특정 집단 혹은 전체 조직(구매자, 평가자, 영향자가 복잡하게 얽혀 있음)이 고객이다. 판매자 조직도 마찬가지로 전체 조직이 관여하게 되어 있다(〈그림 1〉 참고).

그림 1. 세일즈 조직과 비즈니스 개발(B/D) 조직

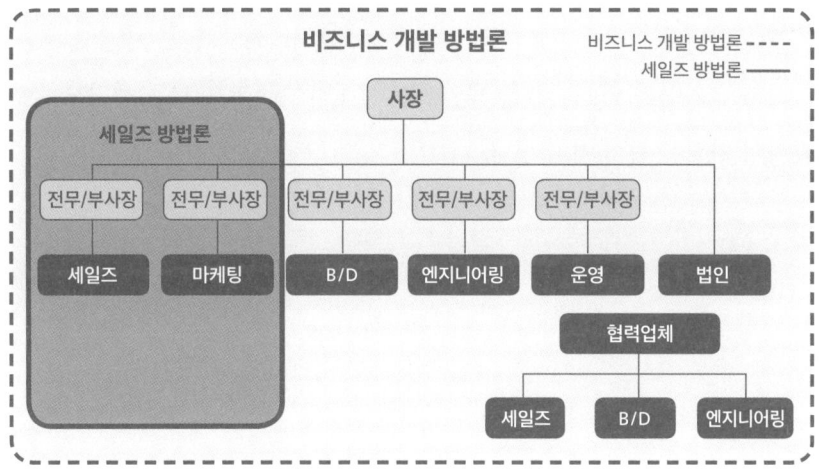

일반적 세일즈에서는 세일즈 전담 조직과 세일즈 방법론, 세일즈맨 개인의 세일즈 역량이 성과를 결정한다.

B/D는 구매자의 니즈를 만족시키기 위해 전사적 차원의 솔루션 제공이 필요하다.

세일즈는 세일즈맨 개인 및 세일즈 조직의 역량 발휘가 중요하지만 B/D는 판매 조직이 전사적이고 직접적으로 개입한다. 세일즈는 상품이나 서비스에 대한 세일즈맨 개인의 지식을 기초로 판매가 일어나지만 B/D는 판매 조직의 역량을 기반으로 판매가 일어난다. 세일즈는 가망 고객 중에서 실제 구매할 고객의 범위를 좁혀 가면서 찾는 저인망식 접근을 하지만 B/D는 고객에게 적절한 솔루션을 제안하고 고객이 이를 구매하여 궁극적으로 경영에 도움(매출 향상이나 비용 절감)이 되도록 해야 한다.

물론 세일즈와 B/D가 기계적으로 구분, 단절되어 있는 것이 아니라 다양한 스펙트럼으로 존재하고, 실제 대부분의 비즈니스는 두 가지의 성격을 동시에 갖고 있다(〈그림 2〉 참고). 그럼에도 불구하고 B/D를 세일즈와 구별하는 것이 중요한 이유는 B/D가 표준화된 상품이나 서비스(기성복)가 아니라 고객에 따른 맞춤 솔루션(맞춤복)을 파는 것으로, 판매 대상이 개인이나 일부 집단을 넘어선 조직 대 조직의 거래이므로 부가가치가 높기 때문이다.

따라서 자신의 비즈니스를 세일즈로 이해하느냐, B/D로 이해하느냐에 따라서 성과는 큰 차이가 난다.

그림 2. 세일즈와 B/D

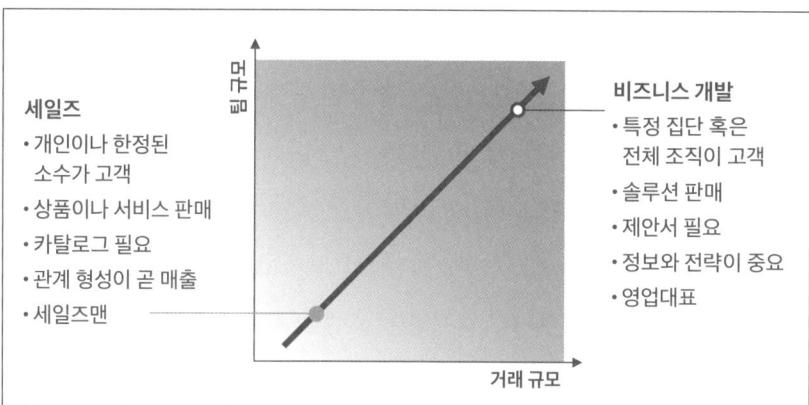

실제 대부분의 비즈니스가 두 성격을 모두 갖고 있지만 이를 개념적으로 구별하여 B/D 중심의 활동을 할수록 성과는 향상된다.

> **Shipley Tip**
>
> **비즈니스 개발 사례**
>
> 군수·항공산업은 B/D의 전형적인 사례이다. 만약 당신이 항공기를 판매하는 활동을 한다면 당신 개인의 역량과 스킬만으로는 목적을 달성할 수 없다. 일단 항공기가 필요한 고객 조직(군, 항공사 등)의 니즈와 구매계획을 체계적으로 파악하고, 이에 맞추어 고객이 요청할(혹은 요청한) 비행기를 제공하여야 한다. 이를 위해서는 고객의 구매 프로세스와 일치하는 판매 프로세스가 있어야 하고, 전사 차원의 조직적 대응이 필요하다.

2.1.2 영업이 성패를 좌우한다

수주영업에서 해묵은 논쟁은 '영업이 중요한가, 제안이 중요한가'이다. 누구나 예상하다시피 정답은 '둘 다 중요하다'이다. 다만 영업과 제안은 프로세스에서 그 역할 분담이 다르다. 〈그림 3〉은 제안 요청서(RFP)를 기점으로 고객에게 미치는 판매자의 영향력이 극적으로 감소하는 것을 보여주고 있다. 왜냐하면 RFP가 발행되면 그때부터 고객은 공식적 커뮤니케이션과 공평성을 중요시하며 모든 판매자와 정보를 공유하려는 경향을 갖기 때문이다. 우리가 고객에게 결정적인 영향력을 행사할 수 있는 것은 RFP 이전까

그림 3. 고객 구매 사이클

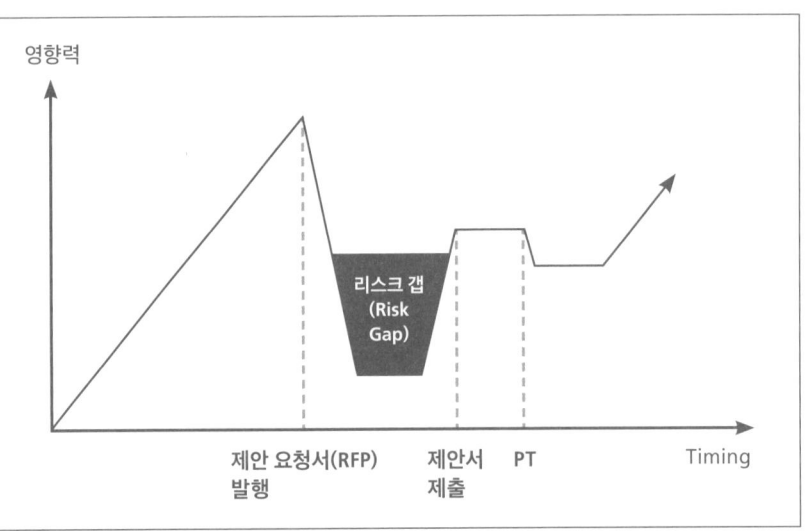

리스크 갭이란 고객에게 미치는 영향력이 극적으로 감소하여 판매자의 리스크가 커진 구간을 일컫는다.

RFP 발행 시점을 기준으로 고객에게 미치는 판매자의 영향력은 급격히 감소한다. 수주영업에서 사전영업이 중요한 결정적인 이유이다.

RFP가 발행된 이후에 우리가 고객에게 영향을 끼칠 수 있는 기회는 제안서 또는 프레젠테이션 같은 공식적 소통의 기회뿐이다. 그런 의미에서 RFP 이후부터 제안서 제출 (또는 프레젠테이션)까지 구간은 우리가 영향력을 행사할 수 없는 구간이라는 의미에서 리스크 갭(Risk Gap)이라고 부른다.

지이다. 이때 고객은 자신의 문제와 니즈를 정의하고, 이에 맞는 솔루션이 무엇인가를 결정하기 위해서 전문가의 도움이 필요하기 때문에 아낌없이 자신의 정보를 노출한다. 수주영업에서 사전영업이 중요한 이유이다.

2.1.3 수주영업의 핵심은 관계가 아니라 정보 수집이다

수주영업에서는 규모가 클수록 '관계'가 아니라 '정보'가 중요하다. 우리가 자동차나 보험 상품을 구매했던 기억을 떠올려 보면 상당 부분 관계를 통해서 구매가 결정되었음을 알 수 있다. 필자 또한 예외가 아니어서 몇 개의 보험은 개인적인 필요보다 관계 때문에 어쩔 수 없이 가입했다.

그러나 대형 구매의 경우는 상황이 달라진다. 만약에 자동차나 보험을 구매하듯이 평소에 잘 아는 사람을 통해서 미사일이나 레이더를 구매한다면 어떻게 될까? 로비스트 이름을 거명하지 않아도 실제로 방위산업 등에서 일어났던 일과 그 사회적 파장을 기억할 것이다.

일반 세일즈에서는 '관계' 자체가 가치를 창출한다. 좋은 관계를 형성하면 고객은 당신을 찾는다. 그러나 수주영업에서 고객이 당신을 찾는 이유는 당신이 솔루션을 갖춘 조직의 전문가이기 때문이지 개인적 관계 때문이 아니다. 그래서 B/D 팀원을 영업대표(Sales Representative)라고 부른다.

제안영업에서 '관계형성'이 무의미하다는 말이 아니다. 값진 정보를 수집하기 위해 관계형성은 필수지만 그것이 합리적이고 전문가적이어야 한다는 것이다. 수주업에서 **제안영업이란 적절한 관계형성을 통해서 고객조직의 핵심 정보를 잘 수집하고, 이를 우리 조직의 지적 자산**(Intellectual Property)으로 축적하는 것이다. 관계 자체가 가치를 주는 것이 아니라 관계를 통해 수집한 정보가 가치를 창출한다.

수주영업에서 관계형성의 핵심은 '전문가로서의 포지셔닝'이다. 고객에게는 영업대표의 전문성이 필요하기 때문에 전문가인 영업대표에게는 먼저 관계를 형성하려고 한다. 그것이 자신의 문제를 해결하는 중요한 수단이기 때문이다.

B2C(일반 세일즈) : Relationship=Value
B2B, B2G(수주영업) : Knowledge=Value

즉, 수주영업은 일반 세일즈와 달라서 관계형성 자체가 가치를 주지 못하므로 관계형성을 영업의 목적으로 생각하면 안 된다. 관계형성은 과정상의 방법일 뿐 수주영업의 목적은 고객과 경쟁자 정보를 체계적으로 수집하여 우리 조직의 지적자산(Intellectual Property)으로 구축하는 것이다.

전문가 영업을 해야 하는 이유는 관계형성 영업을 하면 안 되는 이유와 정확히 일치한다. 이것을 더 상세히 보자.

1. 전문가 영업을 해야 차별화된 정보를 습득할 수 있다.

질문을 해 보자. 우리는 누구에게서 가장 차별화된 정보를 얻는가? 예를 들면 경쟁자 정보 같은 것 말이다. 영업대표들은 이구동성으로 차별화된 비공식적 정보를 그들의 '고객'에게서 얻는다고 말한다.

고객은 왜 우리에게 차별화된 정보를 주는가? 우리와 친해서? 우리를 좋아해서? 아니다. 고객이 우리에게 차별화된 정보를 줄 때는 우리를 통해서 자신들의 이슈를 해결하려고 할 때이다. 마치 의사를 통해서 자신의 질병을 치료하려고 할 때 자기 문제를 아낌없이 노출하듯이, 즉 내가 경쟁자보다 더 차별적인 전문성을 가질수록 고객은 내게 의지하고 내게 더 차별화된 정보를 노출한다.

2. 전문가 영업을 해야 솔루션이 차별화되고, 전문가가 된다

전문가 영업을 하려면 두 분야에 전문가가 되어야 한다. 첫 번째, 고객 전문가이다. 고객의 문제를 정의하고, 솔루션을 검토하고, 고객이 구매 과정에서 적절한 솔루션을 선택하도록 적절히 대응하는 세일즈를 통해 고객에 대한 전문성을 가져야 한다. 이 전문성에는 고객 어프로치(신규 영업을 통한 잠재 고객 확보), 미팅 준비, 미팅 스킬, 경청, 문서화 등 전문적인 기술 등이 포함된다.

두 번째, 솔루션 전문가이다. 내가 솔루션을 피상적으로만 알아서는 고객을 설득할 수가 없다. 솔루션을 다루는 조직 내 전문가들과 근접한 수준의 학습을 해야 한다. 전문가 영업을 통해서 얻는 효용은 조직의 재무적 건전성(매출, 수익률)이 좋아진다는 점 말고도 영업대표가 전문가로 성장하여 각자의 몸값이 높아진다는 장점에서도 찾을 수 있다.

3. 전문가 영업을 해야 고객의 질이 좋아진다

근본적으로 ABS를 하면 고객의 수준이 낮아지는 것과 같은 원리다. 전문가 영업을 하면 좋은 고객을 만나게 된다. 왜냐하면 그들은 친분이나 저가의 솔루션이 아니라 본질적으로 차별화된 솔루션과 전문성을 찾는 고객들이기 때문이다.

그래서 전문가 영업이 한편으로는 저가 영업의 반대말이기도 하다. 차별화된 솔루션을 통해서 차별화된 가치를 고객에게 제공하기 때문이다. 이것을 가치제안(Value Proposition)이라고 부른다. 여기에서 말하는 좋은 고객은 인격이 고상한 고객을 말하는 것이 아니다. 부가가치가 높은 시장(High-end Market)을 의미한다.

그림 4. 고부가가치 시장과 저부가가치 시장

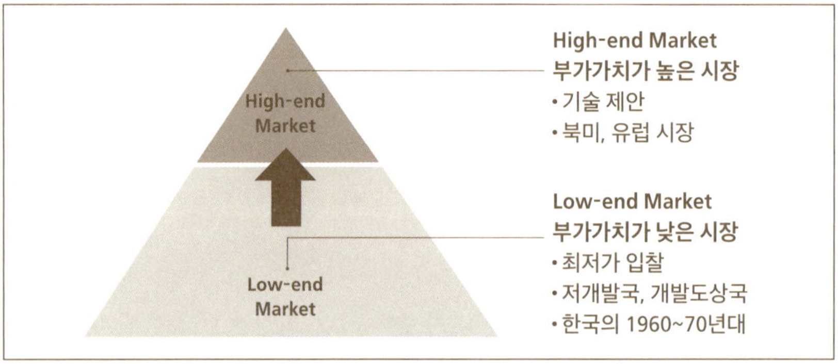
High-end
Market
Low-end
Market
High-end Market
부가가치가 높은 시장
• 기술 제안
• 북미, 유럽 시장
Low-end Market
부가가치가 낮은 시장
• 최저가 입찰
• 저개발국, 개발도상국
• 한국의 1960~70년대

고부가가치 시장으로 진출이 한국 기업의 주요한 당면 과제이다. 고부가가치 시장에서는 저가 솔루션보다는 검증된 솔루션을 고객에게 최적화하는 것이 중요하다. 이를 위해서는 검증된 솔루션과 전문가 영업 능력을 갖추어야 한다.

Shipley Tip

전문가는 가치제안을 한다

전문가 영업의 반대말은 관계 영업인 동시에 저가 영업이다. 가치제안은 우리가 고객에게 차별화된 가치를 제공하고, 고객은 우리에게 이 부가가치의 일부를 되돌려줌으로써 고객과 공급업체가 상호 이익을 얻게 하는 중요한 원리다.

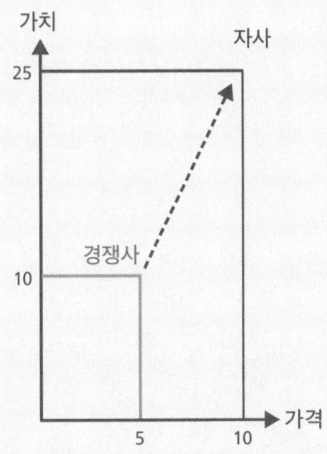

경쟁자: 솔루션 5억 원 → 고객 가치 10억 원
자사: 솔루션 10억 원 → 고객 가치 25억 원

여기에서 고객은 경쟁사의 5억 원짜리 솔루션을 구매할 때(5억 원: 10억-5억 원)보다 자사의 10억 원짜리 솔루션을 구매할 때(15억 원: 25억-10억 원) 더 큰 순 가치를 얻게 된다.
가치제안은 다음과 같이 정의된다.

우리(가치-가격) > 경쟁자(가치-가격)

이런 가치제안을 하려면 무엇이 필요할까? 고객마다 가치가 다르다는 점을 인식하고 거기에 대응해야 고객의 진짜 가치를 창조할 수 있다. 따라서 전문가 영업을 해서 체계적으로 고객의 니즈를 이해하는 것이 필수이다.

Shipley Tip

전문가 영업을 해야 하는 이유(H제약 회장의 실제 사례)

H제약 회장은 D제약의 영업사원 출신이다. 알다시피 제약영업은 관계형성 영업(ABS: Alcohol Based Selling)으로 유명하다. 무려 40년 전 일이었으니 그때는 관계 중심 영업이 얼마나 극심했겠는가? 이분은 독실한 기독교 신자로 유명하다. 그러니 그런 영업풍토(현장에서는 술영업, 형님영업이라고도 부른다)가 이분에게 맞았을 리 없다. 그는 선배들이 하던 술영업은 안 하기로 결심했다. 순전히 종교적인 이유에서. 그런데 술영업을 하지 않기로 하자 시간이 많이 생기더라는 것이다. 그리고 생각보다 의사가 약의 성분이나 효능을 정확히 인지하지 못해서 약의 효능을 열심히 공부하게 되었다는 것이다.

어떤 일이 일어났겠는가?

의사 시각에서 생각해 보자. 10명 중 9명의 영업사원은 찾아와서 "형님"하며 굽신거리고, 술 대접도 하고, 인간적으로도 친하고 좋았을 것이다. 그러나 의사가 약 효능이 궁금해지면 누가 생각날까? 중요한 프로젝트가 있으면 누구랑 해야 할까? 친하지도 않고, 심지어 기분도 살짝 나쁘지만 어쩔 수 없이 평소에 약의 효능을 잘 설명해 주고, 학습량이 많은 이 사람을 찾을 수밖에 없는 일이다.

이 제약회사는 지금 잘나가는 상장사이다.

나는 이분의 이야기를 들으면서 무릎을 칠 수밖에 없었다.

"그렇구나, ABS가 성행할수록 SBS(Solution Based Selling, 전문가 영업)를 해야 차별화가 쉽겠구나!"

2.2
수주영업의 핵심 스킬

성공적인 수주영업을 위해 고객과 경쟁사의 정보를 수집하여 전략 방향을 도출하는 도구를 캡처플랜(Capture Plan)이라 부른다. 캡처플랜을 작성하다 보면 고객이 제안 요청서(RFP)에서 표현하지 못한 감춰진 요구사항까지 파악할 수 있다.

2.2.1 영업 정보를 관리하라

영업 정보(Capture Plan)는 특정 기회에 습득하는 정보라는 점에서 고객 정보(Account Plan)와 구별된다. 영업 정보가 중요한 이유는 정보의 정확성 및 구체성에 따라 솔루션의 차별성이 결정되기 때문이다(〈그림 1〉 참고).

그림 1. 솔루션의 차별화는 영업 정보에서 시작된다

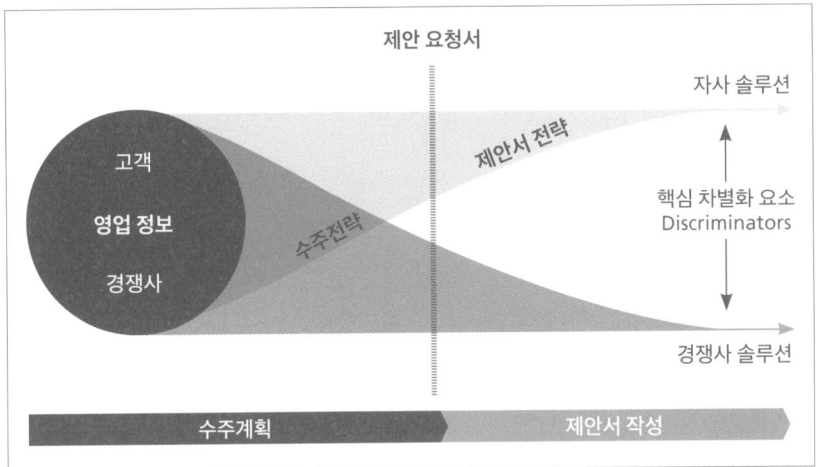

경쟁자를 이기기 위해서는 고객과 경쟁자 정보가 체계적으로 누적되고, 이것이 제안서로 표현되어야 한다.

핵심 차별화요소(Discriminators)는 경쟁자에게 없고(Difference), 고객에게 중요한(Importance) 우리 솔루션의 특징(Feature)을 말한다.

수주 여부는 얼마나 질적/양적 측면에서 이 핵심 차별화요소를 많이, 잘 찾았느냐에 따라 결정되며 이를 위해서는 체계적인 정보 수집과 전략 개발이 필수인데 이 정보 수집과 전략 개발을 위한 도구가 Capture Plan이다.

Capture Plan은 영업 정보를 관리하는 수주영업의 핵심 도구이자 사내 커뮤니케이션의 도구(Tool)이다. 이곳에 담는 핵심 내용은 크게 고객의 니즈, 경쟁사 분석, 자사의 솔루션 및 전략으로 나누어진다.

Capture Plan에서 고객 및 경쟁사의 정보를 기반으로 개발된 수주 전략(Capture Strategy)은 제안기획(Proposal Plan) 단계에서 제안 전략(Proposal Strategy)으로 발전되어 차별화된 제안서를 가능하게 한다.

그림 2. 영업 정보(Capture Plan)를 기반으로 한 제안기획(Proposal Plan)

영업 정보(Capture Plan)는 제안기획의 일부로서 사업 기회별로 관리한다.

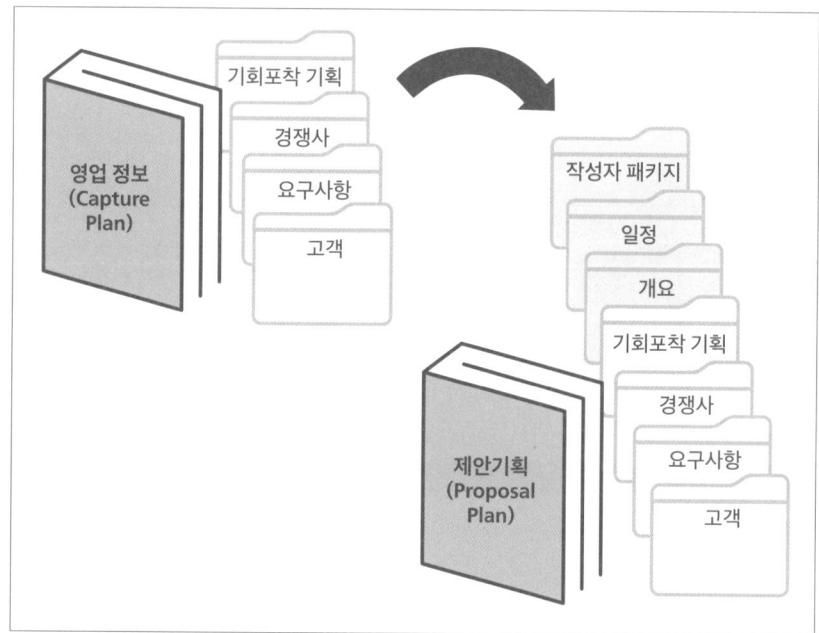

제안기획(Proposal Plan)은 영업대표가 작성한 영업 정보(Capture Plan)를 토대로 제안 PM이 작성한다. 여기에는 제안서 작성을 위한 제안 전략 수립과 일정 계획 등을 포함한다.

Shipley Tip

영업 정보(Capture Plan) 작성

- 용도 및 목적
  - 제안 환경 분석
  - 영업 관점에서 고객의 관심사항 파악
  - 경쟁사와 자사의 솔루션 분석 / 강약점 분석
  - 전략 개발을 위한 사전 분석 단계

- 작성자
  - 영업대표
  - 수행 PM(이미 거래가 있었던 기존 고객의 경우에는 수행 PM도 고객의 정보를 알고 있는 경우가 많음)

- 주요내용
  - 캡처플랜 개요: RFP 공고일, PT 시행 여부 확인, 주관조직의 영향력, 예상 참여 경쟁사, TFT 구성 인원
  - 과제(사업) 분석: 사업배경, 평가배점, 공식적/비공식적 요구사항
  - 고객 조직 정보: 핵심 관련자의 이슈, 영향력
  - 고객 조직의 주요 이슈: 고객조직 정보를 바탕으로 핵심 이슈 도출
  - 경쟁사 정보: 관련 경험 및 기술 확보 수준, 예상 솔루션
  - 자사 정보: 자사 솔루션, 컨소시엄 구성
  - 제안 전략 수립

영업 정보(Capture Plan)와 고객 정보(Account Plan)는 이렇게 다르다.

표 1. 영업 정보와 고객 정보

	영업 정보(Capture Plan)	고객 정보(Account Plan)
정의	특정 기회의 정보 정리	특정 고객의 정보 정리
정보수준	복잡하고 구체적인 정보	단순하고 일반적인 정보

고객 정보(Account Plan)에 포함되는 내용은 다음과 같다.

- 일반사항 : 고객사명, 설립일, 대표자명, 자본금, 주소, 대표전화, 홈페이지 주소
- 주요 사업 및 사업별 경쟁사
- 조직정보 : 조직도, 업무관련부서(담당자, 연락처 등)
- 고객성향 : 의사결정 프로세스, 구매 성향, 주요인사 보직 / 이동 현황
- 업무 진행사항 : 우리와 고객사가 수행한 주요 사업 정리 (비즈니스 주요내용, 고객사/자사 담당자, 사업별 이슈정리, 관련사업 정리)

영업 정보(Capture Plan)는 일반적으로 단일 사업규모가 크고, 그 사업에 대한 정보가 중요한 입찰사업(Bidding Biz)에 적합하고, 고객 정보(Account Plan)는 일상적으로 거래가 발생하는 비입찰 사업(Non-Bidding Biz)에 적합한 도구이다. 산업별로 보면 건설, 플랜트, 엔지니어링, IT(시스템 통합) 등에서는 영업 정보(Capture Plan)가 적절하고, 자동차 부품업, 소재산업 등 일상적 구매가 일어나는 산업에서는 고객 정보(Account Plan)가 적절하다.

예시 1. Capture Plan (1/8)*

Capture Plan

1. Capture Plan 개요
2. 과제(사업) 분석
3. 고객조직 정보
4. 고객의 핵심 이슈
5. 경쟁사 정보
6. 자사 정보
7. 제안 전략 수립

*본서에서는 독자의 충분한 학습을 위해 기존 버전의 Tool을 삽입했습니다.
최신 버전의 Tool은 쉬플리코리아 홈페이지(http://www.shipleywins.co.kr)에서
다운받을 수 있습니다. (파일 비밀번호는 책 표지 안쪽 참고)

예시 1. Capture Plan (2/8)

1. Capture Plan 개요

내 용						
과제(사업)명	완소병원 IT 헬프 데스크 아웃소싱					
예정 일정	RFP 공고일	20XX년 6월 9일	제안서 제출일	20XX년 6월 28일	PT 발표일	
고객 개요	주관조직	이사회(설립자, 외부 이사, 최고경영자, 최고재무책임자), IT 이사				
	과제 단계	IT 헬프 데스크 운영 1차 사업 예산 _____ 억 원				
평가위원	예상 인원	10명				
	참여그룹	설립자(4명), 외부 이사(3명), 최고경영자(1명), 최고재무책임자(1명), IT 이사(1명)				
	예상 주도그룹	전문 경영진 주도 전산원: 제안 요청서 작성, 제출된 제안서의 기술적 답변 검토 이경제: 낙찰자 추천 나존중: 이사회 승인을 얻어서 의사 결정				
경쟁사	빅 4, 아웃소싱(주), 완소병원 자체 솔루션					

예시 1. Capture Plan (3/8)

2. 과제(사업) 분석

작성 방법	
■ 과제 설명: 과제의 범위, 사업 배경, 시제 형상, 요구 기술 등을 기술하십시오. ■ 주요 요구사항: 예상되는 고객의 공식적 / 비공식적 요구사항을 현재 입수한 정보 수준에서 가능한 만큼 상세히 기술하십시오.	
요소	내용
과제 설명 (History 포함)	**과제의 범위**: IT 헬프 데스크, 사용자 지원 서비스, 부대 서비스 제공 **사업 배경**: 수익 증가, 병원의 성장→ IT 지원 서비스 아웃소싱 필요 **완소병원 배경 설명** - 수익증가와 외형 성장에 따라 이사회가 나존중 대표에게 IT 지원 서비스의 아웃소싱을 권고함 - 완소병원은 20개의 클리닉, 200명의 의학박사, 1,000명의 직원 근무 - 연간 매출액 2,000억 원, 900대의 데스크톱 컴퓨터와 300대의 노트북으로 아래와 같은 IT 서비스 지원 • 잠재 고객의 선정 및 평가 • 진료의 선택 및 결과 예측 • 서비스 제공 • 수술 전/후의 결과 관찰 • 서비스 제공을 지원하는 모든 직원의 훈련 • 서비스 소개를 통한 새로운 고객 확보
주요 요구사항	**공식적 요구사항**: 헬프데스크, 사용자 지원 서비스, 부대 서비스를 제공할 수 있어야 함 <제안서> 총소유비용(TCO: Total Cost of Ownership)감소 • 기대효과 • 유사프로젝트의 수행 경험 • 내부 자료의 보안 유지 • 장기적인 업무지원 역량 • 제안서에는 Executive Summary와 주요 섹션의 1,2페이지 요약이 포함 • 제안 요청서에 요청된 것보다 입찰 범위를 넓히면 안 됨 <공식적인 회사의 목표> • 수익성 향상 • 확장을 위한 잉여금 확보 • 핵심 사업에 집중 <기타 요구 사항> • 현재 유사한 일을 하고 있는 모든 완소병원 직원을 비슷한 임금과 혜택으로 고용 • 가능한 한 적은 수의 공급자와 계약하기를 원함
	비공식적 요구사항: 되도록 간결한 제안서 선호

© Shipley Associates, Shipley Korea, All rights reserved

예시 1. Capture Plan (4/8)

3. 고객조직 정보

작성 방법

- 사업주관 조직: 사업주관 내부 조직뿐만 아니라 관련 조직도 기술하십시오.
- 핵심 관련자를 결정하십시오(3~6명 권장).
- 핵심 관련자의 관심 이슈: 해당 사업에 핵심 관련자의 영향 정도(1점~5점)를 기술하고, 사업 이슈의 중요도(1~5점)를 기입합니다.
  관심 이슈는 의사결정자에 따라 여러 개가 될 수 있습니다.
- 평가위원회: 고객조직(예: 간사 등)의 평가위원회에 미치는 예상 영향력을 기재하고 기타 정보를 기재하십시오.

요소	내용					
사업 주관조직 (분야, 구성, 담당자)	나존중(대표이사) — 이결제(CFO), 전산원(IT이사), 설립자들, 사외 이사					
관련자의 핵심 이슈	성명	직책	영향력	핵심 이슈		중요도
	나존중	최고경영자	5	• 비용절감		4
				• 핵심사업에 집중		3
				• 인원 감축		2
	이결제	최고재무책임자	4	• 운영비 절감		4
				• IT자본 투자 감축		3
				• 인원 감축		2
	전산원	IT이사	2	• 직위 유지		4
				• 골칫거리 제거		3
				• 하드웨어 및 소프트웨어 다양성 통제		2
	설립자들	이사회 일환	3	• 의료에 집중함		4
				• 비용 감축		3
				• 서비스 수준 유지		2
	사외 이사	이사회	2	• IT 지원 비용 절감		4
				• 핵심 사업에 집중		3
				• 서비스 수준 향상		2

© Shipley Associates, Shipley Korea, All rights reserved

평가 위원회	평가 위원회와 고객조직의 연관성	⑤ 4 3 2 1 매우 높음 중간 매우 낮음 • 연관성이 높을수록 제안의 초점을 고객에게 맞추고 연관성이 낮을수록 제안의 초점을 평가위원에게 맞춘다.
	평가위원회 정보	별도로 평가위원회 존재하지 않음 핵심 관련자 = 평가위원회

© Shipley Associates, Shipley Korea, All rights reserved

예시 1. Capture Plan (5/8)

4. 고객의 핵심 이슈

작성 방법

- 앞 장에서 산정된 핵심 이슈의 비중을 순차적으로 작성합니다.
- 핵심 이슈 선정 근거를 기술합니다.

#	핵심 이슈	비중	선정 근거
1	비용 절감	83	개인별 이슈 그루핑
2	핵심 사업에 집중	23	개인별 이슈 그루핑
3	서비스 품질 유지/개선	10	개인별 이슈 그루핑
4	현재 시스템 유지 및 다양성 관리	10	개인별 이슈 그루핑
5	보직 유지	8	개인별 이슈 그루핑

© Shipley Associates, Shipley Korea, All rights reserved

예시 1. Capture Plan (6/8)

5. 경쟁사 정보

작성 방법 (주체를 경쟁사로 작성함)
■ 종합경쟁력: 영업경쟁력, 기술경쟁력 등을 종합적으로 판단했을 때 유/불리를 판단합니다. ■ 영업경쟁력: 고객과 관계형성 및 고객 정보 수집 등의 관점에서 매우 우세이면 5점, 매우 열세이면 1점을 기입합니다. ■ 기술경쟁력: 이 과제의 기술경쟁력과 관련된 선행과제 수행 경험, 논문/특허/인력 등을 종합적으로 고려하여 매우 우세이면 5점, 매우 열세이면 1점을 기입합니다. ■ 중요도와 차별성 항목은 경쟁사의 예상 솔루션에 대해 고객이 중요하게 생각하는 정도와 차별화 정도를 기준으로 합니다.

경쟁사 이름 ____빅 4_____

요소	기술					
종합경쟁력	자사 대비	(우세),	동등,	열세		
	(근거) 고객과의 관계 형성 및 기술력 모두 탁월함					
영업경쟁력	고객선호도	(높음) 5	4	3	2	1 (낮음)
	(근거) 빅 4의 모회사인 회계컨설팅 Firm이 완소병원 설립 초기부터 감사 역할을 해 왔고, 완소병원의 이사회 임원들(설립자들)은 이 점을 중요하게 생각하고 있다.					
기술경쟁력	기술 수준	(높음) 5	4	3	2	1 (낮음)
	(근거) 막강한 헬프데스크 지원 역량 보유, 수많은 검증된 실적, 시스템 및 업무 통합, ERP, CRM 선도 기업					
예상 컨소시엄	부 사업자 명	없음				
	기술 역량	5	4	3	2	1
	가격 경쟁력	5	4	3	2	1
	고객 선호도	5	4	3	2	1
관련 경험	유사 프로젝트 수행 경험	전 세계적으로 수많은 유사 프로젝트 수행 실적 보유				
	관련 기술 확보 수준	관련 기술 선도 기업				

© Shipley Associates, Shipley Korea, All rights reserved

핵심 이슈	경쟁사의 예상 솔루션	근거 및 사유	중요도	차별성
비용 절감	장기적 비용 절감 효과 제시	솔루션의 우수성을 강조하면서 솔루션의 우수성 때문에 단기적으로는 비용이 많이 들지만 장기적으로는 오히려 비용 절감 효과가 나타난다는 점을 다른 사업에서도 계속 강조해 왔음	(O)	( )
핵심 사업에 집중	솔루션의 탁월성과 많은 검증된 실적 제시	선도기업, 수많은 실적 보유	(O)	( )
서비스 품질 유지/개선	솔루션의 탁월성과 많은 검증된 실적 제시	선도기업, 수많은 실적 보유	(O)	( )
현재시스템 유지 및 다양성 관리	솔루션의 탁월성과 많은 검증된 실적 제시	선도기업, 수많은 실적 보유	(O)	( )
보직 유지	IT 이사의 보직 유지까지 신경 쓰지는 않을 것으로 예상됨	선도기업, 수많은 실적 보유	( )	( )

* 핵심 이슈 솔루션은 1개 이상일 수도 있고 없을 수도 있습니다.
중요도: 고객이 중요하게 생각하는 솔루션인 경우에 체크
차별성: 경쟁사의 예상 솔루션이 타사에 비해 월등히 우월한 경우에 체크

경쟁사 예상전략 (경쟁사의 예상 솔루션을 근거로 추정)

- 비용 절감: 안정적인 시스템을 운영하는 것이 불완전한 솔루션을 운영하는 것보다 장기적으로 비용 절감 효과가 있다는 것을 데이터로 보여주면서 고객을 설득할 것으로 예상됨
- 핵심 사업에 집중: 솔루션이 탁월하기 때문에 고객사가 IT 헬프데스크에 신경 쓰지 않고 핵심 사업에 집중해 왔음을 많은 실적으로 보여줄 것으로 예상됨
- 서비스 품질 유지/개선: 완소병원 자체에서 운영하던 것보다 더 전문성이 있고, 많은 경험과 실적을 가지고 있기 때문에 기존 서비스 품질을 유지하고 더 개선할 수 있음을 강조할 것으로 예상됨
- 현재 시스템 유지 및 다양성 관리: 다양한 프로젝트 경험을 통해 현재 시스템 유지 및 다양성 관리를 해 왔음을 강조할 것으로 예상됨

예시 1. Capture Plan (7/8)

6. 자사 정보

요소	기술				
종합경쟁력	경쟁사 대비		우세,	(동등),	열세
	(근거) 빅 4와 같은 영업 경쟁력, 기술 경쟁력은 없지만 고객의 가장 큰 핵심이슈가 비용 절감인 점을 집중적으로 공략하면 경쟁력이 있음. '우위'까지는 아니어도 한 번 해볼 만함.				
영업경쟁력	솔루션의 경쟁력	(높음) 5	4	③ 2	1 (낮음)
	(근거) 빅 4와 같은 기본적 유대 관계나 아웃소싱㈜과 같은 명성은 없다. 이전부터 영업을 꾸준히 해 온 것도 아님. 하지만 미팅을 통해 담당자는 비교적 상세한 정보를 우리에게 제공해 주었고 상황이 그리 나쁜 것만은 아님.				
기술경쟁력	기술 수준	(높음) 5	④	3 2	1 (낮음)
	(근거) 회사의 인지도가 낮고, 실적이 많지 않아서 그렇지 PC Doc TM은 굉장히 탁월한 소프트웨어이며 비용 절감을 원하는 완소병원에 적합한 솔루션임.				
예상 컨소시엄	부 사업자 명	없음			
	기술 역량	5	4	3	2	1
	가격 경쟁력	5	4	3	2	1
	고객 선호도	5	4	3	2	1
관련 경험	유사 프로젝트 수행 경험	그리 많지 않음			
	관련 기술 확보 수준	일상적 시스템 운영보다는 핵심적인 기능에 치중하고 있지만 필요한 부분은 제휴 조직을 통해 보완이 가능함.			

© Shipley Associates, Shipley Korea, All rights reserved

핵심 이슈	자사의 예상 솔루션	근거 및 사유	중요도	차별성
비용 절감	PC Doc TM	PC Doc TM은 모든 소프트웨어 지원 업무의 75%를 별도의 기술자 도움 없이 본인이 해결할 수 있도록 하는 비용 절감을 위한 맞춤 솔루션임.	(O)	(O)
핵심 사업에 집중	PC Doc TM	PC Doc TM은 고객사의 직원들이 IT 문제에서 해방되어 자신들의 핵심적인 업무에 집중할 수 있도록 하는 솔루션임. 기술자를 기다릴 필요 없고 손쉽게 재빨리 문제를 해결하여 자신의 업무에 집중할 수 있도록 함.	(O)	( )
서비스 품질 유지/개선	3개의 제휴 조직과의 연계	PC Doc TM의 서비스 폭이 제한적이어서 문제가 되는 부분은 3개 제휴 조직의 서비스 기능을 활용하여 완벽히 해결할 수 있음.	(O)	( )
현재 시스템 유지 및 다양성 관리	PC Doc TM	PC Doc TM은 기본적으로 사용자의 소프트웨어, 하드웨어, 네트워크 및 기계 설정의 특성을 확인하고 이에 따라 문제를 해결하는 솔루션으로 단기간에 모든 시스템을 통일시키는 것이 아님.	(O)	(O)
보직 유지	PC Doc TM	PC Doc TM의 성격이 소프트웨어이기 때문에 운영주체는 핑크팬더라기보다는 완소병원의 IT 부문임을 강조, 핑크팬더는 IT 부문이 완소병원 IT 시스템을 잘 운영할 수 있도록 도와주는 조력자임.	( )	(O)

© Shipley Associates, Shipley Korea, All rights reserved

예시 1. Capture Plan (8/8)

7. 제안 전략 수립

작성 방법 (주체를 경쟁사로 작성함)	
■ 현재 정보 수준에서 가능한 전략을 모두 기술하시오.	

자사의 강점(What)	강점 극대화 방법(How)
PC Doc TM이 비용 절감 효과가 탁월하다.	PC Doc TM의 비용 절감 효과를 보여 주는 성공 사례, 고객사의 감사 편지, 데이터를 보여 준다.
PC Doc TM을 통해 손쉽게 문제를 해결할 수 있어서 문제 해결까지 걸리는 대기시간이 줄어들고 각 구성원과 완소병원은 핵심 사업에 집중할 수 있다.	PC Doc TM이 핵심 사업에 집중할 수 있도록 만드는 솔루션임을 보여 주는 성공 사례, 고객사의 감사 편지, 데이터를 보여 준다.
PC Doc TM을 통해 혼란을 제거하는 것은 물론 다양성을 관리할 수 있다.	완소병원의 PC 상태가 다양함을 상기시키고 단기간에 모든 시스템을 통일시키면 안 됨을 강조. PC Doc TM의 특징이 기본적으로 사용자의 소프트웨어, 하드웨어, 네트워크 및 기계 설정의 특성을 확인하고 이에 따라 문제 해결을 하는 솔루션임을 강조함. 이에 따라 혼란도 제거되고 다양성도 관리될 수 있음을 강조함.

자사의 약점(What)	약점 최소화 방법(How)
회사의 지명도/인지도가 낮다.	우리도 기존 고객 사이에서 명성이나 만족도가 얼마나 높은지 보여주고 인지도가 높아지고 있음을 설명. 빅4나 아웃소싱㈜ 고객이었다가 협력업체를 핑크팬터로 바꾼 고객사의 사례를 보여줌.
서비스 폭이 제한적이다.	3개의 제휴 조직을 설명하고 우리에게 없는 서비스는 이들을 통해 얼마든지 제공받을 수 있으며 제휴조직과 긴밀하게 연계하여 일을 하고 있음을 설명함.

경쟁사의 강점(What)	약점 최소화 방법(How)
고객사에 영업 활동이 잘되어 있을 것으로 예상된다(빅4).	개발 필요
회사의 지명도/인지도가 높다(빅4, 아웃소싱).	우리도 기존 고객 사이에서 명성이나 만족도가 얼마나 높은지 보여주고 인지도가 높아지고 있음을 설명. 빅4나 아웃소싱㈜ 고객이었다가 협력업체를 핑크팬더로 바꾼 고객사의 사례를 보여줌.

© Shipley Associates, Shipley Korea, All rights reserved

경쟁사의 약점(What)	약점 극대화 방법(How)
가격이 비싸다.	장기적인 관점에서의 비용 절감 효과가 빛 좋은 개살구이며 얼마나 불확실한지를 설명하면서 즉각적인 비용 절감이 필요함을 역설.
많은 고객사 중 하나이므로 일을 대충 할 수 있다.	본 프로젝트는 완소병원의 이슈를 정확히 파악하여 이에 올인하여 집중적으로 해야 함을 설명함. 본 프로젝트는 신입 직원이 아닌 경험 있는 직원이 필요함을 강조하면서 핑크팬더는 유사 프로젝트 경험이 많은 담당자가 PM임을 강조. 경험 있는 회사가 아니라 경험 있는 담당자가 중요함을 설명함.
종종 신입 직원을 투입할 수 있다.	본 프로젝트는 신입 직원이 아닌 경험 있는 직원이 필요함을 강조하면서 핑크팬더는 유사 프로젝트 경험이 많은 담당자가 PM임을 강조. 경험 있는 회사가 아니라 경험 있는 담당자가 중요함을 설명함.

© Shipley Associates, Shipley Korea, All rights reserved

2.2.2 가치제안을 하라

수주영업은 관계에 의존해서 개인 고객을 상대하는 것이 아니다. 수주영업은 고객조직을 체계적으로 설득하는 과정이다. 따라서 설득의 핵심은 고객이 우리의 솔루션을 채택했을 때 갖게 되는 효용(Benefit)을 보여주는 것이고, 이 효용을 숫자로 표현하는 것을 가치제안(Value Proposition)이라고 한다. 만약 수주영업을 하는 영업대표가 갖추어야 할 스킬 중 단 하나를 선택하라고 한다면 아마도 그것은 가치제안일 것이다.

그림 3. 가치제안의 정의

> 1. V 〉 C   Value = V / Cost = C
> 가치제안이란 고객이 지불하는 비용보다 본인이 갖게 되는 효용이 더 크다는 것을 보여주는 것이다.
> 그러나 이 공식은 경쟁자가 있는 대부분의 시장에서는 다음과 같이 바뀐다.
>
> 2. Winner(V-C) 〉 Loser(V-C)
> 경쟁자에 비해서 우리가 제안하는 솔루션의 비용 대비 효용이 더 크다는 것을 보여주는 것이다.

가치제안을 하는 방법은 다음과 같다.

① 예측되는 개선사항과 향상 정도를 정량화하라(Quantify)

② 시기를 명시하라(Timing)

- 이익(benefits) 발생 시기
- 비용(costs) 발생 시기
- 투자금액 회수(payback/ROI) 시기

③ 성과의 측정 및 추적 방법을 명시하여 제공하라(Measurement & Monitoring)

이 방법론을 사용하여 가치제안을 하는 사례는 다음과 같다.

그림 4. 가치제안 사례

우리 그룹은 영웅 컴퓨터와 매년 200만 달러의 IT 지원 계약을 체결하여 향후 5년간 350만 달러의 비용 절감 효과를 거두게 된다.
20XX년 5월 1일부로 우리 그룹은 IT 자산을 50만 달러에 영웅 컴퓨터에 매각하고, 나머지 모든 IT 자원에 대해서는 영웅 컴퓨터가 담당하게 된다.
합의된 가격과 서비스 수준이 계속 유지된다는 조건 하에서, 우리 그룹은 5년 동안 연간 30%의 IT 비용 절감 효과를 누리게 될 것이다. 모든 비용은 Woori-online에서 열람이 가능하며, 월별로 송장에 기입될 것이다.

그림 5. 가치제안에는 시기를 명기하라

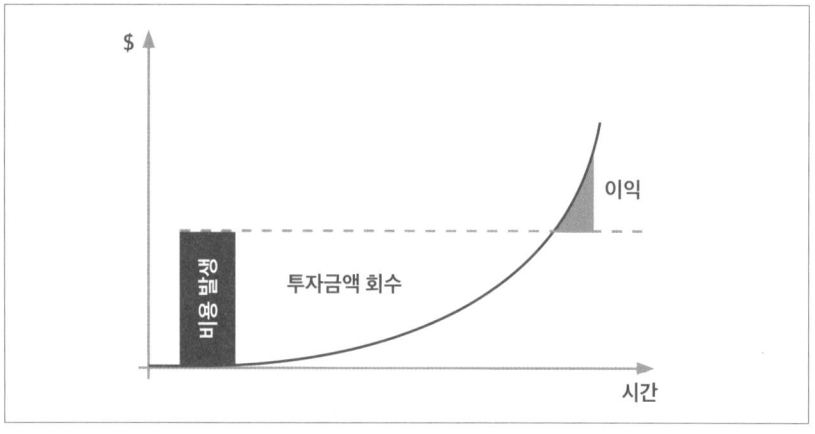

2.3 평가자 공략법

평가자는 영향력 정도에 따라서 의사결정자와 영향자로, 평가자의 소속 조직의 관점에 따라서 기술전문가그룹, 사용자그룹, 구매그룹으로 나눌 수 있다. 전문성 수준에 따라서 분석적 평가자와 통합적 평가자로 나눌 수 있다. 평가자를 이해하면 평가 항목에 전략적으로 대응할 수 있다.

2.3.1 의사결정자와 영향자를 공략하라

의사결정자뿐만 아니라 **의사결정에 참여하는 사람들을 모두 우호적으로 만드는 것이 수주영업의 핵심**이다. 의사결정에 참여하는 모든 사람을 영향자(Influencer)라고 부른다. 예산을 집행하는 재무담당임원(CFO), 직접 솔루션의 효용을 확인하는 현장의 매니저, 기술적 검증에 참여하는 기술담당임원(CIO)을 대상으로 영업해야 한다.

또 계층별로도 설득해야 한다. 담당 최고임원부터 팀의 매니저와 실무자까지 모두가 언제든지 거부권(Veto Power)을 행사할 수 있기 때문이다.

영향자는 사전적으로 의사결정자가 의사결정을 할 때 참여시키는 사람을 말한다. 그런데 영업하는 영업대표로서는 '내게 오더를 줄 수는 없어도, 오더를 안 줄 수는 있는 사람'은 모두 영향자라는 점을 유념해야 한다.

이런 수주영업의 본질을 이해하고 있다면 고객 조직의 다양한 계층, 다양한 기능 조직을 끝까지 최선을 다해 설득하게 된다. 의사결정에 참여하는 모든 사람을 대상으로 영업하라. 집단적 의사결정을 이해하고 그물망 영업을 하라.

특히 주의해야 할 점은 실무자의 관점을 경영자의 관점과 혼동해서는 안 된다는 것이다. 많은 실무자는 본인이 상당한 영향력과 의사결정력이 있다고 말하지만 실제로는 그렇지 않은 경우가 많다. 반면에 경영자는 상대적으로 만나기 어렵지만 의사결정력이 높다는 점에 유의하라. 정보가 없더라도 그 회사의 경영자가 이 프로젝트에 어떤 종류의 관심을 가질 것인지 예측해야 한다. 가장 효과적인 방법은 담당자와 함께 경영자의 관심을 예상하고 준비하는 것이다.

Shipley Tip

쉬플리 컨설팅은 고객조직의 의사결정자와 영향자를 정의하면서 시작한다. 이 때 가장 많이 나오는 질문은 "고객조직의 발주처는 평가위원회에 참여하지 않습니다. 발주처는 평가위원회에 매우 중립적이고요. 그런데도 고객조직의 의사결정자와 영향자를 분석하는 것이 도움이 될까요?"이다.

필자의 대답은 "네"이다.
그 이유는 필자가 조달청, KOTRA, 지적공사 등의 평가위원회에 참여하면서 경험한 평가위원의 심리상태 때문이다. 이들은 한결같이 '발주처의 대리인'으로 자신의 정체성을 인식한다. 그래서 그들의 첫번째 관심사는 '발주처는 어떤 솔루션과 어떤 조직을 선호하는가'이다. 따라서 평가위원을 설득하는 수많은 논리 중에서 가장 강력한 것은 '발주처가 이런 고민이 있고, 이것을 원한다. 그래서 우리는 이 솔루션을 제공해서 발주처의 고민을 해결하고 니즈를 충족시킬 것이다.'라는 논리다.

또 하나, 불특정 평가위원들도 명백히 '의사결정자'로서 분석해야 한다. 그들이 특정되지 않았음에도 아래 관점(2.3.2와 2.3.3에서 제시한 관점)을 활용하여 분석할 수 있다.

2.3.2 기술전문가, 사용자, 행정가는 관심이 다르다.

모든 평가위원회는 이 세 부류로 나누어지고, 이들은 자신의 개인적 관심 보다는 자신이 속한 조직의 관점과 이해에서 평가를 한다.

표 1. 대상별 이슈와 관심사의 차이

구분	사기업	공공/군사업	주요 관심사
기술전문가	엔지니어	엔지니어 국방과학연구소	- 신기술 적용 - 검증된 기술 사용
사용자	현장 매니저	실무자/중대장	- 편의성
행정가	총무부/구매조직	구매조직/방사청	- 위험관리, 일정관리, 비용관리 등

　기술전문가로는 주로 엔지니어가 해당하며 이들의 주요 관심사는 제안 기술이 본 사업에 타당한 기술인지, 검증된 기술이어서 안정성 측면에 문제가 없는지, 혹은 기존보다 발전된 신기술이 적용되었는지 등이다. 사용자로는 주로 현장 매니저 같은 실무자나 군사업의 경우 중대장이 해당하는데, 이들에게 가장 중요한 관심사는 사용자 편의성이다. 해당 제안이 프로세스나 기술 측면에서 얼마나 실무를 편리하게 할 수 있는지이다. 마지막으로 행정가로는 총무부나 구매조직 담당자가 주로 해당되며 이들의 주요 관심사는 위험, 일정, 비용 등 사업 관리 측면에서 안정적인 진행이 가능한지 점검하는 것이다.

2.3.3 분석적 평가자와 통합적 평가자는 관점이 다르다

입찰 제안에서 궁극적인 목적은 높은 점수로 1등을 하는 것이다. 따라서 입찰 제안을 할 때 알아야 할 가장 핵심적인 사항은 어떻게 점수를 확보하느냐이다. 그래서 평가자 분석이 필수적인데, 일반적으로 평가자 분석에서 가장 큰 오류는 모든 평가자가 분석적으로 평가할 것이라고 가정하는 것이다. 그러나 쉬플리의 평가자 인터뷰에 따르면 자신의 통찰력과 사업의 이해를 기반으로 비분석적인 판단을 먼저 하여 종합점수 또는 등수를 결정한 이후에 항목별 점수를 채워넣는 평가자도 있었다. 즉, 평가자 유형에는 분석적 평가자와 통합적 평가자가 있으며 이들에게서 높은 점수를 얻으려면 접근방법이 달라야 하는 것이다.

분석적 접근은 개별 평가 항목의 점수를 확보함으로써 종합적으로 높은 총계 점수를 얻는 것을 말하고, 통합적 접근은 개별 점수보다는 고객이 종합적으로 우리 조직과 솔루션이 우위라는 점을 인지하여 높은 점수를 주게 하는 방법을 말한다. 다음의 〈표 2〉를 보면 분석적인 평가자는 개별 항목별 점수를 먼저 매기고 이를 종합하는 반면에 통합적인 평가자는 심리적으로 먼저 어떤 업체에 점수를 더 줄 것인지를 결정하고, 이를 항목별로 배분한다.

표 2. 분석적 평가자와 통합적 평가자의 평가 방법

평가 항목	비중	평가	평가 근거
사업전략의 현실성, 혁신성, 창의성	15	10	분석적 평가자
업체 역량	30	25	
PM 및 수행조직의 전문성	40	30	통합적 평가자
신기술 도입	5	2	
수행기간 준수	10	9	
총 계	100	76	

분석적 평가자는 항목별로 평가한 후 집계하는 반면, 통합적 평가자는 총점(또는 등수)을 먼저 정한 후에 이를 배분한다. 통합적·분석적 평가자 분석은 수주영업 단계에서도 활용된다.

분석적 평가자는 대체로 엔지니어 출신의 내용 전문가이다. 이들은 가급적 분석적으로 자세히 평가하려고 하기 때문에 평가표의 항목별 평가 근거가 매우 중요하다. 항목별로 왜 이 회사가 높은 점수를 얻어야 하는지, 그 근거가 명확하면 분석적 평가자는 고민 없이 그 회사에 점수를 줄 수 있다. 하지만 그 근거가 명확하지 않다면 이들은 고민해야 한다. 짧은 평가시간에 충분히 고민할 시간이 없다는 것이 문제이기 때문에 앞서 언급했던 계량화된 가치제안이 매우 중요하다. 한편 통합적 평가자는 조직 내의 행정가(구매조직)나 실제 사용자이다. 이들은 대부분 기능적 정보를 분석적으로 접근할 수 있는 전문성이 없어서 분석적 평가가 불가능하다. 그러므로 제안서를 자세히 보지 않은 채 프로젝트의 본질이 무엇인가를 판단한 후, 이에 적합한 판매자를 선택하려고 노력한다.

1. 분석적 접근

분석적인 평가를 하는 평가자를 공략하는 방법이다. 주로 엔지니어, 기술 전문가, 대학교수 등이 이에 해당한다. 높은 전문성이 요구되는 기술제안(대부분의 시스템 통합, 플랜트, 방위산업)을 평가할 때는 이들 평가위원이 주류를 이루는 경우가 많다. 이때는 항목별로 점수를 취득하는 것이 중요하다. 그 구체적인 방법은 다음과 같다.

- 평가항목별로 해당 섹션 첫 페이지의 첫 문장(헤드라인)에 고객의 요구사항에 명확한 응답과 평가 근거를 정확히 제시한다.
- 평가과정을 쉽게 한다. 평가가 쉬워지려면 평가표의 답을 찾기가 쉬워야 하고 답이 명확해야 한다.
- 논리적으로 설득한다. 이를 위해서는 섹션 요약(또는 헤드라인)에서 제시한 주장을 본문에서 객관적인 증거(Proof)로 명확히 뒷받침(Support)해야 한다.
- 평가항목의 비중에 따라 페이지를 할당한다.

2. 통합적 접근

가장 중요한 통합적 평가자는 사기업의 CEO이다. 또한, 현장의 사용자(예를 들면 방위산업에서는 소요군), 행정가(예를 들면 방위사업청), 비기술자들도 이에 해당된다. 비기술적인 이슈(비용, 기간, 수행팀 및 PM의 역량 등)가 중요한 프로젝트의 경우에는 통합적인 평가를 하는 평가자가 주도권을 행사하는 경우가 많다.

통합적인 평가자를 설득하는 방법은 다음과 같다.

- 세부적인 이슈보다는 핵심 이슈를 중심으로 제안한다. 기술적인 세부내용보다는 사업의 이해, 사업 전략, 위험 관리 등의 항목이 중요하다.
- (논리적인) 설득력만큼 (감성적인) 신뢰감이 중요하다.
- 제안서에서는 간단히 핵심 내용만을 강조하고 프레젠테이션에서 승부한다.
- 통합적 평가자에게는 프레젠테이션 중에서도 특히 Q&A가 절대적으로 중요함을 인식하고 완벽히 대비한다.('6.6.3 질의응답(Q&A)에서 승부하라' 참고)

3. 분석과 통합의 변증법

두 평가자 유형을 모두 만족시키기 위해서 우리가 고려해야 할 중요한 사항은 제안서 작성자의 유형이다. 이를테면 대부분 분석적 유형인 연구소 연구원이 작성자일 경우ㅍ 분석적 평가자가 평가표를 중심으로 평가할 때 유리하다. 마찬가지로 영업대표 같은 통합적 유형이 작성자인 경우에는 통합적 평가자의 점수를 확보하는 데 유리하다. 현실적으로 통합형/분석형 평가자가 섞여 평가위원회가 구성되는 것이 일반적이므로 제안팀을 구성할 때 이를 고려하는 것이 필요하다. 분석형 작성자는 평가표의 해당 항목 점수를 빠짐없이 확보하도록 '기술 및 관리' 등 본문 중심으로 작성하고, 통합형 작성자들은 전략, 추가제안, PT 감성슬라이드에 투입하여 통합형 평가자에게 대응하도록 하는 것이 좋다.

비율은 다를 수 있지만 현장의 평가자를 인터뷰해 보면 항상 분석적인 평가자와 통합적인 평가자가 섞여 있음을 알 수 있다. 결과적으로 승리를 보장받기 위해서는 반드시 두 유형의 평가자를 모두 설득해야 한다는 점을 명심하자. 제안서 전체의 핵심 내용을 요약해서 알기 쉽게 제시하고 프레젠테이션과 Q&A를 통해서 통합적인 평가자의 신뢰감을 확보해야 한다. 평가 단위의 섹션별로 고객의 평가 기준에 부합하는 정확한 답을 제시하고, 그 답을 지지하는 분명한 근거를 제시하여 분석적 평가자를 논리적으로 설득하자.

2.3.4 평가자는 주류에서 벗어나면 부담감을 느낀다

평가자가 기본적으로 가지는 심리상태는 두 가지이다. 첫 번째는 자신은 발주처의 대리자라는 마음가짐(2.3.1에서 설명)이고, 두 번째로는 평가자 그룹의 주요한 의견과 자신의 의견을 일치시키려는 경향이다. 다시 말하면 평가자는 자신이 평가위원회의 '정규분포'에서 벗어나는 것에 부담감을 느낀다. 왜냐하면 주류 의견과 자신이 다를 때는 그 이유를 논리적으로 설명해야 하기 때문이다. **그래서 평가 위원은 평가할 때 좋은 솔루션과 조직을 '근거'에 기초해서 찾으려고 노력한다.**

이러한 경향은 사업의 규모가 크거나 공공사업의 성격이 강할수록 더 두드러진다.

주요 군사업의 경우 최근 몇 년 전부터 경쟁업체보다 더 높은 점수를 줄 때는 그 근거를 반드시 쓰도록 의무화되었다. 그런 의무사항이 없다고 하더라도 성인은 근거 없이 높은 점수를 주는 것에 심리적 부담을 느끼게된다.

> **Shipley Tip**
>
> **평가자 매수로 수주하기 어려운 이유**
>
> 1. 최순실의 국정농단, 김영란법 시행 등으로 평가자 자체의 윤리의식이 높아졌다. 아니면 적어도 그런 행동이 너무 위험한 행동이라는 사실을 깨닫게 되었다 (우리나라 최대기업 사주가 구속되었다. 돈으로 안 되는 것이 있다!).
>
> 2. 의도적으로 높은 점수를 주었다가 최고점이 되면 평가에서 배제된다. 조달청이나 방사청 같은 공공조직은 투명성에 민감하므로 최고점과 최저점을 배제해서 평가의 공정성을 높이고 있다.
>
> 3. 설명한 것처럼 평가위원회의 정규분포에서 벗어난다는 것은 위험한 일이다. 특정 업체에 높은 점수를 주었을 때는 합리적이고 논리적인 이유가 있어야 한다. 실제로 필자는 어떤 평가자가 특정 업체를 밀어주기로 하고 들어갔다가 그 업체가 제안서와 PT에서 보여준 솔루션이 너무 형편없어서 자기가 너무 위험하다는 생각을 하고, 현장에서 생각을 바꾸었다는 이야기를 여러 번 들었다.
>
> 이 책을 읽는 비즈니스맨이여, 평가자를 매수하지 말라! 평가자들이여, 매수되지 말라! 그 시간에 솔루션을 고민하고, 고객의 소리를 듣고, 전략을 고민하라! 그것이 근원적으로, 영원히, 자주 승리하는 길이다.

2.4
설득력이 높은 제안

제안의 설득력을 높이려면 논리적일 뿐만 아니라
정서적으로 신뢰를 얻어야 한다. 이러한 신뢰감은
고객의 이슈 분석, 고객과의 협력,
커뮤니케이션을 통해 확보할 수 있다.

2.4.1 고객의 구매단계를 파악하라

일반적으로 제안은 면대면, 제안서, 프레젠테이션을 통해서 할 수 있고, 설득적이며 동시에 신뢰감을 전할 수 있어야 한다.

이런 의미에서 광의로 보면 이것은 영업의 일부분이다. 그러나 이 책은 제안의 원리를 다루고 있으므로 영업 전반의 이해가 필요한 사람은 필자가 '매우' 사랑하는 책 '최강 영업대표'를 보기 바란다.

고객의 구매단계별로 우리가 성취해야 할 현실적인 목표를 결정하라. 고객은 구매단계의 반복적인 사이클을 통해 구매를 한다.

고객의 주요 구매단계는 다음과 같다.

그림 1. 고객의 구매단계

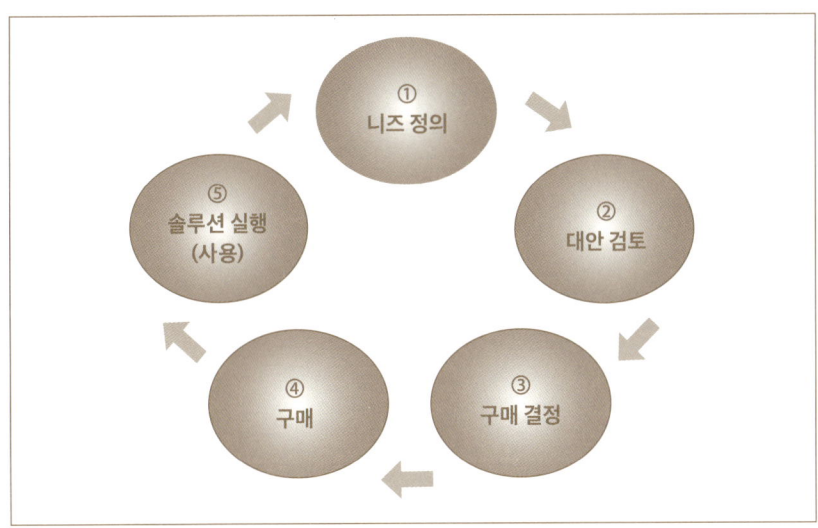

1. 니즈 정의(Needs Define)

고객은 자신의 문제(Problem)나 동기(Motive)를 처음에는 정확히 모른다. 그들은 전문가를 만나야 자신의 문제를 정확히 정의할 수 있게 된다. 마치 속이 쓰린 환자가 의사를 만나서 '위염'이라고 진단받는 것과 동일한 과정이다. 그리고 이 초기 단계에서 세일즈의 결정적인 기회가 있다. 왜냐하면 특정 의사에게 진단을 받는 순간 우리는 의사의 전문성을 느끼게 되고 의존도가 높아지기 때문이다. 생각해 보라. 위염을 진단한 의사 말고 누구에게 약을 처방받을 수 있겠는가? 이 단계에서 영업대표가 하는 잦은 실수는 고객의 니즈도 정의가 안 됐는데 자신의 제품이나 서비스를 팔려고 하는 것이다.

2. 대안 검토(Alternatives Review)

니즈가 정의되면 이 니즈를 해결하기 위해서 고객은 여러 대안을 찾게 된다. 이 시기도 세일즈의 결정적인 기회이다. 즉, **니즈 정의와 대안 검토에 세일즈의 결정적인 기회가 있으므로 고객의 구매단계 초기에 경쟁자보다 먼저 개입하는 것이 전문가 영업의 성공 여부를 좌우한다.**

대안에는 대체제(Alternatives)가 있다는 점을 유념하라. 예를 들면 우리가 머리가 아프면 두통약을 사먹을 수도 있지만 산책도 대안이 될 수 있다. 공장의 불량률이 높으면 자동화 프로그램을 구매할 수도 있고, 직원들을 교육하고 훈련시킬 수도 있다. 대체제를 고려해서 우리 솔루션의 효용을 설명해야 한다. 이때에는 우리 솔루션의 효용이 대체제를 포함한 다른 솔루션의 효용보다 크다는 점을 고객이 인식하게 해야 하며, 이것이 수주영업의 목적이다.

3. 구매 결정

대체로 위 두 단계를 통해서 고객은 적절한 솔루션이 무엇인지를 결정한다. 쉬플리 본사 리서치에 따르면 대체로 제안 요청서(RFP: Request for Proposal)가 나오는 시점이 되면 업체가 내정되는 경우가 60~80%에 이른다. 사업이 중요하거나 규모가 클수록 내정되는 비율은 당연히 높다.

4. 구매

고객이 구매 행동에 이르기까지는 자신의 의사결정에 확신이 필요하다. 그래서 이때 영업대표는 지속적으로 고객이 얻게 될 효용(Benefit)을 상기시키고 확인해야 한다. 구매 결정 이후에 고객은 현실로 돌아와서 냉철하게 솔루션의 효용을 다시 따져 보기 때문이다(남자들이 자동차 계약을 할 때까지는 흥분 상태에 있다가 계약서를 쓰고 나면 매월 들어가는 비용을 생각하기 시작하는 것과 비슷하다). 이때 영업대표가 가장 많이 하는 실수는 계약이 되었기 때문에 고객을 떠나는 것이다. 이 시기에 고객에게 집중해야 하는 또 다른 이유는 고객이 자신의 구매를 확신 받기 위해서 다른 사람 또는 다른 조직이나 다른 기업에 우리 솔루션을 소개하고 싶어하기 때문이다.

5. 솔루션 실행(사용)

솔루션을 실행하면 고객은 효용을 경험하지만 그 효용을 기반으로 또 다른 니즈가 생긴다. 이를테면 냉장고를 사용하다 보니 김치냉장고가 있었으면 좋겠다는 생각이 들듯이 고객의 니즈는 끊임없이 진화하고, 그 니즈를 고객의 가치 관점에서 함께 발굴하는 것이 세일즈의 기회를 확보하는 가장 근원적인 방법이다. 요약하면 영업대표는 계약 이후에 고객에게 관심을 갖는 것을 게을리 하지만 사실 고객이 구매와 솔루션을 실행할 때 세일즈의 결정적인 기회가 많이 숨어 있음을 알고, 예민하게 지속적인 관심을 기울일 필요가 있다. 복잡한 솔루션일수록 단계별로 분명한 목표를 설정하고, 이 목표를 달성하기 위한 설득이 필요하다.

고객을 설득하기 전에 우리는 다음과 같은 질문을 통해서 스스로 준비 상태를 점검해야 한다.

- 고객이 이번 단계에서 달성하고자 하는 목표가 무엇인가?
- 이 단계에서 고객의 목표 달성을 통해 우리가 이루어야 할 것들은 무엇인가?
- 프로젝트가 단계별로 진행되기 위해서 각 단계에서 고객이 관심을 보일 효용(동기, 핵심 이슈 등)은 무엇인가?

영업대표가 일반적으로 범하는 실수는 고객의 구매단계보다 앞서 나가면서 구매를 강요하는 것이다. 그러면 오히려 고객으로부터 멀어지는 역효과가 발생한다. 경험 많은 영업대표가 활용하는 효과적인 방법은 고객에게 다음 단계로 진행하지 않았을 때의 기회비용을 말해주는 것이다.

세일즈 전체 프로세스에서 고객과 협력하여 정보 습득, 공감대나 친밀감(Rapport) 형성, 가정의 검증, 단계별 진행 상황 점검 등을 하라. 이를 통해서 고객은 자신의 정보를 더 쉽게 공개하기 때문에 신뢰와 신용을 쌓을 수 있다. 지속적인 협력은 결과적으로 정서적 유대감을 형성하게 하며, 결국 고객은 자기가 좋아하는 판매자를 선택하게 될 것이다. 이것이 고객과의 협력이 중요한 이유이다.

2.4.2 높은 신뢰도를 유지하라

영업대표가 신뢰도를 높이는 방법은 그 분야의 권위 있는 전문가로 포지셔닝하는 것이다. 포지셔닝에 성공하면 고객은 나에게 질문을 하기 시작한다. 질문에 대답하고, 구체적인 솔루션을 제시하고, 주장을 구체화하면서 지속적으로 전문성에 기반을 둔 세일즈 활동을 하라.

이를 위해서는 고객에게 신뢰성 높은 자료를 제시해야 하는데 아래는 그 순서이다.

① 다른 고객(동종 업계에서 나온 정보)
② 제3의 독립적인 정보(독립적이고 중립적인 단체에서 생산한 정보)
③ 판매자가 하는 말

여기에서 고객의 신뢰도가 높은 ①과 ②를 객관적인 정보(IVP: Independently Verifiable Proof)라고 칭한다.

설득력과 신뢰도를 높이기 위해서는 ①, ②번의 정보를 많이 제공해야 하는데 일반적으로 영업대표는 ③번에 의존하는 경향이 있다. 하지만 고객은 세일즈맨이 제시하는 자료를 전적으로 신뢰하지 않는다.

그들이 가장 신뢰하는 자료는 무엇일까? 첫째로 동종 업계(특히 경쟁사)로부터 나온 정보이다. 이를 자신의 조직에서 생산한 정보만큼이나 (때로는 더) 신뢰한다. 그 다음으로 신뢰하는 자료는 독립적이고 중립적인 단체에서 생산한 자료이다.

예를 들면 쉬플리의 제안컨설팅을 고객이 신뢰하는 순서는 다음과 같다.

> 고객에게 설득력이 높은 정보를 많이 제공하여야 하나 실제 영업대표는 본인들이 가공, 획득한 정보를 주로 제공한다.

① 동종 업계로부터 나온 자료

우연히 만난 경쟁사인 S사의 직원에게서 쉬플리 컨설팅으로 T 프로젝트를 수주하였다는 이야기를 들었다.

② 제3의 독립적인 정보

미국 제안전문가협회(APMP)에서 매년 발표하는 바에 따르면 쉬플리는 82%의 제안 성공률로 10년째 1위를 하고 있다.

③ 판매자(쉬플리)가 하는 말

쉬플리 내부 자료에 따르면 쉬플리는 매년 400조 원, 제안 성공률 82%의 성과를 내고 있다.

> **Shipley Tip**
>
> **자료를 객관적 정보(IVP: Independently Verifiable Proof)로 만들기**
>
> 1. 쉬플리 아시아지사는 매년 수주율을 발표하기 전에 그 실적과 데이터를 Ernst& Young이라는 회계법인에 주고 감사를 의뢰한다. 그래서 늘 수주율을 발표할 때 '82% Win rate. Audited by Ernst&Young'라고 IVP로 만들어 사용한다.
>
> 2. 쉬플리코리아는 중요한 사업을 컨설팅할 때 사전에 고객에게 수주하게 되면 그 스토리를 사용할 수 있게 해 달라고 요청하고, 필요하면 감사패 줄 것도 합의한다. 우리가 우리의 성공을 이야기하면 설득력이 떨어지나 고객의 감사패나 고객이 직접 이야기해 주는 성공스토리는 IVP가 된다.

2.4.3 검증된 커뮤니케이션 기술로 설득력을 높이라

- 반복(Repetition): 동일한 메시지를 반복할수록 고객은 오래 기억하고 중요하다고 생각한다.

- 연관(Association): 상품의 특징을 이미 고객이 좋아하고 있는 것과 연결시키는 것을 말한다. 고객의 요구사항을 제목, 헤드라인, 프레젠테이션 등에 반영하는 '직접적 연관'과 특정 고객 회사의 그림과 언어를 연결하는 '간접적 연관'이 있다.

- 결합(Composition): 말하기와 글쓰기를 할 때 특정 메시지를 강조하기 위하여 아래 요소를 사용하는 것을 말한다. 구체적으로 결합할 수 있는 요소로는 언어, 시간, 시각적 요소(컬러, 모양, 크기), 공간, 청각적 요소(음악, 소리), 냄새, 수리적 계산(계량화, 관계정리) 등이 있다.

> **Shipley Tip**
>
> **강조하고 싶다면 반복하라**
>
> - 어릴 때 매일 반복되었던 어머니의 잔소리. 우리는 그 테두리 속에서 살게 되어 있다.
> - 주입식 이념 교육이 제법 통하는 이유도 '반복'이다.
> - 광고. 매일 반복되는 광고 속에서 우리는 저 정수기의 물이 진짜 몸에 좋을 것 같고, 저 차를 사면 멋진 여자가 항상 옆에 있을 것 같다고 생각한다.
>
> **핵심 메시지를 반복하여 강조하라**
>
> 세일즈 미팅에서부터 제안서와 프레젠테이션까지, 전략적으로 핵심 메시지를 결정하여 기회가 있을 때마다 반복하라.

> **Shipley Tip**

간접적 연관(Indirect Association)의 예: 언어 선택

고객의 분야와 고객의 관심에 맞는 '연관'된 언어를 선택하라. 다음은 고객에 따라 다른 언어를 선택한 예이다.

- **엔지니어 고객에게 보내는 이메일**

  귀사의 IT 시스템을 분석한 결과 시스템의 리엔지니어링 필요성을 제기합니다. 당사의 분석 결과에 따르면 지연기간이 23.6% 증가하였습니다. 첨부한 자료를 검토하시기 바랍니다.

- **금융권 고객에게 보내는 이메일**

  귀사의 IT 시스템을 분석한 결과 귀사의 금고만큼 안전한 IT보안 시스템을 제안할 수 있을 것 같습니다. 투자되는 비용은 귀사의 안전 점검에 필요한 비용을 고려할 때 2년 안에 회수됩니다.

- **네트워크 설계자에게 보내는 이메일**

  귀사의 IT 시스템을 분석하여 귀사 네트워크 디자인의 개선점을 제시합니다. 첨부된 설계도에서 볼 수 있듯이 제가 제시한 아이디어를 구현하면 훨씬 안전한 네트워크 기반을 제공할 수 있게 됩니다.

> **Shipley Tip**

'결합(Composition)'은 구매자를 설득하는 중요한 판매기법이다

필자는 지난번 아파트를 구매할 때의 경험을 잊지 못한다. 동일한 평수와 구조를 가진 아파트 두 채를 방문한 적이 있었는데 첫 번째 아파트는 걸어 다니기 어려울 만큼 지저분하게 아기 물건이 널려 있었을 뿐 아니라 베란다나 부엌 쪽에서는 정체 불명의 악취가 났다. 그도 그럴 것이 맞벌이 부부가 사는 곳인데 연로한 할머니가 육아부터 살림까지 모두 책임지다 보니 청소나 관리가 어려웠던 것이다. 그런데 같은 동에 있는 신혼부부의 집은 청결도 청결이지만 간결하고 세련된 인테리어와 향기로운 냄새가 나를 사로잡았다. 당연히 나는 두 번째 집을 선택했다.

그때 필자의 구매 결정이 그다지 현명한 것이라고 생각되지 않지만 다른 누구라 하더라도 다르지 않았을 것이라고 생각한다.

구매가 논리적 판단과 이성적 계약으로만 이루어진다고 생각하면 안 된다. 구매 프로세스에는 항상 구매조직의 담당자가 있고, 그들은 오감을 통하여 정보와 감각을 입수하고 있음을 이해하라. 이 사례에서 보듯이 필자의 구매 결정은 오감을 결합(Composition)한 결과이다.

- **선택**(Selection): 어떤 점을 강조할 것인가 혹은 생략할 것인가를 결정하는 것이다. 고객의 시간은 한정되어 있으므로 어떤 메시지를 선택할 것인지 결정하는 것은 중요하다.

- **방향 조정**(Redirection): 다른 포인트로 논점을 바꾸는 기술이다. 가장 전형적인 예는 고객이 생각하는 솔루션의 취약점을 다른 장점으로 상쇄하는 방법으로, '우리의 솔루션이 비싼 이유는 검증된 솔루션과 검증된 전문가가 투입되기 때문'이라고 강조하는 것이다.

- **취약점 공략**(Ghosting): 그 이슈의 중요성, 자사와의 차별성, 다른 대안과 솔루션 소개 등으로 경쟁자를 간접적으로 공략하는 것이다.

> 고스팅(Ghosting): 경쟁사의 이름을 밝히지 않고, 간접적으로 경쟁사의 취약점을 공략함으로써 자사의 강점을 부각하는 것이다.

표 1. 취약점 공략의 예

경쟁사의 약점	여러분이 강조하는 점
안전 문제	안전의 중요성
인력 수급 불안	안정적 인력 수급의 중요성
높은 디자인 비용	우리 회사의 낮은 수준의 디자인 비용
낮은 수준의 신뢰도	우리 회사의 낮은 고장률 입증과 풍부한 디자인 기술력
늦은 다운로드 시간	우리 회사의 지역별 서비스센터를 활용한 다운로드의 효율성

2.4.4 특정한 니즈와 커뮤니케이션 스타일에 맞추라

구매 조직의 역할별 평가자를 이해하고 그들의 일반적인 니즈를 파악하는 것은 중요하다.

표 2. 구매 조직에서 역할에 따른 니즈의 차이

역할	역할 정의	일반적인 니즈
내부 제안자 (Recommender)	데이터를 모아서 제안요청서 발행, 제안서 및 프레젠테이션 평가 준비. 전체 프로세스를 통해 의사결정 조정	충분한 데이터, 감정적인 결정일지라도 이를 증명할 수 있는 계수적 데이터, 조달 기한 준수
승인자 (Approver)	거부권을 행사할 수 있는 사람으로 의사결정자에게 법률적, 기술적, 계약상, 재무적 이유로 이의 제기	기술적, 법률적, 재무적, 계약상의 검증을 만족할 만한 충분한 데이터. 입찰은 전문가의 요구조건과 내부규칙을 만족시켜야 함
영향자 (Influencer)	이 솔루션의 응용에 연루되어 있으므로 의견 개진을 하지만 거부권 행사의 권리는 없음	이 사람의 중요성과 의견을 존중해야 한다. 무시당한 영향자들은 판매자에게 부정적인 영향력을 행사함
의사결정자 (Decision maker)	최종 의사결정자	솔루션은 조직의 비전, 의사결정 지침, 방향성과 일치해야 한다. 판매자의 헌신과 위험요인에 따른 책임감과 공유의식이 중요
실행자 (Implementer)	대체로 내부 제안자인 경우가 많음	과거 실적 데이터 요구. 다른 동료의 판매자에 대한 평가, 측정할 수 있는 주요 업무 평가

사람들은 저마다 새로운 정보를 받아들일 때 이를 흡수하는 방식이 다르다. 그러므로 정보 형태에 대한 선호도의 차이를 인지하고 그에 따라 다른 방법으로 설득하라.

- 시각적 학습자: 시각자료나 그림으로 정보 흡수
- 청각적 학습자: 강의, 토의 등을 선호하며 목소리 톤, 말의 속도에 민감
- 경험적 학습자: 활동과 경험을 통해 학습

평가위원회를 설득해야 하는 복합적 대형 세일즈의 제안서 제출이나 제안 프레젠테이션에서는 이런 개인의 선호도 차이를 일일이 고려해서

Shipley Tip

때에 따라 고객도 버릴 수 있어야 한다

필자가 회사를 운영하면서 영업대표에게 강조하는 것은 '고객을 버릴 수 있어야 한다'는 점이다. 고객을 버려야 하는 경우는 두 가지이다.
우선 고객에게 우리의 솔루션이 적절하지 못한 경우이다. 이 경우에는 우리가 솔루션을 제공하는 기간과 규모가 클수록 양사(구매자와 판매자)의 타격이 커진다. 단기적으로 매출에 도움이 될 수는 있지만 궁극적으로는 오히려 그 고객이 우리 솔루션을 잘못 사용하여 효용이 없다는 점에서 우리의 사업에도 악영향을 준다.

더 중요한 것은 고객이 옳지 않은 경우이다. '옳지 않은 고객'과 일을 계속하려면 '옳지 않은 방법'으로 해야 한다(우리 사회에서는 이를 '갑을관계'라고 부른다). 문제는 한 번 옳지 않은 방법에 익숙해지면 그것을 극복하기란 거의 불가능하다는 점이다. 만약 불법적인 한 번의 커미션(Commission)으로 큰 오더를 수주했다고 치자. 그 순간부터 당신과 당신 조직은 결코 밤을 새워가며 제안 전략을 고민하고, 제안서를 작성하지 않을 것이다. 그리고 당신 조직은 제안서를 작성하는 방법을 점점 잊어 갈 것이다. '옳지 않은 고객'은 당신 조직을 치명적으로 무능력하게 한다는 점을 명심하라.

제대로 된 수주영업은 '관계를 파는 것 (ABS: Alcohol Based Selling, 전문용어 아님)'이 아니라 '솔루션을 파는 것 (SBS: Solution Based Selling, 전문용어임)'이다.

접근하기는 불가능하다. 따라서 이 세 가지 방법을 통합적으로 활용하여 고객을 논리적으로, 이성적으로, 신뢰에 기초하여 설득하라.

2.4.5 구매심리 상태를 이해하라

세일즈란 고객을 설득하는 과정이다. 고객에게 설득력이 높은 제안은 논리적으로 설득적일(Logically Persuasive) 뿐만 아니라 감성적으로 신뢰를 확보(Emotionally Credible)하는 것을 말한다. 영업대표는 반드시 글이나 말로 자신의 아이디어, 서비스, 제품을 고객이 수용하도록 설득할 수 있어야 한다.

설득(Persuasion)은 설명(Explanation)과 다르다. 설득은 고객이 상품이나 서비스의 구매결정을 할 수 있도록 만드는 것이며, 효과적인 설득을 위해서는 사람들이 어떻게 구매를 결정하는지 이해하는 것이 필요하다.

- 사람들은 100% 논리적으로 의사결정을 하지 않는다.
- 사람들은 알면서도 비이성적인 결정을 하는 경우가 있다.
- 모든 의사결정에는 이성과 감성이 혼재되어 있다.

사람들은 의외로 감정적으로 구매를 결정한 후에 이를 논리적으로 포장하는 경우가 많다. 그리고 영업대표의 역할은 이런 고객에게 구매의 불합리성을 지적하는 것이 아니라 이들의 '감성적 설득'과 '논리적 동의' 과정을 잘 지원해 주는 것이다. 다음 팁의 사례는 사람들의 구매 의사결정에서의 심리적 메커니즘을 이해하는 좋은 사례이다.

Shipley Tip

고객은 감성적으로 판단하고 논리적으로 합리화한다

필자는 처음 자동차 회사 세일즈맨으로 사회생활을 시작했다. 그 당시 필자가 몸담았던 영업소는 영업사원이 50명 이상인 큰 지점이었는데 그곳에서 최고의 세일즈맨과 겪었던 일화를 소개한다.

우선 이 선배는 보통 생각하는 베스트 세일즈맨의 이미지와는 거리가 멀었다. 경상도 어느 시골에서 고등학교를 졸업하고, 서울에 올라오자마자 직장생활을 시작해서 그런지 말이나 행동이 거칠고 투박했다.

어느 한가한 낮 시간에 그는 당직 근무를 하고 있었고, 필자는 고객 출고 건이 있어서 지점에 있었다. 우연히 지점을 찾아온 고객을 상담하는 그의 모습을 보게 되었는데 워낙 독특해서 유심히 지켜보았.

그는 고객을 만나자마자 명함 교환도 없이 다짜고짜 쇼룸에 배치된 그랜저의 운전석에 앉히고, 문을 닫은 후 자신도 조수석으로 가서 앉았다(일반적으로 영업사원은 처음 만났을 때 좋은 인상을 주기 위해 명함을 주면서 여러 가지 질문을 한다). 둘은 특별한 대화 없이 5분 정도 앉아만 있었다. 그러고 나서 그는 천천히 고객이 물어보는 질문에 아주 짧고 간결하게 대답했다. 몇 마디 오가지도 않은 짧은 시간에 계약은 가볍게 체결되었고, 고객은 돌아갔다.

옆에서 의아하게 지켜보는 내게 그는 간단한 설명을 해주었다.

"김용기 씨(나는 그 때 신입사원이었다), 대부분의 지점을 찾는 고객은 이미 새 차를 구매하기로 마음을 먹은 상태의 사람들이기 때문에 차 외에는 크게 관심이 없지. 그것이 우선 그랜저에 그를 집어넣은 첫 번째 이유야. 중요한 또 하나의 이유는 그가 그랜저에 앉아서 화려한 계기판을 보면서 가죽 시트의 냄새를 맡는 순간, 그의 구매결정은 끝난다는 거지. 그가 맡은 천연가죽의 향긋한 냄새는 내가 하는 백 마디 말보다 더 효과적이야.

내가 아는 고객은 대부분 차가 '필요(needs)'하기도 하지만 사실은 좋은 차를 갖고 싶은 '욕망(wants)' 때문에 차를 사지. 그리고 그 사실은 본인들도 모르는 경우가 많아. 아까 그 사람은 가죽 냄새를 맡으면서 구매 결정을 하고, 이를 설명하기 위한 수십 가지 이유를 이미 찾았을 거야. 왜냐하면 집에 가서 와이프를 설득해야 하기 때문이지. 그리고 사실 와이프보다 더 중요한 것은 자기 스스로를 설득하는 거야. 자신은 그렇게 감정적인 사람이 아니고 여러 가지 타당한 이유 때문에 차를 바꾸었다고."

필자는 비로소 그가 왜 최고의 세일즈맨인지 알게 되었다. 그는 말도 어눌하고, 행동도 거칠었지만 고객이 어떤 생각과 느낌으로 구매를 하는지 충분히 이해했고, 그 고객의 구매 프로세스에 자연스럽게 편승하고 있었던 것이다.

거듭 말하지만 정부나 기업 같은 추상적인 집단을 대상으로 하는 세일즈는 쉬플리팁에서 소개한 사례처럼 개인을 대상으로 하는 세일즈와는 다르다. 즉, 개인의 정서적 니즈를 만족시킨다고 즉각적으로 세일즈가 일어난다고 보기는 어렵다는 말이다.

그럼에도 불구하고 이 사례를 소개한 이유가 있다. 수주영업을 할 때도 반드시 명심해야 할 점은 고객의 구매 니즈나 의사결정이 항상 합리적인 토론과 추론에 따라 결정된다고 생각하면 안 된다. 종종 개인의 주관적인 견해나 리더십이 합리성을 넘어설 때도 있으니 그것을 전문가인 여러분의 관점에서 판단하지 말고, 고객의 관점을 존중해 주어야 한다.

CHAPTER 3
제안서 전략

3.1 전략 관리의 비밀
3.2 전략 개발 프로세스
3.3 실전 전략

3.1
전략 관리의 비밀

이기는 전략은 우리의 일반적인 강점(Advantage)을
강조하는 것이 아니라 고객의 니즈를 파악하여
경쟁자보다 더 좋고, 많은 효용(Benefit)을
제공하는 것을 말한다.

3.1.1 형식보다 내용을 먼저 결정하라

1. 제안 및 수주에서 전략이 왜 중요한가?

이 질문에 답하기 위해 대표적인 제안수주 비즈니스인 시스템통합(System Integration, 이하 SI) 산업의 변화 추세를 살펴보자. 이 산업의 국내 대표 기업으로는 삼성SDS, LG CNS, SK C&C를 꼽을 수 있다. 이들 기업은 최근 수년 동안 제안조직 중에서 특히 제안전략을 수립하는 기능을 빠르게 강화하여 왔다. 왜 그런가? 과거 많은 회사는 주로 제안서의 내용보다는 형식과 외형(제안 템플릿 양식이나 디자인을 포함해서 종이의 질, 컬러 여부 등 내용 이외의 모든 것)에 주력해 왔다. 거기에는 몇 가지 이유가 있다.

첫 번째, SI 비즈니스는 사업 특성상 솔루션이 회사 내에 있는 것이 아니라 본질적으로 외부에 있는 자원을 아웃소싱하다 보니 그것은 경쟁회사 간에 차별화요소가 아닌 것으로 여겨 왔다.

두 번째, 대부분의 공공, 금융 대형 발주 사업에서 실제 평가시간은 너무 짧고, 평가위원은 주로 대학교수이기 때문에 해당 사업에 대해서는 자신의 전공분야와 관련하여 부분적으로만 알고 있거나 전혀 모르는 경우가 태반이다. 그래서 내용이나 전략의 차별성이 평가위원에게 전달되기 어려운 현실적 한계가 있다.

이런 배경에도 불구하고 최근 앞에서 말한 대형 SI 회사는 다음과 같은 사실을 통해서 제안전략의 중요성을 이해하게 되었다.

첫째로 제안은 최고의 솔루션을 제공하는 것이 아니라 고객의 니즈에 맞춘 최적의 솔루션을 찾아서 설득하는 과정이다. 고객이 동일한 하드웨어를 요구하더라도 그 요구의 배경과 의도를 이해하는 정도에 따라서 제안의 질과 내용이 크게 달라진다. 예를 들면 고객이 그 하드웨어에 어떤 소프트웨어를 사용할지 예측하여 예상되는 문제점과 대안을 제시할 수 있다.

둘째로 비전문가인 평가위원일수록 전략적 초점이 명확한 메시지 전달이 더욱 중요하다. 왜냐하면 대학교수 같은 전문직 종사자는 반드시 특정한 관점을 가지고 사물을 보기 때문이다. 그들은 초점이 불분명하고 알아들을 수 없는 기술적인 내용으로 가득 찬 제안서에 좋은 점수를 주지 않는다. 따라서 제안 내용에서 강조하고자 하는 것과 주장하고자 하는 것이 무엇인지가 분명하게 드러나지 않는다면 평가자를 만족시키기는 어렵다.

2. 형식이 아니라 내용이다

'이왕이면 다홍치마'라고 하면서 내용과 형식의 중요성을 비슷하게 보는 것은 대단히 위험한 발상이다. 그 이유는 다음과 같다.

첫째로 앞에서 언급했듯이 과거 대부분의 제안서가 형식적 측면에서 지나치게 경쟁하다 보니 더는 형식과 외양으로는 차별화가 어려워졌다. 실제 제안서를 통해 오더를 수주하는 대부분의 기업(SI, 방위산업, 대형 IT, 대형물류산업 등)은 자체에 제안서와 프레젠테이션 자료를 만들어주는 전문 그래픽디자이너를 두고 있거나 외부에 아웃소싱하고 있다. 그뿐만 아니라 최근의 그래픽 트렌드를 거의 실시간으로 공유하고 있기 때문에 이를 통해 제안서를 차별화하는 것은 거의 불가능하다. 그럼에도 불구하고 대부분의 시간을 '좋은 디자인'과 '색감'을 고르는 데 소비하는 제안서 작성자가 지금도 많은 것이 현실이다.

둘째로 형식은 내용을 잘 지원해야 한다. 강조해야 할 핵심 메시지를 잘

지지해 주는 것이 제안서의 템플릿, 프레젠테이션 디자인, 비주얼의 역할이다. 그러나 제안서 몰이해는 겉만 화려한 제안서, 멋진 제안서를 양산하고 있다. 필자는 실제로 '금테 두른' 제안서, '수를 놓은' 제안서를 본 경험이 있다. 잘못 강조된 화려한 제안서는 제안자가 강조하고자 하는 핵심 메시지를 흐리고, 평가자로 하여금 반감을 사게 하는 경우가 있음을 직시해야 한다.

3. 내용을 개발하고 형식을 결정하라

경쟁력 있는 제안서를 작성할 때 가장 주의해야 할 것은 잘못된 순서이다. 대부분의 제안서 작성자는 자신의 의도(전략)를 먼저 결정하고 제안서를 쓰는 것이 아니라 기존의 제안서를 짜깁기하면서 제안서를 완성한다. 그러니 자신의 의도대로 제안서를 쓰기도 어렵고, 내용상 진일보된 제안서를 갖기도 불가능하다. 왜 그런가?

첫 번째, 무엇보다도 전략을 수립하고 이를 어떻게 제안서에 구현해야 하는지의 프로세스와 방법이 없다. 전략을 목차와 섹션기획서(스토리보드)에 구체화하고 목업(Mock-up)으로 구현해야 한다(섹션기획서 관련 설명은 4부, '4.3.2 섹션기획서를 작성하라' 참고). 유감스럽지만 우리의 컨설팅 경험으로는 국내 굴지의 대기업 PM도 대부분 전략을 수립하고 이에 입각해 제안서를 완성하는 역량을 갖추지 못한 경우가 허다하다.

두 번째, 기존의 제안서를 짜깁기하는 것이 더 빠르다고 생각한다. 사실은 이것이 제안서 작성자의 가장 큰 착각이다. 최근 우리나라 조달청에서 발주하는 프로젝트는 2~3주의 짧은 제안기간을 주기 때문에 그들은 그 짧은 기간 안에 전략을 수립하는 것이 불가능하다고 말한다. 그러니 우선 섹션별로 제안서를 나누어 쓰고 나중에 전략을 세우자고 한다. 그러나 이 것은 '전략'이 아니라 '솔루션의 강조'일 뿐이다. 이렇게 단정적으로 말할 수 있는 이유는 진정한 전략은 솔루션이 아니라 고객의 니즈를 파악하는 것에서 나오기 때문이다. 전략이란 '최고의 솔루션(The Best Solution)'을 제공하는 것이 아니라 고객의 입장에서 '최적의 솔루션(The Optimized Solution)'을 제공받을 수 있다는 확신을 갖게 하는 것을 말한다.

전략은 왜 중요한가? 전략은 고객의 니즈로부터 도출되기 때문이다. 즉, 고객이 무엇을 원하고 이것을 어떻게 제공할지를 제안팀(혹은 개인)이 먼저 결정하는 것이 전략기술서이다. 전략을 기반으로 작성된 제안서는 고객 니즈 중심의 제안서, 고객의 문제를 해결하는 제안서이다(이것이 핵심이다). 전략이 없는 제안서는 어떤 제안서일까? 그것은 솔루션 중심의 제안서이다. '우리의 솔루션이 얼마나 좋은가'만 보여주는 제안서이다. 이러한 제안서는 대체로 상품의 카탈로그와 유사한 수준이다.

3.1.2 전략은 이기기 위해 필요한 무기이다

여기에서 이야기하는 전략은 학문적 배경을 바탕으로 한 논리적이고 체계적인 설명이 아니라 전쟁을 많이 해본 전사(戰士)가 경험적으로 추천하는 무기이다. 우리가 알고 있는 가장 강력한 제안전략은 '고객의 니즈를 파악하여 경쟁자보다 더 차별화된 솔루션을 제시하는 것'이다.

다음 3.1.3부터 3.1.4까지는 어떻게 전략을 수립하는지, 구체적인 방법을 안내할 것이다. 그에 앞서 전략을 어떻게 수립하는지를 개괄적으로 이해해 보자. 그것은 고객의 니즈를 분석해서 이를 기준으로 경쟁사와 우리의 솔루션을 비교하고, 그 결과 찾아낸 우리의 장단점과 경쟁사의 장단점을 효과적으로 강조하거나 극복하는 방법이다. 그 대상이 고객(Client), 경쟁사(Competitor), 자사(Company)이므로 3C 분석이라 통칭하기도 한다.

그림 1. 전략개발의 3단계

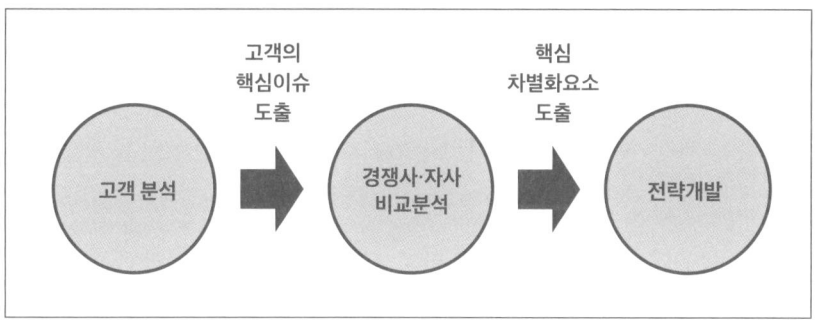

고객 분석을 통해서 분명한 고객의 니즈를 추출하고 그것을 기준으로 경쟁사와 자사를 평가하고, 그 결과 알게 된 경쟁사와 자사의 핵심 차별화요소를 중심으로 전략을 개발하는 프로세스이다.

3.1.3 전략은 고객에서 출발한다

전략의 출발점이 되는 고객의 니즈는 〈그림 2〉에서 보듯이 공식적인 니즈(Stated Requirements in RFP)와 비공식적인 니즈(Unstated-Requirements)로 나뉜다.

그림 2. 고객의 니즈

제안 요청서(RFP)에 있는 것이 고객 니즈의 전부는 아니다. 고객이 말하지 않았지만 의사결정에 영향을 끼치는 비공식적인 니즈가 있다.

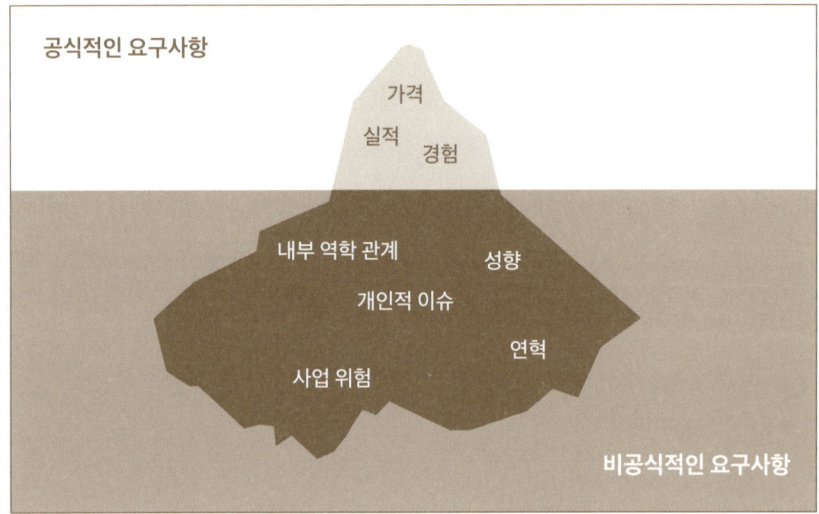

전략을 세울 때는 고객의 모든 니즈를 파악하고, 그 중요성을 가늠하여 어디에 초점을 둘 것인지 분명히 해야 한다. 여기에서 중요한 것은 고객의 공식적 요구와 밝히지 않은 비공식적 요구의 차이점을 명확히 이해하는 것이다.

충실도(Compliance)란 '고객의 공식적인 요구사항(빙산의 윗부분)에 대한 충족도'를 의미한다. 충실도는 반드시 100점이어야 한다. 아무리 전략이 훌륭하고 PT를 기가 막히게 잘했다고 해도 충실도를 충족하지 못하는 제안서는 예선탈락이다. 그래서 충실도의 별명은 '평가자의 무기(Weapon)'이다. 평가자는 요구를 충족하지 못한 제안서를 1차적으로 제외시킴으로써 좀더 용이한 평가를 하려고 한다.

반응도(Responsiveness)란 '고객의 근본적인 니즈(빙산 전체)에 대한 응답 정도'이다. 고객의 공식적인 요구를 충족했다면 고객이 말하지 않거나 말하지 못하지만 정말 중요한 니즈를 찾아야 한다. 또한 반응도라고 하는 것은 기술적인 요구사항에 대한 '고객의 의도'를 이해하고 이를 다루는 것도 포함된다. 사실 이 부분은 제안작업을 하는 회사나 개인의 노하우에 해당하는 것이지만 이를 찾아내는 원칙은 이렇다.

① 고객에게 물으라.
사전영업이 중요한 이유이다. 가치 있는 정보의 대부분은 RFP 발행 이전에 나온다는 사실을 이해하라.

② RFP의 행간에서 찾아내라.
고객이 요구한 기술적 요구조건(Technical issues) 이면에 있는 고객의 비전, 경영이슈(Business issues)를 찾아내어 이를 다루라.

③ 가설을 세우라.
그 산업에 정통한 사람을 찾아서 통상적인 고객의 니즈를 파악하고 산업동향 이해, 경험, 통찰력을 발휘하여 가설을 세운 후, 이 가설이 이번 프로젝트에 일치하는지를 검토하라. 가설과 고객의 실제 이슈가 일치하는지도 판단하라.

④ 고객의 공개된 자료를 조사하라.

고객의 RFP나 사업설명회에는 없지만 고객을 둘러싼 수많은 공개 자료가 있다. 특히 Annual report에는 고객조직의 리더십이 제시한 비전과 전략이 있고, 이들은 이번 사업이 고객조직의 성과에 어떻게 기여하는지 그 연결고리를 찾을 때 유용하다.

고객의 이슈는 고객이 해결하고 싶은 과제이며 크게 두 가지 범주로 구분된다.

- 동기(Motivation): 고객이 비전을 달성하기 위해서 스스로 창출한 이슈
- 문제(Problems): 현재 비즈니스 수행을 위해 극복해야 할 장애요인

동기란 고객이 스스로 문제를 만들기 때문에 '창출형 문제'라고 할 수 있는데 이는 조직의 긍정적인 측면이다. 예를 들어 고객이 어떤 문제가 있어서가 아니라 도전적이고 높은 목표를 달성하고 싶은데 통상적인 방법으로는 그 목표를 달성할 수 없어서 솔루션이 필요한 경우이다. 이에 비해 문제란 현재 비즈니스를 수행하는 데 발생하는 문제점을 말하는 것으로 부정적인 측면을 말한다.

수주영업에서 기업의 이슈는 다음이 대표적이다

- 이익의 증가
- 매출의 증가
- 비용의 감소

- 안전성의 향상
- 리스크 제거
- 품질의 향상
- 생산성 향상

고객의 이슈를 분석할 때 놓치지 않아야 할 것은 고객의 이슈 중에는 고객이 공식적으로 말하지 않는 이슈(Unstated Requirements)가 있다는 점이다.

> **Shipley Tip**
>
> **고객이 말하지 않는 이슈**
>
> 고객에게는 말하지 않는 이슈와 말하지 못하는 이슈가 있다. 예를 들면 개인적인 편견(Bias), 내부 의사결정구조(Politics), 개인적 이슈(Personal Risk) 등이 그것이다.
>
> 대표적으로는 그 프로젝트와 관련된 사람의 개인적인 이슈이다. 이를테면 방위산업은 전형적으로 고객과 기업이 오랫동안 관계를 형성한다. 그리고 고객조직의 구매자가 판매조직에 취업하는 경우도 종종 있다. 이런 개인적인 이슈마저도 세일즈 현장에서는 매우 중요한 문제이다. 만약에 이번 프로젝트의 리더(혹은 의사결정자)가 이 프로젝트 이후에 경쟁사에 취업을 하기로 밀약이 되어 있다면 그 프로젝트를 우리 회사가 수주하기는 쉽지 않을 것이다.
>
> 명심할 것은 개인적인 이슈, 때로는 불법적인 이슈까지도 고객의 구매결정에 영향을 미치고 있다면 그것은 고객의 이슈라는 사실이다.

고객의 이슈를 발굴하는 프로세스는 다음과 같다.

그림 3. 고객이슈 발굴 프로세스

> B2B 세일즈에서 '고객'은 개인이 아니라 집단이다. 고객 이슈를 정확히 파악하기 위해서는 개인의 이슈와 그 이슈의 중요성을 평가하여 조직의 이슈로 묶어 내야 한다.

쉬플리는 고객의 니즈를 통합하여 **핵심 이슈**(Hot Buttons)라고 한다. 이와 유사한 많은 표현(Needs, Pain, Agony 등등)이 있지만 수주업에서 고객은 추상적인 집단이고, 각 개인의 니즈가 결합된 형태이다 보니 이를 중요한 것 중심으로 그루핑하여 핵심 이슈라고 이름 붙였다. 고객사의 핵심 이슈를 분석하기 위해서는 고객사의 의사결정자(Decision Maker)와 그 의사결정에 영향력을 행사하는 사람(Influencer, 이하 영향자)을 분석해야 한다. 의사결정자를 분석할 때 대부분이 범하는 오류는 의사결정자의 이슈가 핵심 이슈라고 생각하는 경우이다. 그러나 때로 이러한 생각은 매우 위험할 수 있다. 왜냐하면 이슈의 중요도는 그 이슈를 중요하게 생각하는 사람의 포지션과 중요도의 곱(Position×Importance)으로 결정되기 때문이다.

그림 4. 이슈의 중요도

말하자면 자신에게 그 이슈가 매우 중요한 사람은 더 적극적으로 의사결정에 참여할 것이기 때문에 포지션이 낮더라도 의사결정에 주도적일 수 있다. 예를 들어보자. 대형 병원에서 IT 기능을 아웃소싱하려고 할 때 최고경영자의 관심사는 '핵심 사업 집중'이나 '고객의 안전성'이지만 재무담당 임원의 관심사는 '비용'일 것이다. 비용에서 큰 차이가 나고, 이 이슈를 재무담당 임원이 계속 강조한다면 비용 격차에 따라 업체가 선정될 것이다.

다음으로 영향자는 대체로 의사결정에 기능적으로 자기 역할이 있는 내부 영향자(실제 사용자, 재무담당, 구매담당 등)와 외부 영향자(동종업계 의사결정자)로 나눌 수 있다. 특히 외부 영향자의 영향력은 매우 중요하다.

의사결정자와 영향자를 구분했다면 다음으로는 이들의 이슈가 무엇인지 파악하는 이슈 분석 시트를 사용해야 한다(〈예시 1〉 참고). 고객사 개인의 이슈를 발굴하였다면 이번에는 이것을 통합하여 조직의 이슈로 만들고 우선순위를 결정한다. 예를 들면 이 프로젝트에서 가장 중요한 것이 비용인지, 핵심사업에 집중하는 것인지, 서비스 품질인지를 평가하는 것이다(〈그림 5〉 참고).

예시 1. 이슈분석표를 통한 고객 조직 분석

이슈분석표

작성 일자	2012. 5. 10	담당자	김부장
잠재 고객사	○○병원	부서	기술영업부

기회와 니즈

- 사업명 : ○○병원 IT 헬프데스크 구축
- 사업범위 및 요구 기술
  - IT 헬프데스크를 효율적으로 분배 및 통합 운영 관리할 수 있는 H/W, S/W 구축
  - 의료 사업에 집중할 수 있도록 IT 관련 노력 최소화

역할	성명	직책	포지션 파워 (영향력)	핵심 이슈	중요도	파워 등급 (영향력*중요도)
의사 결정자	고비만	설립자	4	비용 절감	5	20
				핵심 사업에 집중	5	20
				서비스 품질 개선	4	16
영향자	나존중	CEO	5	운영비용 절감	5	25
				핵심 사업에 집중	4	20
				서비스 품질 유지	3	15
영향자	이결제	CFO	5	간접비용 절감	5	25
				IT 자원비용 절감	3	15
영향자	전산원	IT 이사	3	IT 비용 절감	4	12
				보직 유지	4	12
				혼란 제거	3	9
				H/W, S/W 다양성 관리	3	9

© Shipley Associates, Shipley Korea, All rights reserved

포지션 파워는 1(낮음)에서 5(높음)까지의 척도로 측정되는 개인의 상대적 영향력이다.
대부분의 의사결정자는 5점이다. 중요도는 개인에게 해당 이슈가 상대적으로 얼마나 중요한가를 평가하는 것이다.
모르겠다면 중간 순위를 사용하라. 파워 등급은 포지션 파워 및 중요도 평가의 산물이다.
파워 등급은 경쟁사 비교표에서 이슈의 비중을 측정하기 위해서 사용된다.

그림 5. 니즈의 그루핑을 통한 핵심 이슈 도출

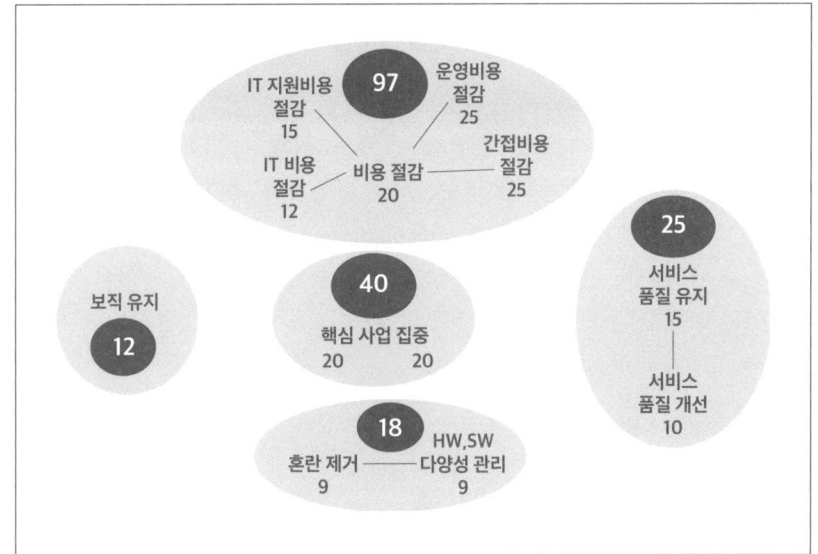

개인들의 다양한 이슈를 그루핑한 것이 그 조직의 핵심 이슈이다. 점수는 핵심 이슈의 중요성에 대한 지표로 활용된다. <그림 5>를 보면 여러 비용 절감 이슈가 '비용 절감' 그룹으로 묶여 있고, 이 이슈가 97점으로 핵심 이슈임을 알 수 있다.

물론 이런 도구는 컨설팅 과정에서 오랫동안 사용되었지만 모든 프로젝트가 저마다 특성과 성격이 다르기 때문에 기계적으로 적용할 일은 아니다. 예를 들어 공공부문의 조달사업은 고객조직을 분석하는 것 자체가 무의미할 때가 있다. 만약에 고객조직의 평가자에게 미치는 영향력이 전혀 없다면 그 조직을 분석하지 말고, 평가위원회를 분석하라. 앞서 의사결정자와 영향자 개인의 이슈를 분석한 것처럼 평가위원 개인의 이슈를 분석하고 통합하여 핵심 이슈를 도출하라.

Shipley Tip

Where: 어디에서 고객의 숨은 이슈를 찾아낼 것인가?

A. 고객의 소리(VOC: Voice of Customer)

고객의 소리(VOC)는 구매 의사결정에 참여하는 사람을 설득하는 매우 좋은 방법이다. 예를 들면 방위사업청에서 장갑차를 구매할 때 실제 전장에서 겪는 병사들의 어려움(계단의 높이, 장갑차 안의 실내 온도) 등을 모르고 단지 기술적 요건만을 체크하지만, 현장의 소리를 기반으로 한 솔루션 제공(계단의 높이 조정, 실내온도 조절을 위한 에어컨 설치)은 평가자를 설득하고, 더 높은 정성적 점수(Qualified Evaluation)를 받는다.

B. 미래기법(기술)

기술 전문가들은 선진 기법을 얼마나 적절히 도입했느냐에 많은 관심을 보인다. 그리고 그 기술이 일시적인 것이 아니라 미래를 이끌어 갈 핵심 기술에 가깝다면 기술의 도입 당위성은 커져 간다. 예를 들면 최근에 은행을 상대로 IT 시스템을 구축하는 프로젝트를 할 때 최근의 이슈가 되고 있는 인공지능(AI), 사물인터넷(IoT), 빅데이터 등을 다루는 것은 고객에게 차별화된 솔루션을 제공한다.

C. 해외 선진국가(기업)의 솔루션

국내에서 차별화된 솔루션을 구하기 어려울 때 아이디어를 내는 마지막 방법은 해외의 다양한 접근 방법을 검토하는 것이다. 해외의 다양한 솔루션은 우리에게 차별화의 좋은 아이디어를 제공한다. 육군의 특정 기관총 프로젝트를 할 때 이야기이다. 우리가 만난 고객은 경쟁자에 비해서 너무 영세한 중소기업이었고, 기관총을 만들어 본 적도 없는 회사였다. 그러나 우리는 해외 선진국가의 기관총에 비해서 경쟁사가 만든 기관총이 2kg 이상 무게가 더 나간다는 것을 알았고, 이를 전략의 중심으로 삼았다. 미래 디지털 전장환경을 생각하면 2kg이나 무거운 기관총은 절대적으로 채택되면 안 되는 솔루션이라는 점을 피력하였다. 그 결과 조직과 경험의 절대적 열세에도 불구하고 박빙의 승부를 펼쳤던 기억이 난다.

3.1.4 경쟁사 분석을 통해 핵심 차별화요소를 규명하라

우리는 앞 단계의 고객사 분석을 통해서 고객의 핵심 이슈를 정의하였다. 핵심 이슈는 사업을 이해하고 전략을 수립하는 데 기초가 된다. 고객의 니즈가 무엇인가를 정확히 알아야만 경쟁사와 자사를 비교할 수 있기 때문이다. 핵심 이슈를 기준으로 경쟁사와 자사의 역량을 평가하는 것을 경쟁사 비교표(BCM: Bidder Comparison Matrix)라고 한다. 이것을 하는 첫 번째 목적은 만약 우리가 극복할 수 없을 만큼 강력한 경쟁사가 있다면 이 단계에서 포기하기 위해서이다. 설령 비용이 이미 투입되었다 하더라도 끝까지 제안에 참여하여 실패할 것을 생각하면 지금 포기하는 것이 더 효율적인 의사결정이기 때문이다.

두 번째 목적은 핵심 이슈 분석을 통해 핵심 차별화요소(Discriminator)를 찾아내고 이를 중심으로 전략을 수립하기 위해서이다. 여기에서 중요한 것은 핵심 차별화요소는 객관적 사실이라기보다는 고객의 인식(Recognition)이라는 점이다. 핵심 차별화요소란 고객이 중요하게 생각하는 핵심 이슈의 솔루션을 자사(혹은 경쟁사)만 가지고 있어서 차별화 포인트가 되는 요소를 말한다. 핵심 차별화요소는 경쟁자에게도 있다는 점을 명심해야 한다.

그림 6. 핵심 차별화요소의 조건

제안 비즈니스에서는 대부분 객관적 사실이 존재하지 않고, 설령 존재한다고 하더라도 **고객의 인식이 더욱 중요하다.** 예를 들어 보자. 만약에 고객이 경쟁사에 비해서 우리의 서비스 품질이 떨어진다고 생각한다면 그것은 진실일까? 중요한 것은 사실 여부가 아니라 고객이 그렇게 생각하고 있다는 것이다. 결국 세일즈란 '고객의 인식'을 바꾸어 놓는 것이다.

경쟁사와 자사의 솔루션을 비교할 때 쉬플리에서 제공하는 경쟁사 비교표를 아래와 같이 사용하라(〈표 1〉 참고).

경쟁사 비교표를 통해 경쟁사와 우리에 대한 고객의 인식을 규명하라. 이를 통해 입찰 제안 참여 여부를 결정(Bid/No bid Decision)하고, 참여가 결정되면 핵심 차별화요소 중심으로 전략을 수립하라.

앞서 수주영업에서 영업담당자가 고객을 버릴 수 있어야 하듯, 제안에서도 성공가능성을 보고 제안 참여의 Bid/No Bid를 결정할 수 있어야 한다.

표 1. 경쟁사 비교표(Bidder Comparison Matrix)를 통해 핵심 차별화요소를 규명하라

#	① 핵심 이슈	② 비중	③ 자사	④ A사	④ B사	⑥핵심 차별화요소
1	구체적 경험	30	25	20	15	유리함: 지난해 다섯 번의 동일한 프로젝트 수행 경험
2	일정준수 역량	30	25	21	15	유리함: 기존에 이 회사의 두 개 프로젝트가 시간 내에 잘 진행되었음
3	예산	20	5	20	15	불리함: 규모 때문에 상대적으로 비쌈
4	관리자 친숙도	20	11	10	9	―
	전체 점수	100	⑤ 66	⑤ 71	⑤ 54	

① 고객사 분석을 통해 확인된 핵심 이슈를 가장 중요한 것부터 나열하라. 사소한 이슈는 두 번째 열의 '비중'을 고려하여 통합하라.

② 두 번째 열에는 고객의 이슈를 100% 확인했다고 가정하고 각각의 핵심 이슈에 대한 고객의 중요성을 추측하여 비중을 할당하되 합해서 100이 되어야 한다.

③ 세 번째 열에는 고객이 핵심 이슈별로 우리 회사에 줄 점수를 해당 비중에 맞춰 예상하라. 예를 들어 어떤 핵심 이슈의 비중이 20점이면 20점 중 고객은 여러분에게 몇 점을 줄것인가?
④ 각각의 경쟁사에 해당하는 열을 하나씩 추가하라. 경쟁사가 너무 많으면 그들을 유형별로 분류하고 그 집단의 등급을 평가하라.
⑤ 열의 합계를 내라.
⑥ 마지막 열의 핵심 차별화요소에는 고객이 각각의 이슈를 평가하는 데 주요 원인이 된 긍정적, 부정적 핵심 차별화요소를 기록하라.

컨설팅을 할 때 이 단계에서 고객으로부터 가장 많이 나오는 질문은 '우리가 찾은 고객의 핵심 이슈(Hot Button)는 고객이 제시한 제안 요청서(RFP)의 평가표와 같은 항목 아닌가'이다. 실제로 핵심 이슈를 쭉 뽑아놓고 보면 평가표의 평가항목과 겹치기도 한다. 그런데 핵심 이슈와 평가항목은 겹치지만 다르기도 하다.

그림 7. 평가항목(Evaluation Factor)과 핵심 이슈(Hot button)

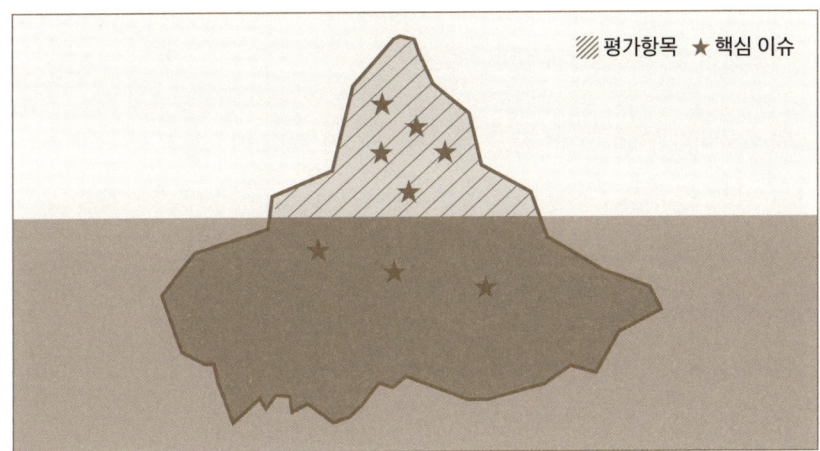

첫 번째로 평가항목(▨)은 빙산의 윗부분에 해당하는 것이다. 이 평가항목은 단어 하나도 빠짐없이 '전면적으로' 대응해야 하며, 그렇기 때문에 충실도(Compliance)라고 한다. 이에 비해서 핵심 이슈(★)는 '중요한 점(Hot Button)'으로, 고객의 요구사항 중 중요한 전략 포인트이다.

두 번째, 이 핵심 이슈(★)는 빙산 윗부분뿐 아니라 빙산 아래에도 있다. 예를 들면 'IT 임원의 보직 유지'는 비공식적이고 개인적인 이슈이지만 의사결정에 참여하는 영향자이기 때문에 이 이슈를 다루는 것이 중요할 수 있다.

경쟁사 비교표(BCM)가 완성되었다면 아래의 질문을 통해 타당성을 검증한다.

- 전반적으로 점수가 올바르게 평가되었는가?
- 고객의 모든 이슈가 포함되어 있는가?
- 우리 조직과 경쟁사에 대한 평가가 정확한가?
- 고객의 입장을 충분히 고려했는가, 아니면 우리의 입장에서 평가했는가?
- 고객의 인식을 더 많이 알아야 하는가?

경쟁사 비교표(BCM)의 작성 목적은 고객의 핵심 이슈별로 우리가 경쟁사에 비해 얼마큼의 경쟁력이 있는지를 판단하고 이에 따른 전략을 세우는 것이다. 따라서 표의 숫자를 맹신하거나 계량적인 결론을 도출하는 것은 적절하지 않다.

경쟁사 비교표를 사용할 때는 다음과 같은 점을 고려한다.

첫째, 우리가 분석하는 대상은 사실(Fact)이 아니라 고객의 인식(Recognition)이다. B2C에서 '시장점유율' 같은 것은 객관적 사실이다. 우리가 분석하고자 하는 것은 이런 객관적 사실이 아니다. 수주업에서 중요한 것은 고객의 인식이다. '이 회사의 기술력이 좋다'든가 '가격이 적절하다'든가 하는 것은 고객(의사결정자, 평가자)의 인식이다. 이 인식은 사실에 근거할 때도 있지만 사실과 다른 경우도 많다. 즉, 이 인식은 너무 주관적이라서 숫자를 써 가면서까지 객관화해 보려 노력하는 것이다. 예를 들면 '구체적 경험'이라는 핵심 이슈의 비중이 30점인가, 28점인가를 두고 논쟁할 필요는 없다. 그러나 숫자를 통해서 '구체적 경험'이라는 핵심 이슈가 이번 사업에는 상당히 중요한 이슈임을 인식할 수 있으므로 그 의미가 있는 것이다.

둘째, 분석한 내용의 타당성을 검증하는 방법은 두 가지이다. 실제 경쟁사 비교표를 분석하고 나면 분석주체의 정보력과 전문성이 달라서 다른 결과가 나온다. 만약 분석 주체에 따라서 분석 결과가 변동한다면 이것을 기반으로 전략을 개발하기는 어렵다. 따라서 타당성을 검증할 필요가 있다. 타당성을 검증하는 가장 좋은 방법은 고객에게 확인하는 것이다. 고객의 인식(Recognition)을 분석하는 것이므로 고객에게 물어보는 것이다. 이 과정에서 고객은 자신의 인식을 문서로 확인하면서, 여러분을 전문가로 인식하게 되고, 여러분의 영업 파워를 더욱 신뢰하게 된다. 예를 들면 RFP가 없는 많은 사업의 경우에 고객은 자신들의 니즈를 암묵지 형태나 문서화되지 않은 형태로 가지고 있는 경우가 많은데 우리가 정리한 고객조직의 이슈와 경쟁 현황을 보면 체계적인 접근에 신뢰감을 느끼게 될 것이다.

그러나 여러 가지 이유(RFP 이후이거나 사업의 규모가 적거나 등)로 고객을 만나기가 어려울 때도 있다. 이럴 때는 조직 내에서 우리 솔루션과 고객을 아는 사람끼리 상호 확인을 통해서 검증하라. 고객은 코끼리이다. 구성원들이 알고 있는 고객 정보는 부분적이기 때문에, 어떤 이는 코끼리의 등을 만지고 평평하다고 믿고, 어떤 이는 다리를 만지면서 기둥 같다고 믿는다. 정보를 조합하면 우리는 코끼리의 등과 다리와 코를 동시에 이해하게 된다. 주관적인 정보가 객관화되는 것이다.

셋째, 경쟁사 비교표는 위치(Position)를 객관적으로 확인하려는 것이다. 전략을 개발하는 것이 아니라 전략 개발의 전 단계로 우리에게 유리한 점과 불리한 점(Discriminator)을 찾아내는 것이 목적이다.

전략의 다른 말은 포지셔닝(Positioning)이다. 경쟁사 비교표는 포지셔닝(Positioning)을 위해 포지션을 객관화하는 작업이다. 포지션을 객관화하다 보면 우리의 강약점과 경쟁사의 강약점이 파악되는데 이것을 차별점(Discriminator)이라고 부르며, 이것이 전략의 출발점이 된다. 경쟁사 비교표는 고객의 니즈를 파악해서 도출한 핵심 이슈를 집어넣어 핵심 차별화요소를 결과물로 도출한다. 이 결과물은 전략개발의 출발점이 된다. **경쟁사 비교표는 고객과 전략을 연결해 주는 핵심 도구인 것이다.**

경쟁사 비교표(BCM) 사례 1

핵심 이슈(Hot Buttons)		비중(%)	자사	경쟁사		핵심 차별화요소(Discriminator)
				A사	B사	
1	단납기 사업에 대응 필요 (4월 30일까지 납품 및 설치완료)	30	30	15	25	자사(강점): 다수 공공기관 사업수행경험, 인프라전문기업 및 총판사 역량으로 납품일정 단축
2	시스템 증설 등으로 OO원 전자소송시스템 이해 필요	50	45	30	40	자사(강점): 사법정보OO차, 사법DR 구축 등 다수법원 사업수행, 시스템유지보수 정보입수(N사 요청) B사(강점) : 소규모 OO원사업수행경험 보유
3	신규시스템 오픈 지원 필요 (전국 서비스 시작) - 서버성능, 장비장애 기술적 대응 필요	20	18	10	15	자사(강점): 국세청 등 대규모 공공 신규시스템 오픈 경험 활용
	총합계	100	93	55	80	-

경쟁사 비교표(BCM) 사례 2

핵심 이슈(Hot Buttons)		비중(%)	자사	경쟁사 A(F사제품)	핵심 차별화 요소(Discriminator)
1	고객의 TCO 고려 - 5년간 유지비용 최소화(가격)	40	40	35	자사(강) - 네트워크 제품(HP)의 가격적 강점, HP 사양이 우수, 고객이 선호 F사(강) - 서버, 솔루션의 가격적 강점
2	제품의 레퍼런스(유통 분야) - 검증되어 안정적으로 사용할 수 있는 제품(서버, 네트워크)	20	10	20	자사(강)-서버(HP)의 레퍼런스는 강함 자사(약)-주사업자 레퍼런스 약함 F사(강) - 주사업자, 제품 레퍼런스 강함
3	안정적인 사업관리 - 그랜드 오픈 후 2개월(안정화)까지 안정적인 지원	20	15	20	자사(강) - 인프라 전문 기업, ISP 수행 경험 자사(약) - 개발 경험 부족 F(강) - 현 개발사업자, 다수의 유통사업 수행 경험
4	향후 발전방향의 제시 - 향후 사업의 방향	20	10	10	자사(강) - ISP 수행 경험 및 고객 Insight(인프라 측면) F사(강) - 현 개발사업자로서 업무 이해도 높음 (업무 측면)
	총합계	100	75	85	-

경쟁사 비교표(BCM) 사례 3

	핵심 이슈 (Hot Buttons)	비중 (%)	자사	경쟁사					핵심 차별화요소 (Discriminator)
				A사	B사	C사	D사	E사	
1	최적화된 자전거 대여 프로세스(정책) 설계(결재/관리/동선) 필요 - 무선 Tesh망 설계 구축 노하우 - 자전거 대여시스템 구축 노하우 - 결재시스템 설계 개발 노하우 - 운영통계 투명성 확보 (EZ-DAS)	30	25	28	29	26	29	26	B사(강점): M부/L시 표준 수립 D사(강점): G시 구축 운영 경험(100억), F사업 수주 자사(강점): OO사 사물함형 자전거 무인시스템 구축(20xx), M부/L시 표준 수립 인력 70% 참여 A사(강점): 본사업 RFP 작성
2	현장실사 및 인터뷰를 통해 파악된 추가제안 및 추가기능 구현 필요	20	16	20	15	16	15	16	A사(강점): RFP 작성, 영업력 높음 자사(강/약): 실 설치장소 실사 완료, 향후 장소 실사 미완료
3	향후 u-OO강시스템 연계 및 확산을 고려한 시스템 설계	15	15	14	15	14	14	15	자사(강점): 한국NN카드와 전략적협력(환승시스템 독점, A머니), 컨소시엄사 V텔레콤이 관제센터 설계
4	시스템 인프라 + 네트워크 등 공공 인프라 구축 역량 필요 - 시스템 구축 및 네트워크 구축 - 무선망 구축 노하우 필요 - 향후 그린IT 및 확장성을 고려한 가상화기술 적용	15	13	12	15	11	11	12	자사(강점): V텔레콤 무선망 설계 및 무선시장 점유율1위, LNP 인프라+네트워크 No.1, SCP 한국스마트 결제 1위 B사(강점): 유무선망 국내 최고, 클라우드 및 가상화 역량 우수
5	근접지원 및 향후 유지보수	10	9	8	9	8	8	8	자사, B사(강점): 전국 및 지역 유지보수 보유
6	정보보안컨설팅 수행(L시 관심사)	10	9	7	8	7	7	7	자사(강점): 보안사업 수행 최다
	총합계	100	87	89	91	82	84	84	-

Shipley Tip

경쟁사 비교표(성공 사례)

쉬플리 고객 중 L기업은 공공사업을 주로 하는 IT 기업이다. 이 기업은 30%대의 수주율을 기록하고 있었는데, 이 기업의 어려움은 영업조직과 수행조직의 갈등이었다. 제안서를 작성하는 수행조직의 불만은 영업이 제대로 되지 않은 상태에서 RFP만 달랑 던져주고 제안서를 요구할 때가 많더라는 것이었으며, 영업조직의 불만은 제안서 품질이 안 나와서 수주에 실패했다는 것이었다.

이 회사의 담당임원은 이 문제를 경쟁사 비교표를 사용하여 해결하였다.

영업대표가 경쟁사 비교표를 작성해 오면 제안서를 쓰기로 한 것이다. 이렇게 되자 경쟁사 비교표를 작성하며 영업대표는 수주 참여 결정(Bid/No bid Decision)을 분석적으로 하게 되었고, 더 많은 사업을 적극적으로 포기(No bid)할 수 있게 되었다. 또한 경쟁사비교표를 작성하기 위해서 더 많은 정보를 수집해야 했기에 당연히 영업의 품질은 좋아졌다. 한편으로 제안서를 작성하는 수행 조직은 제안서 수가 기존의 50~60%로 줄어들어 좀더 품질높은 제안서를 작성할 수 있게 되었다.

결론적으로 이 조직은 제안 참여 횟수를 줄이고(선택), 참여하는 사업에 영업과 제안서의 품질을 높임(집중)으로써 30%대 수주율을 70%대까지 올리게 되었다.

3.2
전략 개발 프로세스

제안 전략은 우리의 강점을 부각하는 것에서 끝나는 것이 아니다. 우리의 약점은 최소화하고 경쟁사의 약점을 극대화하며 경쟁사의 강점을 최소화하는 것이 전략의 기본이다.

3.2.1 전략은 목적을 명확히 하는 것이다

제안 전략이란 반드시 이 네 가지 목적 중 하나 이상을 달성하는 것이다.

- 우리의 강점을 극대화(Emphasize)한다.
- 우리의 약점을 최소화(Mitigate)한다.
- 경쟁사의 약점을 극대화(Highlight)한다.
- 경쟁사의 강점을 최소화(Downplay)한다.

필자는 전략에서 이 네 가지 목표를 매우 강조한다. 매우 상식적으로 느껴지지만 이 네 가지 전략을 구현한 제안서와 그렇지 않은 제안서의 질적인 차이는 매우 크기 때문이다. 실제 여러분의 제안서는 어떠한지 확인해 보라. 여러분의 제안서는 자신의 강점을 잘 표현하고 약점을 최소화하고 있는가? 또는 경쟁사의 약점을 잘 노출하고 경쟁사의 강점을 잘 공략하고 있는가? 대부분의 제안서는 자신의 강점만을 강조하고 있다. 자신의 강점만을 강조하는 것은 전략이 없는 것과 마찬가지이다. 전략이 있는 제안서는 이 네 가지 관점의 균형을 유지한다는 점을 명심하라.

이 네 가지 관점을 견지하는 또 하나의 이유가 있다. 그것은 더 좋은 아이디어를 발굴할 수 있기 때문이다. 우리가 앞 단계(고객 니즈 발굴, 경쟁사 비교 및 핵심 차별화요소 정의)까지는 정보에 기반을 둔 논리적이고, 분석적인 접근이 필요했다면 이 단계에서는 경쟁자를 압도하는 좋은 아이디어를 개발해야 한다. 즉, 앞 단계까지가 좌뇌의 영역이었다면 이제 본격적인 전략을 개발하는 이 단계는 우뇌를 사용해서 경쟁자를 이겨야 한다. 좋은 아이디어를 얻으려면 일단 아이디어의 양을 늘리는 것이 아이디어 개발의 기본 원리이다. 그래서 통상 직장인은 좋은 아이디어가 필요하면 브레인스토밍을 한다. 네 가지 관점을 견지하면 네 배의 아이디어가 나오고, 이기는 전략을 개발할 가능성은 커진다.

3.2.2 전략기술서에 전략의 핵심을 담으라

전략기술서는 제안서에 목적(What)을 분명히 하고, 이를 어떤 솔루션으로 어떻게 구현(Solution, How to)할 것인가를 결정하는 도구이다. 목적(What)이란 바로 앞에서 말한 4가지 목적(강점 강화, 약점 약화, 경쟁자의 강점 약화, 경쟁자의 약점 강화)을 말한다. 방법(How)은 솔루션 최적화(Solution)와 커뮤니케이션 강화(How to)로 나뉘어진다.
전략이 문서화되어야 조직 내에서 지속적으로 소통(Communication)할 수 있고, 정보 습득과 토의를 통해 전략을 향상(Upgrade)시킬 수 있기 때문이다.
　궁극적으로 전략의 질이 경쟁자가 생각하지 못하는 설득력 있는 논리를 얼마큼 제공하는가에 따라 결정된다고 본다면, 전략기술서 개발은 전략의 핵심이라고 할 수 있다. 대략적인 틀은 다음과 같다.

1. 강점의 극대화 방법
강점을 고객의 가장 중요한 이슈와 연계한다. 이 강점이 고객의 주요 이슈 해결에 직접적으로 연관되어 있다는 것을 보여준다.
　주제문, 도입, 섹션 요약, 그림 등 제안서 전체에 걸쳐 강점을 통해 고객이 구체적으로 어떤 효용(Benefits)을 얻을 수 있는지 일관성 있게 강조한다.

> **전략기술서**
> "우리는 험난한 지형을 비행하는 인데버의 사진을 제안서에 삽입하여 우리의 유사한 경험과 역량을 강조할 것이다."
>
> <실제 제안서>-젠에어 스포츠(주) 제안서

발주처의 가장 중요한 이슈는 '궂은 날씨, 다양한 환경에서도 비행기가 운행 가능한가'였다. 사진과 캡션을 통해 강점과 고객의 이슈를 연계했다.

그림 1. 인데버. 초경량 기술을 사용한 젠에어는 모든 지형에서 작동 가능하며 어떠한 날씨에도 운행이 가능합니다.

그림 4. 수상착륙. 젠에어의 글라이더기는 지상, 수상 및 눈 위에도 착륙하도록 개조될 수 있습니다.

2. 약점의 최소화 방법

약점을 최소화하는 것은 전략 수립 중에서 가장 어려운 부분인 만큼 제안 경쟁력에 크게 기여한다.

약점을 최소화하기 위해 약점이 없는 것처럼 거짓으로 꾸미면 안 된다. 고객이 이미 알고 있는 약점이라면 절대로 그 약점을 제안서에서 누락시키지 말고 오히려 분명히 다루어야 한다(경쟁사가 그 약점을 분명히 이야기할 것이기 때문이다). 아래와 같은 몇 가지 방법을 활용하여 약점을 최소화하도록 한다.

- 대안 제시
  가격조정, 아웃소싱, 경쟁사와의 제휴 등을 이용하라.
- 약점 분야에 대한 보증
  이행 채권이나 보증서는 불안감을 해소하고 고객에게 신뢰를 준다.

- 가치제안(Value Proposition)

  높은 가격이 약점일 경우에는 가치제안을 한다. 솔루션으로 절감하게 될 비용이나 구현하게 될 가치 등을 정량화하라.

> **전략기술서**
> "우리는 ①단순성, 무게 경량화, 뒤끌림 감소 등과 ②지상에서 조작의 용이성을 논의함으로써 세발기어 대비 우리 Tail-skid 착륙장치의 약점을 최소화할 것이다."
>
> <실제 제안서>-젠에어 스포츠(주) 제안서
>
> | 모든 젠에어 글라이더 모델의 최상의 Tail-skid 착륙장치 구성은 전통적 세발기어에 비해 더 간결하고 가벼우며 끌림을 최소화해 줍니다. | Tail-skid 착륙장치 구성은 가산삼림이 요구하시는 디자인 명세와 유일하게 다른 부분입니다. 하지만 젠에어는 삼각 진동장치를 사용할 때보다 Tail-skid 착륙장치를 사용할 때 더 훌륭한 지상 운용성을 보여준다고 확신합니다. Tail-skid 착륙장치와 세발기어에 대한 비교 이해를 돕기 위해서는 이 제안서에 포함된 '지상 운용' 부분을 참조하십시오. |

Shipley Tip

약점을 극복한 사례

쉬플리 해외지사의 특정 고객은 잠수함을 만드는 방산업체였다. 그런데 이 회사는 몇 년 전에 큰 폭발사고가 있었고, 이 폭발사고 이후로 늘 경쟁자에게 이 부분을 공략당해서 수주에 실패하고 있었다.

쉬플리의 컨설팅으로 이 고객은 제안 전략을 전면 수정했다. 우선 5년 전에 있었던 그 사고 이야기를 첫 페이지부터 공개했다. 그 메시지는 '우리는 5년 전에 OO사고를 겪고, 지난 5년 동안 OOO Man day 인력을 투입하고, OOO억 원의 비용을 투자해서 OOO개의 핵심 기술을 확보했습니다'였다. 이렇게 되자 그들의 고객은 입장이 바뀌었다. 여러분도 한 번 생각해 보라. 폭발이 있어서 많은 투자를 했고, 이제 검증된 기술을 확보한 회사와 폭발사고도 없었고, 투자도 없고, 검증된 기술도 없는 회사가 있다면 누구를 더 선호하겠는가? 또 하나의 효과는 이렇게 자신의 약점을 밝혀버리자 더는 경쟁자의 공략이 날카롭게 느껴지지 않더라는 점이다.

3. 경쟁사 약점의 극대화 방법

경쟁사의 약점을 교묘하게 강조하라. 경쟁사의 이름을 직접적으로 언급하지 말고 그들의 기술, 접근 방법, 또는 수행의 문제점이나 약점을 공격하라.

고객의 니즈에 다양한 솔루션을 제시하며 단순히 그것들을 비교하는 것처럼 표현하여 경쟁사를 공략하는 것이다.

이것을 쉬플리에서는 고스팅(Ghosting)이라고 부른다.

고스팅(Ghosting)
→ 경쟁자의 이름을 밝히지 않으면서 그들의 기술, 접근방법, 솔루션을 공략하는 것

> **전략기술서**
> "우리는 ①지상과 공중의 커뮤니케이션 문제 ②전방엔진과 후방엔진의 6개월간 비교 테스트 결과를 논의함으로써 경쟁사 전방엔진의 약점을 극대화할 것이다."
>
> <실제 제안서>-젠에어 스포츠(주) 제안서
>
> 휴대용 라디오에 헤드폰을 추가하면 조종사의 지상 송수신 능력이 더 향상됩니다. 엔진이 조종사 위나 앞에 있는 전방엔진 초경량 비행기는 별도의 헤드폰이나 헬멧이 필요합니다. 그러나 다른 프로젝트를 위해 6개월간 수행한 현장 테스트에서는 엔진이 조종사 뒤쪽에 있는 후방엔진의 경우, 별도의 헤드폰이 필요없다는 것을 보여주었습니다.

이 제안서는 경쟁자를 고스팅한 사례를 보여주고 있다. 이 사례에서 실제 강조하고자 하는 것은 헬멧이 아니다. 이 제안서에서 전달하는 메시지는 경쟁사의 경비행기는 엔진이 앞에 있어서(전방엔진) 소음이 매우 크다는 점을 강조하기 위해서 헬멧의 필요성을 강조하고 있는 것이다. 이 제안

서 어디에도 '경쟁자의 비행기는 소음이 큽니다'라는 표현은 없지만 이 제안서의 핵심전략은 '경쟁자 비행기의 소음을 공략하라'이다.

4. 경쟁사 강점의 최소화 방법

경쟁사에게 잘 알려진 강점이 있다면 어떤 분야든 자사의 강점과 대비시키고 우리와 경쟁사의 차이를 메울 수 있도록 제안을 적절하게 조정하라. 대등하게 될 수 없으면 대안을 제시함으로써 그 강점의 중요성을 최소화하라.

전략기술서

"우리는 ①구체적이고 이미 결정된 생산규모 확장 계획과 ②국내외에서 회사의 질적, 양적 성장을 논의함으로써 충분한 생산능력을 가진 경쟁자의 강점을 최소화할 것이다."

<실제 제안서>-젠에어 스포츠(주) 제안서

> 젠에어는 1981년부터 초경량 비행기 사업을 시작하여 현재 업계의 선두기업으로 인정받고 있습니다. 저희 회사는 지난 몇 년간 국내외에서 빠른 성장을 경험했는데 이는 뛰어난 경영 능력과 성실한 사업 수행에 기인합니다.
>
> 젠에어는 월 70대의 생산 속도로 연간 840대의 인데버 비행기를 생산할 수 있는 생산력을 추가함으로써 한발 더 전진할 준비가 되어 있습니다. 저희는 생산 능력을 향상시키기 위해 1750만 달러가 넘는 자본과 펜 로얄 은행으로부터 차입한 270만 달러의 자금 능력을 갖추고 있습니다.

3.2.3 전술개발의 효과성을 검증하라

전술개발이 잘되었는지 검증하는 것을 쉬플리에서는 '리트머스 테스트(litmus test)'라고 한다. 리트머스 테스트의 두 가지 기준은 개발된 전술을 통해 제안서에 사용할 핵심 단어와 그림이 명쾌하게 떠오르는가와 경쟁자를 압도할 수 있는 차별화된 전술이 개발되었는가이다.

1. 개발한 전술의 적절성을 테스트한다

전략은 제안서를 어떻게 쓰겠다는 약속이므로 전략기술서를 보고 제안서에서 사용하게 될 핵심 단어(Key Word)와 핵심 그림(Key Visual)이 명확해진다면 그것은 잘 개발된 제안서이다.

- 핵심 단어의 선명성
  - 최적화된 운영매뉴얼 교육 제공(×)
  - 30분 내 조립할 수 있는 운영매뉴얼 1박 2일 교육 프로그램 제시(○)

2. 전술은 '차별화'되어야 한다

전략 구현은 경쟁자가 '완전히 같은 표현(Exactly Same Word)'을 할 수 없을 때까지 구체화해야 한다. 이것이 차별화(Discriminating)이다.

예시 1. 차별화 요소의 구체화

경력 20년 PM
⬇
해외사업 경력 20년 PM
⬇
IT 아웃소싱 해외사업 경력 20년 PM
⬇
금융분야 IT 아웃소싱 해외사업 경력 20년 PM

현장에서는 이런 일이 비일비재하게 일어나고 있다. 이 사람의 실제 역량은 '금융분야 IT 아웃소싱 해외사업 경력 20년의 PM'임에도 불구하고, 제안서에는 '경력 20년 PM'이라고만 제시한다. 실제 고객은 금융분야 전문가, 해외사업 전문가를 찾고 있는데도 말이다. 그러면서 늘 우리는 차별화된 솔루션이 없다고 말한다. 금융분야 해외사업을 20년 경험한 PM은 차별화된 솔루션이다. 필자의 경험으로는 차별화된 솔루션이 없는 경우보다 못찾는 경우가 훨씬 많다.

Shipley Tip

What: 무엇으로 차별화할 것인가?

1. 사람(People)
누가, 어떻게 세일즈하느냐에 따라 고객은 차별화된 문제 해결에 이를 수 있기도, 없기도 하다. 어떤 솔루션이든 사람은 항상 차별화된 포인트이다(2부 수주영업에 나오는 H제약회사 회장의 사례를 참고하시라).

2. 경험(Experience)
고객 입장에서 제안 업체가 해당 사업 혹은 유사 사업을 해본 경험(Reference라고 부른다)이 있는지는 매우 중요하다. 사업의 리스크를 줄이는 가장 검증된 접근 방법이기 때문이다. 해본 적이 있으면 해보지 않은 기업보다 사업의 리스크가 적은 것은 사실이다. 또 기존 경험을 통해 해당 사업을 진행하는 데 필요한 핵심 역량은 무엇인지, 성공을 위해 관리해야 할 주요 요인은 무엇인지 잘 알고 솔루션을 제안할 수 있다. 그래서 국가나 기업 등 조직을 상대해야 하는 수주업에서는 신규 사업에 진출하기가 어렵다. 예를 들면 공항 면세점 사업을 해본 적이 없는 기업에 그 기회를 주기란 공항공사나 관세청 쪽에서 아무래도 어렵기 때문이다. 사업이 중요할수록, 사업의 기술적 수준/난도/리스크가 높을수록 경험(Experience)의 중요성은 더 강조된다.

3. 고객 사업의 이해(Understanding of client's business)
필자도 기업 교육(HRD)시장에서 세일즈를 하면서 차별화된 솔루션을 팔아본 경험이 있다. 약 20년 전에 B건설에 교육 프로그램 세일즈를 할 때 이야기이다. 당시 내가 속해 있던 교육 회사는 강사와 기업을 단순히 연결해주는 중개 역할을 하는 업체에 불과했다. 그런데 B건설의 담당자와 상담을 하던 중 우리나라에는 선진 토목공법과 관련해 체계적인 강의가 없다는 불평을 듣게 되었다. 그래서 내가 그 과정을 제공할 테니 더 많은 교육비를 제공할 수 있겠느냐 물었고 담당자는 당연히 그렇다고 답하며 평소 교육비보다 1.5배 이상을 지급했던 적이 있다. 차별화된 솔루션을 제공하기 위해서는 고객의 비즈니스 이해력과 고객의 니즈를 파악하는 능력이 필요하다.

3.2.4 전술개발에는 '솔루션 최적화'와 '커뮤니케이션 방법 개발'이 있다

고객의 부정적 인식이 실제 우리 솔루션의 문제에서 비롯되었다면 우리는 이 솔루션을 고객에 맞게 최적화하고, 고객이 오해한 것이라면 고객의 인식을 교정해야 한다.

우리 솔루션이 경쟁사의 솔루션만큼 고객의 니즈를 '실제로' 충족시키지 못하는 경우에는 솔루션을 최적화할 필요가 있다.

- 솔루션 최적화: 솔루션을 수정하여 고객의 니즈를 만족시키는 것이므로 반드시 추가 비용이 들어간다.
  - 해외연수를 통해 운영자의 시스템 이해도를 높인다.
  - 추가 서버 설치를 통해 시스템을 이중화한다.

우리 솔루션이 고객의 니즈를 잘 충족시키고 있으나 이를 고객이 제대로 인식하지 못한다면 커뮤니케이션 방법을 개발 해야 한다.

- 커뮤니케이션 방법 개발: 커뮤니케이션을 통하여 고객의 관점을 변화시킨다. 추가 비용이 들지 않는다.
  - H 현장의 사진을 삽입하여 현장의 안전성을 강조한다.
  - 전방엔진과 후방엔진의 6개월간 비교 테스트 결과를 제시함으로써 전방엔진 디자인의 약점을 인식시키고, 자사 솔루션인 후방엔진 디자인의 우수성을 강조한다.

우선 **솔루션 최적화와 커뮤니케이션 방법 개발 전략은 구분하는 기준이 명확하다. 그 기준은 돈이다.** 솔루션 최적화는 돈이 들어가고, 커뮤니케이션에는 돈이 들어가지 않는다.

예를 들면 기존에 운영하고 있는 교육프로그램의 내용을 안내하는 것은 돈이 안 들어가므로 '커뮤니케이션'이지만 없는 교육프로그램을 이번 프로젝트를 위해서 만든다면 그것은 '솔루션 최적화'가 된다. 따라서 **공격적인 제안을 한다는 것은 우리의 수익을 줄여 가면서까지 '솔루션 최적화'를 적극적으로 한다는 뜻**이며, 제안 작업을 할 때 리더십이 해야 할 중요한 결정은 어느 수준까지 우리의 수익을 줄여 가면서 솔루션을 최적화할 것인가 하는 점이다. 이 의사결정을 위해서는 회사의 최소 수익, 전략적 중요도, 경쟁자의 예상 가격, 이 세 가지가 함께 고려되어야 한다.

Shipley Tip
공격적 제안의 사례

군사업 중에 '탐색연구' 분야의 사업이 있다. 이 사업은 규모는 작지만 사전에 양산에 필요한 핵심 기술을 확보하게 되므로 향후에 양산사업이 있을 때 절대적으로 유리한 포지션에 있게 된다. 따라서 방위산업체들은 이 탐색연구를 수주하기 위해서 엄청난 경쟁을 한다. 예를 들면 탐색연구는 100억 원이지만 이 기술을 통해서 생산하는 무기체계가 1조 원 사업이라고 한다면 업체들은 300억, 400억 원을 써 가면서 100억 원짜리 사업을 수주하려고 한다. 고객은 설계도를 원하는데 업체들은 실제 몇백억 원을 들여서 진짜 시제품을 만드는 경우도 종종 있을 정도이다.

솔루션 최적화 전략과 커뮤니케이션 전략을 구분하는 이유는 우리가 입찰 참여 의사결정을 할 때 우리의 경쟁력을 높일 수 있는 기회가 사업의 시계열에 따라 달라지기 때문이다. 왜냐하면 제안서 제출일이 가까워 올수록 솔루션을 최적화할 수 있는 가능성은 줄어들고, 전략은 주로 커뮤니케이션 방법 개발에 초점이 맞추어지므로 우리가 높일 수 있는 점수의 폭이 상대적으로 작다.

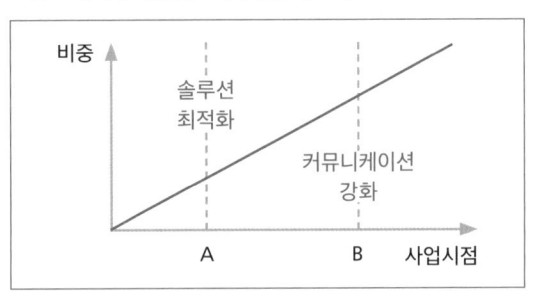

그림 1. 시기에 따른 전략적 유연성의 변화

그림에서 보듯이 사업 초기에는 솔루션을 최적화할 기회가 많다. 이것은 개선할 수 있는 전략적 유연성이 크다는 뜻이다. 따라서 사업 초기(A시점)에는 20점도 극복할 수 있으므로 입찰 참여 결정(Bid)을 할 수 있는가 하면 제안서 제출 시점이 가까웠을 때(B시점)에는 5점도 극복하기 어려우므로 입찰 불참여(No bid) 결정을 해야 하는 경우도 많다.

> **Shipley Tip**
>
> **적극적인 솔루션 최적화로 포지션을 강화한 사례**
>
> 특정 방산 기업은 향후에 전략적으로 자신의 방산 사업 경험을 기반으로 '무인기 사업'에 참여하고 싶어 하였으나 실제 무인기 경험이나 기술력을 내부에 갖추지는 못하였다. 그러나 해당 사업이 2년 후에 나올 것으로 예상되어 무인기 기술력을 갖춘 벤처기업을 인수합병하는 등 체계적으로 미래 사업을 준비하였다. 이것은 대표적인 '솔루션 최적화' 전략으로 불리한 포지션을 극복한 사례라고 할 수 있다.

3.2.5 영원히 이기는 전략은 없다

영원히 이기는 전략은 없다. 전략이 일단 노출되면 경쟁자는 그 전략을 따라 하거나 그 전략의 대안을 만든다. 차별화된 전략이 불가능한 것은 항상 상호학습과 상호모방이 조직적이고 지속적으로 일어나기 때문이다. 그래서 모든 차별화된 시장(Blue Ocean)은 일시적이다. 혁신은 기업의 일상이다.

그러니 기업들이여, 가격경쟁을 한탄하거나 염려할 시간과 에너지로 당신의 솔루션을 차별화하라. 항상 나를 쫓아오는 경쟁자가 있듯이 내가 아직 못 본 청정지역(Blue Ocean)은 반드시 있다!

Shipley Tip

솔루션을 어떻게 차별화할 것인가

1. 솔루션의 본질적 기능을 차별화하라-블루오션 전략(ERRC)

솔루션을 차별화하는 탁월하고 현실적인 전략은 블루오션 전략이다. 이 전략은 크게 두 가지 방법이 있다. 하나는 고객에게 더 많은 가치를 제공하는 방법(Raise, Create)과 고객에게 불필요한 가치를 제공하는 비용을 줄이는 방법(Eliminate, Reduce)으로 나눌 수 있다.

이때 중요한 것은 타깃 고객(이는 기존 고객이 아닐 수도 있다. 이를 비고객이라고 한다)을 명확히 하고, 그 고객의 '가치(Value)' 관점에서 4가지 액션을 채택하는 것이다.

(4가지 액션 프레임워크)
- 제거(Eliminate): 업계 표준에서 제거해야 할 요소는 무엇인가?
- 감소(Reduce): 업계 표준 이하로 내려야 할 요소는 무엇인가?
- 증가(Raise): 업계 표준 이상으로 올려야 할 요소는 무엇인가?
- 창조(Create): 업계에 없는 것으로 새롭게 창조해야 할 것은 무엇인가?

가장 인상적인 블루오션 전략은 프랑스의 저가 호텔(Inn) Accor사의 Formule 1 사례이다. 트럭 운전사는 보통 10시 이후에 여관에 투숙해서 새벽에 나가는데 그러기에는 100달러가 넘는 대도시의 투숙료가 너무 비쌌다. 그래서 이들을 위한 초저가 호텔을 만들었다. 이 호텔은 트럭 운전사가 이용하지 않는 레스토랑, 화려한 로비, 룸 서비스, 책상 등을 모두 줄이거나 없애는 대신에 침구와 목욕탕의 품질을 한 단계 높이면서 가격은 30% 이상 줄였다. 고객의 가치 관점에서 솔루션을 재구성한 결과 가격은 낮추고, 서비스의 만족도는 높이는 일거양득 전략을 구사할 수 있게 되었다.

2. 또는 부가적 기능을 더 하라-제지시장의 고객에게 경영컨설팅 제공

도저히 솔루션의 가치를 차별화할 수 없는 제품(통상 이를 '저관여 제품'이라고 부른다)은 어떻게 차별화가 가능한가? 대부분의 원자재, 단품 세일즈를 하는 사람에게는 '솔루션'이라는 말은 추상적인 말일 수밖에 없는 비현실적인 단어에 불과한 것이다.

이럴 때는 솔루션의 본질적인 가치와는 상관이 없지만 고객에게 효용을 줄 수 있는 부가적인 기능을 개발하라는 것이다. A 제지회사의 고민은 제지시장이 워낙 원자재에 가까운 시장이다 보니 가격과 솔루션에서 차별화하기가 둘 다 거의 불가능하다는 것이다. 그런데 제지회사의 고객을 살펴보니 대부분이 개인이 아니라 영세한 소규모 기업이더라는 것이다. 그리고 그들과 대화해 보니 수많은 경영 문제(세금, 회계, 경영권 승계 등)를 적절하게 해결하지 못하고 있음을 알게 되었다. 그래서 고객에게 조건 없이 패키지화된 경영 컨설팅 모듈(원가가 매우 저렴한 컨설팅)을 제공했고 고객으로서는 꽤 도움이 되었음을 알게 되었다. 그리고 고객은 동일한 가격과 품질의 종이이지만 이러한 효용을 제공하는 업체의 제품을 구매하더라는 것이다.

Shipley Tip

지식을 공유하라

필자는 10년 전에 Shipley라는 컨설팅 회사의 한국지사를 설립하여 한국에 처음으로 수주 컨설팅(Proposal Consulting)이라는 새로운 솔루션을 도입하였다. 사업 초기에는 아주 청정지역(Blue Ocean)이었다. 지금은 많은 합법적, 불법적 쉬플리의 모방품(Copycat)이 존재한다. 시장은 경쟁으로 붉게 물들었다. 모든 차별화된 시장(Blue Ocean)은 일시적이다. 그래서 혁신은 기업의 일상이다.

컨설팅도 마찬가지이다. 쉬플리 컨설팅 초기에는 간단하고 혁신적인 템플릿만 사용해도 사업을 수주하는 경우가 있었다. 그러나 소문이 나고, 서로 정보를 입수하면서 템플릿 정도는 우리 고객의 경쟁자도 금방 따라올 수 있게 되었다. 컨설팅 회사를 오랫동안 운영하면서 필자가 깨달은 사실은 우리가 연구하고 개발한 지식의 대부분(쉬플리의 고객과 연관된 정보나 컨설팅 보안이 필요한 일부 지식 제외)은 개방하는 것이 사업에 좋다는 것이다. 폐쇄적으로 가지고 있다 한들 그것의 유용성이 소문 나면 고객은 그것을 확보하기 위해서 노력한다. 일반적으로 우리가 가진 지식을 개방하면 고객(제안서나 PT를 개발하고 작성하는 많은 기업)이 우리의 솔루션을 구매하지 않을 것이란 염려를 한다. 하지만 놓치고 있는 것이 있다. 지식을 개방하면 다음과 같은 이점이 있다.

첫째, 고객은 하나를 알게 되는 동시에 10개의 질문이 생기게 된다. 그 질문은 교육과 컨설팅의 가장 강력한 구매 니즈가 된다.

둘째, 우리의 유용하고 체계적인 지식은 고객의 신뢰를 얻게 된다. 지식산업에서 가장 어렵다는 '차별화'에 성공하는 순간이다.

셋째, 우리가 우리 지식을 내놓는 순간 나는, 우리의 컨설팅 조직은 새로운 지식, 더 날카로운 솔루션을 고민하지 않을 수 없게 된다.

3.3
실전 전략

**전략은 사용할수록 개발된다. 부리는 칼이
날카로워지는 것과 같은 이치이다.**

3.3.1 1등 전략·2등 전략

대부분의 입찰 제안에서는 입찰 전에 자신의 포지션(예상 등수)을 알 수 있다. 예를 들면 대부분의 방위사업과 SI사업에서 사전에 연구과제를 수행했다든가 1차 사업을 수행한 경우에는 특별한 결격사유가 없는 한 경쟁자 우위에 있다고 봐야 한다. 그러므로 회사의 포지션이 1등인 경우와 2등인 경우에는 기본적으로 전략이 달라야 한다. 1등은 자신의 우위를 각 분야에서 표현해서 다양한 이해와 관심을 가진 여러 분야 평가위원들의 점수를 골고루 확보하는 것이 핵심이다. 이에 비해 자신의 포지션이 우위가 아닌 경우라면 이러한 전략은 여전히 자신을 2등으로 만들 뿐이다. 따라서 위험을 감수하고라도 평가위원을 좀더 강하게 자극하고 설득할 수 있는 무기를 개발해야 한다.

1. 1등 전략-Balance 전략

1등 전략의 핵심은 균형(Balance)이다. 균형 전략은 다양한 고객의 이슈를 모두 다루어서 골고루 높은 점수를 따는 것을 말한다. 고객의 이슈를 골고루 다루어야 하는 이유는 제안서 평가위원회가 항상 다양한 그룹으로 구성되어 다양한 관점에서 평가하기 때문이다.

다음 사례에서 눈여겨볼 부분은 여섯 가지 사업 전략이 각기 다른 조직에서 온 평가위원들의 다양한 관점과 이슈를 모두 포괄하려는 노력을 하고 있다는 점이다. 예를 들어 다음 〈예시 1〉의 6번 '그린국방'의 경우를 생각해 보자. 이는 언뜻 캐치프레이즈나 슬로건 정도로 아무 내용이 없다고 생각할 수도 있지만 방위사업청에서 해당 업무를 맡고 있는 담당자가 평가위원이라면 상황은 달라진다. '그린국방'을 다루는 제안서와 다루지 않는 제안서 중 어디에 높은 점수를 주겠는가?

예시 1. 1등 전략

A 무기체계 프로젝트

- 평가위원회 구성: 소요군(실제 사용자), 방위사업청, 국방과학연구소, 국방기술품질원

- 그룹별 주요 관심
    - 소요군: 실제 사용의 편의성
    - 방위사업청: 비용관리, 일정관리, 위험관리
    - 국방과학연구소: 기술적 실현 가능성, 신기술 적용의 진취성
    - 국방기술품질원: 기술적 실현 가능성, 신기술 적용의 진취성

- 접근 전략: 다양한 평가위원의 관심에 골고루 균형감 있게 접근한다.

    Ex) 사업 전략
    1. 작전 운용을 위한 요구성능 충족
    2. 신기술 도입
    3. 총소요비용의 15% 절감
    4. 국산화 95% 달성 및 5억 달러 수출 전략
    5. 양산화 기간 12개월 단축
    6. 유사 무기체계 자원 80% 재활용을 통한 그린국방 실현

---

2. 2등 전략-Edge 전략

해당 입찰에서 경쟁 우위가 아닌 경우(1등이 아닌 경우)의 전략은 1등의 균형 전략과 달라야 한다. 왜냐하면 모든 입찰에서 2등은 의미가 없고, 동일한 전략은 동일한 포지션(2등 이하)만을 보장하기 때문이다.

2등 전략은 날카롭고 뾰족해야 한다. 설령 그 날카로움이 나에게 비수(Backfire)가 되어 날아오는 경우가 있다 하더라도 이를 최소화하거나 감수하면서 승부수(Silver Bullet)를 찾아야 한다.

예시 2. B사의 도시지능망(ITS: Intelligent Transportation Systems) 사업 제안

이슈	1등(A사)	2등(B사)
교통정보 정확도	획기적 개선	28% 향상
차량 속도	교통체증 해소 예상	시뮬레이션 결과 12.8% 개선 예측

2등인 B사는 1등 회사보다 더 급진적이고, 자신의 발목을 잡을 수도 있는 전략(계량화된 수치)을 제시하고 있다. 2등 회사는 때로 상황을 역전시키기 위하여 위와 같은 전략을 구사하는 것이 불가피하다.

〈예시 2〉에서 보면 도로지능망 사업의 핵심 이슈는 그 사업을 통해서 통행자가 어떤 정보를 얼마나 더 정확히 입수할 수 있고, 그 결과로 교통흐름은 얼마큼 개선될 수 있느냐는 것이다. 그런데 대체로 그 업계에서 1위를 하고 있는 회사(A사)는 결코 이를 데이터로 예측하거나 제시하지 않는다. 제시하는 데이터가 설명력이 떨어질 때도 많고, 실제 수행업체로 선정되었을 경우 제시한 데이터가 계약서에 준한 효력을 발휘하여 자신들의 발목을 잡기 때문이다. 그러나 2등 업체는 그런 상황을 따질 겨를이 없다. 일단은 우선협상 대상자로 선정되어야 하기 때문이다. 그래서 결정적인 데이터를 제시하고, 이를 평가위원들이 이해할 수 있도록 충분히 그 증거를 제시해야 한다. 만약에 이 정도의 날카로운 위기 전략을 제시할 수 없다면 제안참여 의사 결정(Bid/No bid Decision) 단계에서 참여를 포기(No bid)하는 것이 낫다.

3. 전략의 통합-Balance에 Edge를 더하라

해당 입찰에서 자신의 포지션(등수)이 명확한 경우, 앞에서 제시한 1등 전략과 2등 전략을 이해하고 적용하는 것은 매우 유용하다. 그런데 자신의

포지션이 불명확하고 경쟁자의 전략을 예측하기가 불가능한 경우도 많다. 이럴 때에는 우선적으로 고객의 모든 이슈를 포괄하고, 몇 가지 이슈에서 승부수(Winning Strategy)를 띄우는 방법을 사용하여야 한다.

예시 3. 사업 전략에서 고객의 관심 이슈와 승부처

1등 전략-Balance 전략	2등 전략- Edge전략
고객의 관심 이슈(Hot Button) 포괄	승부수(Winning Strategy)를 분명히
작전 운용을 위한 요구성능 충족 신기술 도입 총소요비용의 절감 국산화 및 수출 전략 양산화 기간 단축 유사 무기체계 자원 재활용	작전 운용을 위한 요구성능 충족 신기술 도입 총소요비용 15% 절감 국산화 95%, 5억 달러 수출 양산화 기간 12개월 단축 유사 무기체계 자원 80% 재활용

고객의 관심을 포괄하여 전략적으로 다루고, 그중 고객이 중요하게 생각하는 몇 가지 포인트에서는 고객을 설득할 수 있는 결정적 승부수를 던지라.

〈예시 3〉에서는 비용 절감, 국산화 및 수출, 양산화 기간, 자원 재활용을 핵심 승부처로 정하여 공략하고 있다. 만약에 이 부분이 고객에게 대단히 중요하고 경쟁사와 비교해 차별화된다면 경쟁에서 이길 수 있다. **전략 개발 평가 기준 두 가지는 ① 고객에게 중요한가**(Importance)**와 ②경쟁사와 차별화되는 특징인가**(Difference)임을 명심하라. 만약 고객에게 중요하지도 않고, 경쟁사도 가지고 있는 솔루션만을 제시한다면 결코 제안에서 성공할 수 없다.

3.3.2 정공법·역공법

정공법은 경쟁자가 제기한 이슈에 정면 대결을 하는 것이고, 역공법은 우리가 제기한 이슈가 경쟁자가 제기한 이슈보다 더 중요하다는 것을 설득하는 것을 말한다.

1. 정공법

정공법은 경쟁자가 제기한 이슈에 대해 경쟁자가 아닌 우리에게 경쟁 우위가 있음을 알리는 방법을 말한다. 대표적인 방법은 저가 전략을 구사하는 경쟁자를 가치제안으로 극복하는 것이다.

예시 4. 정공법의 대표적인 방법인 가치제안

> **정공법 - 가치제안(Value Proposition)**
>
> • 경쟁자
>   우리의 ERP 시스템은 세계 최초로 패키지화하여 도입 비용이 기존 대비 80% 저렴한 20억 원입니다.
>
> • 정공법
>   우리의 ERP 시스템 도입 비용은 100억 원입니다. 일반적으로 ERP 시스템 도입은 20억 원이면 충분하지만 20억 원 투자 시에는 100억 원의 자원 절감(순이익 80억 원) 효과가, 100억 원 투자 시에는 500억 원(순이익 400억 원) 자원 절감 효과가 있으므로 당사는 100억 원을 투자하여 ERP 시스템을 도입하실 것을 제안합니다.

가치제안의 기본원리는 저가의 경쟁자가 가격경쟁력을 내세울 경우, 자사의 가치경쟁력으로 경쟁자의 장점을 무력화하는 방법이다.

2. 역공법

역공법은 경쟁자가 제기한 이슈보다 우리가 제기한 이슈가 더 중요하다는 점을 설득하는 방법이다.

중대형차 시장에서 시장점유율 1위를 달리고 있는 G자동차에 비해서 타 회사의 C모델은 가격, 디자인, 브랜드 이미지 등 대부분이 열세에 있다. 그러나 필자는 이 회사의 세일즈맨이 차별화된 이슈를 부각하여 세일즈에 성공하는 것을 보았다.

예시 5. 역공법

자사 차량의 안전성을 강조하여 경쟁사 차량의 가격/디자인 우위를 극복한 사례

> **세일즈맨 왈**
>
> "사장님께서 말씀하신 것처럼 우리 회사 제품이 G자동차에 비하면 디자인도 세련미가 덜하고, 가격도 300만 원 이상 비싼 것 같습니다. 그런데 우리 회사 제품이 벤츠 엔진을 사용하고 있는 것은 아시죠? 네, 벤츠 엔진은 엔진 자체도 좋지만 자동차 구조가 정면 충돌 시 밑으로 엔진이 주저앉게 설계되어 있습니다. 따라서 정면충돌 시 사망률이 75%나 낮은, 안전성이 탁월한 차입니다. 가격이나 디자인이 중요하시면 G자동차를 구매하는 것이 정답이고, 안전성을 중요시한다면 저희 차를 구매하시는 것이 좋을 것 같습니다."

어떤 차를 구매하느냐는 고객에 따라 다르겠지만 디자인이나 가격보다 안전이 더 중요한 중대형 승용차 구매고객의 특성을 고려하면, 가격경쟁력이나 디자인의 열세를 대신하여 안전성을 홍보하는 위의 사례는 제법 설득력 있는 접근방법임을 알 수 있다.

정공법과 역공법 중 어떤 방법을 선택할 것인가는 고객의 이슈를 얼마나 정확히 이해했는가에 달려 있다. 이를테면 이번 프로젝트에서 고객의 절대적인 관심이 '납기 준수'라면 아무리 가격이나 품질에 장점이 있더라도 '납기 준수'라는 이슈를 피해서는 이길 수 없다.

중요한 것은 나의 장점이 아니라 우리 솔루션을 통해서 고객이 얻게 되는 효용과 핵심 이슈의 해결임을 명심하라.

3.3.3 리스크 관리

리스크 관리란 제안된 솔루션의 리스크를 최소화하는 전략을 말한다. 리스크 관리가 중요한 이유는 리스크를 얼마나 잘 이해하고 적절한 대안을 가지고 있는가를 고객에게 보여줌으로써 고객의 신뢰를 확보할 수 있기 때문이다.

리스크 관리 전략 중에서 가장 흔하게 저지르는 실수는 리스크를 언급하는 것 자체를 피하는 일이다. 하지만 고객은 모든 접근방법에 리스크가 있다는 것을 알고 있으므로 가장 좋은 것은 제안서에서 적극적으로 이를 언급하고 이 리스크를 효과적으로 관리할 수 있음을 보여주는 것이다.

제안서 작성에서 리스크 관리 분야는 상당히 중요하다. 왜냐하면 공급자가 사업을 얼마나 정확히 이해했는가를 보여주는 바로미터이기 때문이다.

사업을 정확히 이해해야만 리스크의 수준 및 발생 가능성 평가와 대안 제시가 가능하다.

Shipley Tip

현장 사례 – 방위산업 리스크 관리 사례

1. 리스크 분석을 위한 기준 제시

• 리스크별 발생 확률 기준

확률	상	중	하
수준	높음	가능성 있음	낮음

• 리스크별 사업 영향 분석 기준

확률	상	중	하
수준	치명적	중간	사소함

• 리스크별 위험등급 분석 기준

확률	영향		
	상	중	하
상	HIGH	HIGH	MEDIUM
중	HIGH	MEDIUM	LOW
하	MEDIUM	LOW	LOW

2. 본 사업의 리스크 요소 식별

• 분야별 리스크 요소 식별 및 세부 리스크 내용 분석

리스크 요소	세부 내용
일정 지연	제안사와 IPT*, 제안사와 협력업체 간 일체감 부족 및 이질감 발생
비용 증대	기술요소 변경에 따른 비용 및 투입 인력 변경
	추가 요구사항 및 구축 범위 변경에 따른 비용 증가

*IPT(Integrated Product Team): 제품 통합 관리팀

3. 식별된 리스크 요소의 수준 분석

- 리스크 분석 기준을 활용한 리스크별 세부 분석

확률	세부 설명	영향	발생 확률	위험도
일정 지연	제안사와 IPT, 제안사와 협력 업체 간 일체감 부족 및 이질감 발생	중	상	H
비용 증대	기술요소 변경에 따른 비용 및 투입 인력 변경	상	하	M
	추가 요구사항 및 구축 범위 변경에 따른 비용 증가	상	상	H

4. 분석된 리스크의 대처방안 수립

- 각종 기준으로 분석된 리스크의 세부 내용에 따라 대처 방안 수립

위험 요소	세부 설명	영향	발생 확률	위험도	위험 대처 방안
일정 지연	제안사와 IPT, 제안사와 협력업체 간 일체감 부족 및 이질감 발생	중	상	H	• 전문가 투입을 통한 사업단과의 의사소통 채널 강화, 일체감 형성 방안 수립 • 워크숍, 단합대회, 의사결정 협의체 구성
비용 증대	기술요소 변경에 따른 비용 및 투입 인력 변경	상	하	M	• 변경된 기술요소를 수용하되 비용 증가를 최소화할 수 있는 대안을 검토하고, 필요시 위험관리위원회 검토
	추가 요구사항 및 구축범위 변경에 따른 비용 증가	상	상	H	• 정기적, 비정기적 회의를 통해 사용자 요구사항의 충분한 사전 도출 및 확인 • 개발 범위 내 요구사항 적극 수용하되 추가 비용 발생 시 대안 수립 및 형상관리위원회에서 검토/승인

우리가 리스크를 관리해야 하는 분야는 비용과 일정에 관련된 경우가 많지만 그 외에 프로그램 관리, 기술적 성능, 품질, 서비스 지원, 안전 등의 모든 문제와 관련된다. 제안사는 종종 자신들의 제안이 경쟁사보다 리스크가 적다는 점을 보여주려 하지만 리스크 관리의 핵심은 각 고객이 어느 정도의 리스크를 감당할 수 있는지를 이해하고, 고객의 니즈에 적합한 솔루션을 제시하는 것이다.

1. 모든 측면의 리스크를 인식하라

평가자는 일반적으로 제안 리스크(Proposal Risk)와 성과 리스크(Performance Risk)를 평가한다.

제안 리스크는 판매자가 제안한 접근방법(솔루션)의 기술·관리 측면의 리스크로서 제안사의 실적 및 성과에 따라 상이하다.

성과 리스크는 제안사의 과거와 현재의 성과와 연관된 수행역량에 따르는 리스크를 말한다.

대체로 구매자는 약간의 비용 절약을 위해 높은 리스크를 가진 공급자와 계약을 해서 낭패를 본 경험을 갖고 있다. 이를 방지하기 위해 미 연방 정부 구매부서 같은 경우에는 다음과 같은 내부 지침을 갖고 있다.

- 단순한 경험보다는 그 회사의 성과를 평가하라.
- 그 회사의 과거 고객의 평가를 체크하라.
- 품질과 비교 평가를 위한 표준 질문지를 개발하라.
- 6개월마다 고객 설문을 시행하여 결과를 반영하라.

> **Shipley Tip**
>
> **'리스크 관리'가 왜 중요한가?**
>
> 필자는 쉬플리코리아 초기에 많은 번역작업을 해야 했다. 번역작업을 하면서 의아했던 점은 번역회사와 프리랜서 번역가와의 높은 단가 차이였다. 대체로 2배의 차이가 났는데 그럼에도 불구하고 많은 번역회사에서 수익을 내고 있다는 점이 상식적으로 이해가 가지 않았다.
>
> 그러나 작업 결과물을 보고서야 리스크 관리의 중요성을 실감하게 되었다. 번역회사에서는 높은 단가를 책정하는 만큼 번역의 품질과 일정 준수를 보장하고 있었던 것이다. 반면에 프리랜서 번역가는 상대적으로 저렴한 가격이기는 하나 품질과 일정을 보장해 주지 못했다. 결과물에서 만족스러운 품질을 얻지 못해 번역가에게 항의를 해봤자 이미 작업을 완료했기 때문에 어떻게 할 수 없었다. 물론 모든 프리랜서 번역가가 그렇지는 않지만 당시 내가 만난 번역가는 그랬다. 그 사례를 통해 번역회사에서 책정하는 높은 단가에는 품질 보장과 일정 준수에 상응하는 비용이 포함되어 있다는 것을 알게 되었다.

2. 리스크 관리 전략을 개발하라

세일즈 전략에서 학습한 바와 같이 4가지 방법(자사의 강점 극대화, 자사의 약점 최소화, 경쟁사 강점 최소화, 경쟁사 약점 극대화)으로 전략을 개발한다.

① **과거의 우수한 성과**를 보여줄 수 있다면 고객의 증언, 성과리뷰, 공식데이터 등 자신의 주장을 강조할 수 있는 자료를 동원하여 리스크가 낮다는 것을 설명한다.

② **과거의 성과가 좋지 않았던 경우**에는 그 경험을 통해서 학습한 내용과 현재 바뀐 내용을 설명한다. 만약에 취약한 성과를 그냥 덮어 버리려 한다면 고객은 변화가 없다고 간주할 것이다.

예시 6

이 사례처럼 실제 우리가 실패와 어려움을 통해서 얻게 된 기술, 경험 등을 효과적으로 강조하면 기존 사업 실패의 단점을 장점화할 수 있다.

> 우리는 지난 소형 잠수함 프로젝트에서 해저 2km에서의 유압을 견디는 함체 도어 개발에 실패하였습니다. 그 이후에 기술 개발과 M&S 과정을 통해서 도어 개발에 성공하였습니다. 이 첨단기술을 확보하기까지 약 150억 원의 기술개발비를 투자했고, 2년에 걸쳐 40회의 테스트를 거쳤습니다. 귀사는 본 프로젝트 수행에 필요한 기술 개발비 약 150억 원을 절감하고, 기간을 2년 단축할 수 있습니다.

③ **경쟁자의 강점을 최소화**하는 방법은 그 산업의 성공 사례(Best Practice) 연구에서 학습한 교훈을 언급하거나 유사한 수준의 경험을 가진 사람을 채용하는 것이다.

예시 7

> 제안사는 이번 프로젝트가 글로벌 차원의 금융 M&A로, 많은 국제법상의 규약을 적용받는다는 사실을 인지하여 국제법 전문가인 신제안 변호사를 프로젝트 리더로 선정하였습니다.
>
> 신제안 변호사 약력
> • 현재 미국 워싱턴 거주
> • 주요 사업 경력: 미국 연방은행 A사의 싱가포르 B은행 인수합병 PM 등 30회 이상의 법률 조언

④ **경쟁자의 약점을 극대화**하기 위해서 접근방법의 장단점을 논의하거나 과거 실패 혹은 해당 산업계에서의 실패를 현재 우리의 성공경험과 비교하여 언급한다. 리스크를 잘 활용하면 경쟁자를 효과적으로 공략하는 차별화 포인트도 찾아낼 수 있다.

예시 8

엔진이 앞에 있어서 헬멧이나 헤드폰이 필요하다는 경쟁사 주장의 허점을 적극적으로 공략하고 있는 제안서.

휴대용 라디오에 헤드폰을 추가하면 조종사의 지상 송수신 능력이 더 향상됩니다. 엔진이 조종사 위나 앞에 있는 초경량 비행기의 경우에는 반드시 별도의 헤드폰이나 헬멧이 필요합니다. 그러나 6개월간 수행된 현장 테스트를 통해서 제안사의 제품은 엔진이 멀리 조종사 뒤쪽에 있어서 엔진 소음으로부터 자유롭기 때문에 별도의 헤드폰이 필요없다는 것을 검증했습니다.

3. 제안 요약에 리스크 관리에 관한 내용을 삽입하라

의사결정자와 상위직급자는 소소한 비용의 차이나 기술적 이슈보다 리스크에 신경을 훨씬 더 많이 쓴다. 가장 큰 규모의 리스크 2~3개를 정의하고 이를 제안 요약(Executive Summary)에서 언급한다. 고객 쪽에서 이를 언급하지 않은 경쟁자는 문제를 적절히 이해하지 못하고 있다는 지적을 받을 것이다.

예시 9

소프트웨어 개발 프로젝트에서 가장 중요한 것은 적절한 납기 일정을 정하고 이를 준수하는 것입니다. 가산 소프트웨어는 1989년 이래로 첨부한 구체적인 실적은 모두 납기 일정을 준수하며 성공적으로 수행한 결과입니다. 당사 고유의 사업관리 기법은 지난 20여 년간의 사업관리 경험을 집대성한 것입니다.

또 한 가지 방법은 아래와 같이 도표로 제시하는 것이다.

예시 10. 제안 요약에 삽입할 위험관리 도표

영역	발생 가능성	리스크 영향	해결 방법	세부 내용
핵심 인력 공급의 어려움	중간	낮음	WBS의 모든 업무 영역 전문가를 정/부로 제공함	4.5
제한된 공사지역	높음	낮음	설계 및 제작을 공장에서 모듈로 제작하여 현장에서는 단순 조립만 하게 함	2.3

핵심 리스크를 영역별로 분석한 도표를 제공하라. 가능하면 그 리스크의 해결 방법도 보여주는 것이 좋다.

4. 각 제안서 섹션에서 리스크를 분석하고 토의하라

제안서 작성 시 작성자가 범하는 가장 큰 실수는 총론(혹은 리스크 관리 섹션)에서 언급한 리스크 관리 전략을 각 섹션에서 언급하지 않는다는 점이다. 그러나 각 섹션에서도 적극적으로 해당 섹션의 주제와 연관된 리스크 관리를 언급해야 한다. 그 이유는 다음과 같다.

섹션별로 리스크를 정의하고 그 대안을 적극적으로 제시하는 것은 제안사가 이 사업을 오랫동안 준비하여 왔고, 사업을 잘 이해하고 있음을 보여주는 좋은 기회이기 때문이다.

또한 리스크 관리 섹션에서의 언급이 프로젝트 전체를 대상으로 한 것이라면 그보다 한 단계 구체적인 액션 플랜(Action Plan)을 보여줌으로써 전문성을 검증할 수 있다. 대규모 프로젝트에서는 권별, 섹션별 평가자가 다른 경우가 있는데 이 경우에는 총론에서의 리스크 관리를 읽을 기회가 없다. 그러므로 가급적이면 아래 프로세스를 활용하여 표준화된 방법으로 섹션별 리스크 관리를 작성하라.

리스크 분석 프로세스

① 모든 리스크 영역을 규명한다.

② 리스크 정도(상, 중, 하)를 분석한다.

③ 솔루션, 일정, 비용에 따라 우선순위를 정한다.

④ 현상이나 리스크가 아니라 원인을 분석한다.

⑤ 대안이나 보완사항 또는 이를 추적, 관리, 제거하기 위한 프로세스를 수립한다.

⑥ 수정된 리스크가 전체 솔루션에 어떤 영향을 주는지 평가한다.

그림 1. 리스크 분석 프로세스

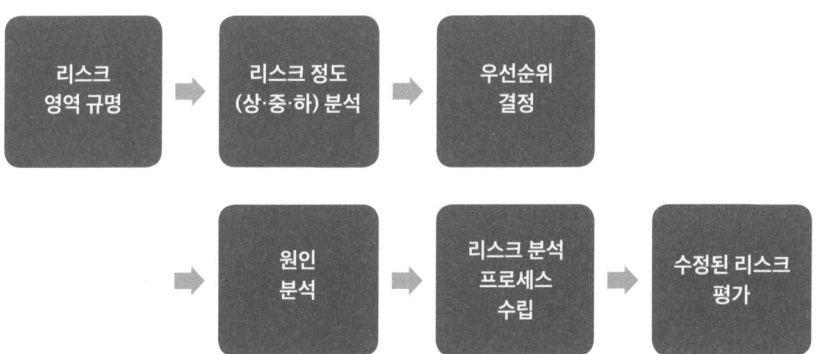

제안서에서 리스크 관리 절차는 리스크 식별, 분석, 대처, 관리의 프로세스로 진행된다. 식별된 리스크가 타당한지 분석을 통하여 검증하고 그에 따른 대처 방안이 적절한지 평가할 수 있다.

작성 프로세스

① 각 섹션의 주제문, 섹션 요약, 섹션 소개 등에서 각 리스크 관리를 언급한다.

② 리스크가 여러 영역에서 방대할 경우 리스크 관리표를 삽입할 수 있다.

③ 리스크를 명확히 보여주되 놀라게 하지는 말라.

④ 정의된 리스크를 순서대로 어떻게 관리할지를 논의한다. 대안, 보완사항, 접근방법을 명확히 언급하고 과거 경험, 독립적인 연구 등 보조자료를 사용하여 위기관리 능력을 증명한다.

리스크는 일반적으로 가격 및 일정과 연동되며 관리, 기술적 성능, 품질, 후속지원, 보안 등의 사업 전반에 걸쳐 있다. 제안서 작성자는 제안하는 기술의 리스크가 가장 작은 것을 표현하려 노력하지만 대부분의 고객은 기술의 난도가 높을수록 리스크가 커진다는 것을 알고 있다. 핵심은 고객이 허용할 수 있는 리스크 수준이 어느 정도인지 파악하여 그에 따른 리스크 관리를 수행하는 것이다.

3.3.4 컨소시엄

컨소시엄(Teaming)은 독립된 2개 이상의 조직이 협력하여 제안 성공률(Winning Rate)을 높이는 것으로, 중요한 전략적 선택 중 하나이다. 넓은 의미에서 컨소시엄은 비공식적 하청관계부터 조인트 벤처 설립에 이르기까지 다양하다.

> 미국 제안에서는 컨소시엄의 뜻으로 Teaming을 사용한다.

기업이 컨소시엄으로 입찰 제안에 참여하는 가장 일반적인 경우는 경쟁우위가 서로 다른 두 개 이상의 조직이 관리적인 부담과 잠재적 업무 손실을 최소화할 때이다. 그 외에도 전략적 관점에서 컨소시엄을 활용할 수 있는데 주로 경쟁자 제거, 협력업체 묶어두기, 특정 시장의 접근전략 확보, 고객의 요구조건 충족, 파트너를 활용한 유리한 포지션 선점, 파트너를 통한 경쟁자 정보 습득, 재정적 위험 분담과 비용 절감, 새로운 프로세스 도입, 비즈니스 기밀 정보 파악 등을 위해 활용한다.

다음으로 입찰 제안에서 컨소시엄을 어떻게 구성하고 어떤 관점으로 관리해야 하는지를 살펴보자.

1. 경쟁사 비교표를 활용하여 최적의 컨소시엄 파트너를 선택하라

어떤 파트너를 선택하느냐는 우리의 장점 및 제공하게 될 솔루션에 영향을 미치므로 우리에게 필요한 차별화요소(Discriminator)가 무엇인지 알아보고 우리의 차별화요소를 강화시키는 관점(또는 경쟁조직의 차별화요소를 약화시키는 관점)에서 파트너를 선택할 수 있어야 한다.

두 회사 중 우월한 점수가 컨소시엄 팀의 점수가 된다.

이 방법을 사용하면 개별공급자들의 상대적인 장단점을 한눈에 볼 수 있고, 다양한 협력방안에 대한 평가를 해볼 수 있다. 여기에서는 A 혹은 B회사와 협력하거나 E+A, E+B와 협력하는 것이 효과적임을 알 수 있다.

표 1. 컨소시엄 분석을 위한 경쟁사 비교표(BCM: Bidder Comparison Matrix) 활용

고객의 요구조건	A	B	C	D	E	E+A	E+B	E+C	E+D
경제적 실행력 평가	2	3	2	5	5	5	5	5	5
기술적 실행력 평가	4	4	3	4	3	4	4	4	4
자원 평가	5	4	3	3	1	5	4	3	3
디자인 영향력 분석	2	3	2	3	4	5	4	3	3
관련 경험 조사	5	4	3	3	1	5	4	3	3
개발 방법 평가	4	4	5	2	3	4	4	5	3
구성요소별 디자인 개발	4	4	5	2	3	4	4	5	3
결과보고서 준비	4	4	5	3	3	4	4	5	3
착안점 출간	3	3	2	3	4	4	4	4	4
관련 협회에서 프레젠테이션	3	3	2	4	2	3	3	2	4
총	36	36	32	32	29	43	40	39	35

Shipley Tip

장기적 파트너십을 구축하라

경쟁사 비교표를 활용하여 자사 솔루션의 경쟁력을 높일 수 있는 적절한 협력업체를 선택한다. 이것은 쉬플리가 제시하는 컨소시엄 구성의 기본원리이고 상당히 유효하다. 필자는 이에 추가로 협력업체와 협력구도를 형성할 때는 늘 장기적 관점을 견지할 것을 강조한다.

국내의 특정 SI업체는 협력업체인 중소기업에 무리한 원가 인하를 요구하고, 이를 통해서 자사의 수익을 맞추는 것으로 유명하다. 그래서 만약 이 업체와 경쟁사가 컨소시엄 구성을 요구할 경우 대부분의 중소기업은 경쟁업체와 일을 하려 한다고 한다. 그리고 이 사실은 경쟁업체뿐만 아니라 때로는 고객에게까지 공공연하게 알려져 있다. 이 SI업체는 뛰어난 솔루션과 훌륭한 제안서를 확보하고 있음에도 불구하고 최근에 여러 가지 어려움을 겪고 있는 것으로 알려져 있는데 그 근

저에는 업계와 고객의 이러한 인식이 있다. 협력업체와의 '장기적 파트너십'이 기업의 경쟁력에서 얼마나 중요한가를 보여주는 중요한 사례이다.

문제는 국내에 너무 많은 전문 경영인이 단기적 성과(회사의 수익)에 급급해서 회사의 근원적인 경쟁력(협력업체와의 협력관계)이 약화되고 있음을 알면서도 이를 도외시하거나 오히려 덮기에 바쁘다는 점이다. 조직이론가는 이를 근본문제 회피 증상(Rocking Boat Syndrome)이라고 일컫는다.

2. 컨소시엄 팀은 공통 비전에 합의하고 문서로 작성하라

효과적인 컨소시엄 팀 형성과 팀원들의 끈끈한 관계를 위해서는 컨소시엄 팀 멤버들이 공통의 비전과 가치를 공유해야 한다. 예를 들면 낮은 비용을 선호하는 조직과 비용보다는 고객 서비스나 기술적인 리더십을 중요시하는 조직이 아무런 사전 협의 없이 일을 한다면 갈등은 필연적으로 발생할 수밖에 없다.

Shipley Tip

컨소시엄 비전을 공유하지 않으면 성과는 없다

필자는 만년 하위 기업의 특정 SI 프로젝트 컨설팅을 한 적이 있다. 이 회사는 대체로 4개 업체가 참여하는 사업에 부동의 4위를 하고 있었고, 이를 역전시켜 보고자 쉬플리에 컨설팅을 의뢰했는데 1등과 평균 12점 정도 차이가 나던 점수를 1점 이내로 줄였지만 끝내 1등은 하지 못했다. 알다시피 입찰 제안은 1등이 아니면 2등이나 4등이나 아무 의미가 없다. 이 사례는 쉬플리의 제안 프로세스와 도구가 어디에나 통하는 만병통치약이 아님을 보여주는 대표적 사례였다.

그런데 돌이켜 보면 이 회사를 컨설팅할 때 가장 큰 실패 요인은 협력업체의 선정에 있었다. 협력업체들은 이 회사가 항상 이기지 못한다는 사실을 알고 있었기 때문에 컨소시엄 구성에 참여하려 하지 않았지만 그래도 사업에 참여할 목적으로 울며 겨자먹기로 협력업체에 비용을 지급하면서 컨소시엄을 구성하였다. 문제는 참여한 제안서 작성자가 급조된 제안팀의 목적과 비전에 전혀 관심을 가지지 않은 상태에서 돈을 받았기 때문에 기계적으로 페이지 수만 채우는 데 급급했다. 결국 작성자들의 그러한 마음가짐은 끝내 이 제안이 실패할 수밖에 없는 핵심 요인이 되었다.

3. 분명한 리더십을 가진 조직을 만들라

컨소시엄의 리더십을 두 개의 기업이 양쪽에서 공유하는 것은 매우 불합리하다. 어떤 경우에는 장기적으로 양쪽 회사가 번갈아 가면서 리더십을 맡기도 한다. 그러나 가장 바람직한 것은 멤버가 새로 만들어진 조직을 별도의 회사로 인식하여 모기업과는 상관없이 새로운 조직에 충성심을 갖도록 리더십을 셋업하는 것이다. 고객은 컨소시엄을 통해 프로젝트를 수주하는 조직의 역량과 리더십에 늘 의구심을 갖고 있다. 이를 불식하고 싶다면 다음과 같이 제안서를 작성하면 된다.

- 조직구조를 명확히 제시한다.
- 핵심 인력을 포함하여 가능한 한 많은 실제 인력의 이름을 공개한다.
- 멤버의 책임과 역할, 의사결정 체계, 위임전결 범위, 고용 및 해고 권한 등을 명확히 제시한다.

4. 컨소시엄을 구성할 때 고객의 역할을 확대하라

가능하면 고객이 컨소시엄 구성에서 자신의 의견을 개진하고 자신이 선호하는 멤버를 적극적으로 추천하게 하라. 이를 통하여 고객이 공급자가 자신을 설득한 것이 아니라 자신이 공급자를 선택하는 주체가 되었다고 느끼면 구매 확신은 강해진다. 따라서 기회가 있을 때마다 고객에게 컨소시엄의 목적과 팀 멤버의 선발 과정 및 각각의 역할 분담에 대해 설명하는 것이 좋다.

5. 작업 분류 체계에서 각 팀의 업무 영역을 사전에 정의하라

정의되지 않은 업무 영역은 업무의 누락 또는 반복을 가져올 수 있다. 업무가 누락되면 그 부분의 업무 정의와 비용 책정이 생략되어 재무리스크와 성과리스크를 높이고, 결과적으로 제안 성공률은 낮아진다.

협력업체 간에 업무가 중복되면 당연히 비용이 올라가고 동일한 업무에 업체에 따라 다른 접근방법을 제시함으로써 고객은 신뢰를 잃게 된다. 그러므로 각 팀의 대표를 참여시키는 소그룹을 구성하여 작업 분류 체계(WBS: Work Breakdown Structure)를 작성하는 것이 효과적이다.

6. 업무 분량이 많은 쪽이 반드시 리더십을 맡을 필요는 없다

관리 경험이 더 많고 고객이 선호하는 쪽이 있다면 설령 전체 팀 업무 내 비중이 낮다 하더라도 그 회사가 컨소시엄의 리더 역할을 맡는 것이 더 적절하다.

> **Shipley Tip**
>
> **컨소시엄의 리더 결정**
>
> 특정 컨소시엄을 구성할 때 업무 분량의 80%를 차지하고 있는 A회사에 대해 고객은 이 회사가 R&D 분야에서 최고인 점은 인정하지만 대규모 생산 경험이 없다는 점을 염려하였다. 고객은 이 회사가 R&D 프로젝트 수행 시 자주 계약기간을 못 지키고 추가비용을 요구했던 경험을 가지고 있었다. 반면에 B회사는 컨소시엄 참여율은 20%에 불과하나 성공적인 대규모 생산 프로젝트 경험을 갖고 있었다. A업체는 자신들이 사업의 주체가 되고 싶어 했으나 프로젝트 수주를 위하여 제안이 임박한 시점에서야 주관리 업체의 자리를 B회사에 양보하였다.

7. 민감하거나 애매한 문제는 사전에 합의하라

지적재산권, 라이선스, 입찰 비용, 입찰 프로세스 및 관리, 프로그램 개발 비용, 재정적 위험 배분, 법적 이슈와 같은 사항을 사전에 합의함으로써 컨소시엄 관계가 깨지는 것을 미연에 방지하라.

- **지적재산권**

  어떤 조직도 컨소시엄 때문에 자신의 정보와 지적재산이 노출되어 또 다른 경쟁자가 생겨나는 것을 원치 않는다. 따라서 이를 법적으로 명확히 하기 위하여 지적재산 활용에 로열티 계약을 하는 등의 방법이 필요하다.

- **입찰 프로세스 및 관리**

  서로 공유하고 함께 활용할 수 있는 입찰(제안서 작성) 프로세스가 있다면 이는 큰 장점이다. 프로세스와 명확한 권한을 정의한 리더십과 조직을 구축하는 것이 중요하다.

- **가상 조직**(Virtual Team: 제안 룸 없이 온라인에서 작업하는 팀)

한 장소에 모여서 제안서를 쓰는 것이 이상적이다. 고객의 요구조건이나 제안 전략을 실시간으로 공유하며 커뮤니케이션할 수 있기 때문이다. 또한 고도의 긴장감이 요구되는 작업 특성상 서로가 심리적으로 의존하고 격려할 필요가 있다. 단위기업에서 각자 제안서를 쓸 경우 주로 염려되는 부분은 하드웨어와 소프트웨어의 불일치이지만 정말로 신경 써야 할 부분은 프로세스와 기업문화의 불일치이다. 프로세스와 사용하는 언어가 다를 경우 명확한 커뮤니케이션이 어렵고, 심지어 자신들의 커뮤니케이션이 잘 안 되고 있다는 사실조차 깨닫지 못한 채 제안서를 마무리한다.

3.3.5 가격 책정

입찰 제안에서 가격은 항상 주요 변수 중 하나이다. 성공적인 제안은 제안 전략과 일치하는 가격 전략과 가격 산출 방법을 가지고 적정 가격(Price to Win)을 고객에게 제시하는 것이다. 적정 가격을 찾기 위해서는 고객의 예산과 업계 가격 수준 등을 고려하는 Top down 접근방식과 원가에 기초하여 가격을 결정하는 Bottom up 접근방식을 모두 사용해야 한다.

고객에게 적정 가격이 무조건 '저가 입찰'을 의미하는 것은 아니다. 오히려 저가 입찰은 고객이 요청한 기간, 품질, 인력을 부실화함으로써 고객에게 피해를 줄 수 있다. 저가 입찰을 하려는 영업조직은 이미 사전 영업단계에서 자사 솔루션의 차별화에 실패한 경우이므로 이때에는 제안 불참(No Bid)을 적극적으로 검토해야 한다.

가격을 책정하는 방법은 시장별로 다양하다. 공공부문에서는 정해진 규정과 절차에 따라 결정되고, 공급자가 소수인 시장에서 구매자는 이미 정해진 가격 산정 방법을 따라야 한다. 다수의 공급자와 수요자가 있는 완전경쟁 시장의 경우에 원가는 가격 결정의 일부분에 불과하고 실제 가격은 구매 전 단계에서 협상을 통해 조정된다.

가격에 대해서는 판매자와 구매자 모두 일종의 콤플렉스를 갖고 있다. 대부분의 판매자는 고객이 가장 저가의 솔루션을 구매한다고 생각한다. 그러나 대부분의 고객은 가장 좋은 솔루션을 구매한다고 주장한다.

진실은 무엇일까? 대부분의 구매자는 자신의 예산범위 내에서 가장 좋은 솔루션을 선택하려고 한다. 즉, 항상 솔루션의 효용과 가격을 동시에 고려하여 최적화된 구매를 하려고 노력하는 것이다.

그림 2. 경쟁력 있는 가격범위를 판단하라

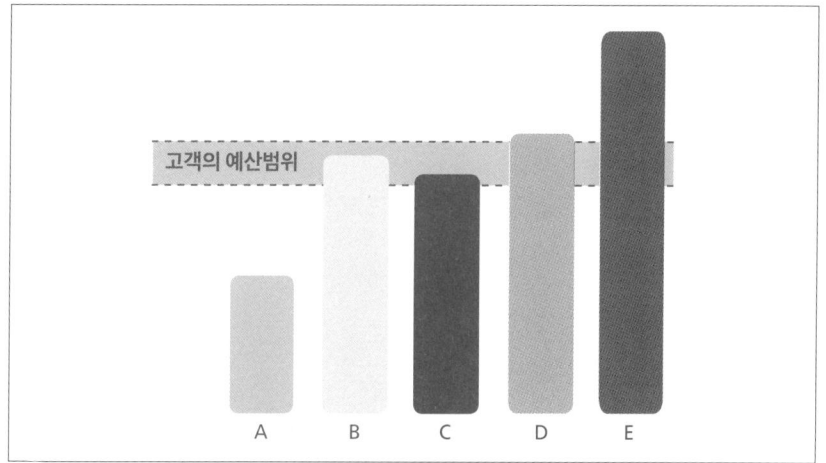

고객은 먼저 가격 면에서 경쟁력이 없는 업체 A와 E를 제거한다. 그리고 고객의 예산이 얼마나 추가될 수 있는가와 제시한 솔루션의 가치에 따라서 B,C,D 업체 중 하나를 결정한다.

1. 가치와 가격을 분명히 구별하여 이해하라

가격이란 제품이나 서비스에 대해 판매자가 결정한 값이고, 가치란 제품이나 서비스에 대해 구매자가 인식하는 값어치를 말한다.

가치는 유형의 가치(Tangible Value)와 무형의 가치(Intangible Value)로 나뉜다. 유형의 가치란 고객의 매출 개선이나 비용 감소 같은 직접적인 효용을 말하는 반면, 무형의 가치는 유형의 가치처럼 숫자로 보여줄 수 없기 때문에 대체로 평가절하되는 경향이 있다.

심지어 공공구매 프로세스에서조차도 가격이 구매의 단일한 결정요소인 경우는 드물다. 가격보다 덜 중요한 여러 요소가 종합적으로 의사결정에 영향을 미친다. 이것은 단순한 물품 구매에서도 적용되는데, 우리가 어떤 식당을 이용할 것인가를 결정할 때 단순히 가격만으로 판단하는 것이 아니라 맛, 종업원의 친절함, 위생 상태, 심지어는 보너스 포인트까지 고려하는 것과 같다.

고객이 가치를 고려하여 구매할 때 마음속의 방정식은 이렇다.

- 가치 > 가격
- 예산범위 > 가격

그러나 실제 경쟁 시장에서 현명한 고객을 설득하는 방정식은 다음과 같다.

- 우리 제안(가치-가격) > 경쟁사 제안(가치-가격)

즉, 우리가 제안하는 솔루션의 가격 대비 가치의 크기가 경쟁자의 것보다 커야만 한다.

그림 3. 고객은 최적화된 선택을 한다

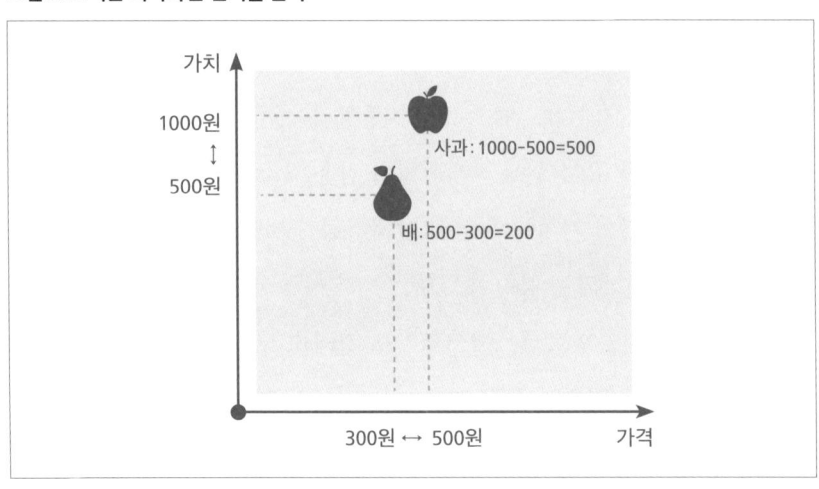

고객은 솔루션의 가격 대비 가치를 따져보고, 그 차이가 가장 큰 공급자를 선택한다. 만약 예산이 적당한 합리적인 고객은 300원에 사서 500원의 효용을 얻는 배(200원의 부가가치)가 아니라 500원에 사서 1000원의 효용을 얻는 사과(500원의 부가가치)를 살 것이다.

2. 초기에 기초가격을 고객과 함께 산정하라

대부분의 영업대표는 영업 초기에 가격을 말하려 하지 않는다. 하지만 가격을 나중에 이야기할수록 설득하기는 더 어려워진다. 고객과의 초기 미팅에서 가격과 함께 우리 솔루션이 고객사에 필요하다는 것을 성공적으로 설득하면 고객은 더 좋은 솔루션을 구매하기 위해서 구매예산을 더 확보하려고 노력하게 되고, 판매자 편에서는 해당 고객에게 적절한 가격을 책정할 수 있게 된다.

가장 효과적인 가격산정 방법은 Top down과 Bottom up을 모두 활용하는 것이다.

Top down은 고객의 가치 인식, 예산범위, 유사한 프로젝트의 가격 등을 기준으로 전체 가격을 산정한 뒤 이것을 업무량, 서비스, 하드웨어 등에 따라 세부적으로 계산하는 방법이다. 초기에 기초가격(Should-Cost)을 결정하면 반복해서 비용을 산정하는 횟수를 줄일 수 있다.

Bottom up은 시간과 자원의 비용을 산정한 뒤 간접비를 더하는 방식이다. 이 방법은 비용이 너무 낮거나 높게 산정되는 경우가 발생하므로 다양한 기회비용을 고려한 여분의 비용 산정이 포함되어야 한다.

3. 세일즈 전략에 부합하는 가격 전략을 수립하라

최신기술을 강조하면서 낮은 가격을 제시하는 경우, 반대로 높은 생산성을 강조하면서 높은 가격을 제시하는 경우는 전략적 불일치를 보여주는 사례이다.

가격에 대한 통일된 전략이 영업조직과 수행조직에서 공유되지 않으면 대체로 기술적으로 우수하고 높은 가격의 솔루션이 결정되어 버린다. 따라서 가격에 대한 분명한 전략이 필요한데 가격 전략을 결정하려면 첫 번째로 고객의 가격 결정요소에 영향력을 행사할 수 있는지 확인하고, 그럴

수 없다면 고객의 가격 결정요소가 무엇인지를 판단할 수 있어야 한다. 두 번째로 경쟁자의 접근방법을 판단하거나 추측하고 그다음 고객의 니즈에 가장 잘 맞는 차별화된 포지션을 선택한 후에 가격을 결정해야 한다.

경쟁 초기에 고객의 이슈 정보와 지식을 활용하여 솔루션을 개선하는 기본 전략은 다음과 같다.

- 비용은 적게 들지만 고객에게 높은 가치로 인식되는 옵션을 선택하라.
- 비용은 많이 들지만 고객에게 낮은 가치로 인식되는 옵션을 제외하라.

경쟁사보다 우리에게 유리한 솔루션을 선택하도록 영업 초기에 고객을 설득해야 한다. 목표는 고객이 경쟁자의 원가 구조에는 불리하고 우리에게는 유리한 요구조건을 제시하도록 만드는 것이다.

만약 초기 영업에 실패하였을 경우에는 고객의 비전을 수정하는 시도를 해야 한다. 특히 우리의 핵심 차별화요소이면서 경쟁사의 차별화요소를 무력화시키는 부분에 고객이 가치를 부여하도록 설득해야 한다. 이러한 초기 설득이 끝난 후에는 고객의 니즈에 맞춘 효과적인 솔루션 개발을 위한 브레인스토밍을 진행한다. 브레인스토밍을 위해서 해야 할 질문은 다음과 같다.

- 어떻게 관리계층을 최소화하여 간접비를 줄일 것인가?
- 어떻게 프로젝트의 관리 범위를 확대하여 고객을 편리하게 할 것인가?
- 고객이 선호하는 업무별, 직급별 인원 배치는?
- 일의 등급, 직무훈련, 업무시간, 사업장 등 재검토해야 하는 것은 없는가?
- 어떻게 인원을 줄일 수 있는가?

- 솔루션에 추가된 옵션의 비용을 줄일 수 있는 방법은 없는가?
- 어떤 인센티브로 생산성을 높일 것인가?
- 간접비 책정은 적절한가?
- 아웃소싱을 할 수 있는 부분은 무엇인가?
- 아웃소싱을 줄여야 하거나 다른 저가 공급자를 찾아야 할 부분은 무엇인가?

어떤 전략을 구사하든지 구체적인 방법(전술개발)을 위한 브레인스토밍을 진행한다. 브레인스토밍을 많이 할수록 가격 전략의 경쟁력은 높아진다. 아이디어가 충분히 나오면 그 후에 현실성과 타당성을 갖춘 아이디어를 선택하라.

4. 어떤 가격이든 기존의 유사 내용을 토대로 산정할 수 있다

암 치료비를 산정하기는 어렵지만 기존의 주사비, 약값, 문헌조사비, 테스트, 결과분석, 최종 보고서 작성비를 산정하는 것은 가능하다. 비용 산정이 어려울 때는 기존의 내용을 파악할 수 있는 수준이 될 때까지 작업을 세분화한다.

5. 개별 기회마다 문서로 작성된 산정 기준을 적용하라

독특하고 복잡한 제안일수록 가격 산정 기준을 만들 필요가 있다. 입찰마다 유사한 서비스나 제품을 제공하는 경우에도 현재 가격 산정 가이드라인이 적절하게 적용 가능한지를 따져 보아야 한다.

가격 산정 기준은 다음을 포괄해야 한다.

- 비용이 발생하는 스케줄과 주요 일정
- 어떤 일이 어떤 부서에서 수행될 때 비용을 확인할 수 있는 작업 분류 체계 (WBS)
- 직접 제작하는 부분과 외주 부분의 결정
- 솔루션을 정의하는 업무기술표(SOW)와 작업 분류 체계(WBS)
- 기타 프로젝트와 연관된 사용 시설, 수행 장소, 직접비와 간접비 비율, 사전승인비 등의 적용 규칙
- 하드웨어, 소프트웨어, 데이터 등 수행결과물 리스트
- 비용 정산과 리포팅해야 할 대상

이렇게 가격 산정 원칙을 작성해서 공유해야 하는 이유는 다음과 같다.

- 가격 산정 원칙이 작성된 문서가 있어야 제안팀 내외의 다양한 견해를 방어하거나 수용하여 가격 산정 기준을 업그레이드할 수 있다.
- 가격 산정자는 일관되어야 한다.
- 가격이 제공될 때 도입 부분에서 가격 산정 원칙을 제시하여 고객의 신뢰도를 높인다.
- 가격 산정의 정확성을 높이기 위해서는 협력사나 공급업체에 그 기준을 명확히 제시해야 한다.
- 가격 산정 원칙을 작성하면 비용과 일정상의 위험관리를 잘할 수 있다.

6. 신뢰할 수 있는 논리를 개발하여 가격 협상 폭을 최소화하라

공공조직 입찰의 경우에는 대부분 업무 기술서, 비용 산정, 비용 산정 근거의 공개를 요구한다. 비용 산정 근거가 명확할수록 가격협상에서 유리한 포지션을 차지할 수 있다.

예를 들면 미 연방정부 입찰에서는 다음과 같은 순서로 비용 산정의 근거를 신뢰한다.

① 이미 협상이 끝난 가격협의서(Firm, negotiated, forward price agreement)
② 물가 상승분이 반영된 가격(Actual Historic Cost with appropriate escalation)
③ 공급자가 제시한 가격(Quotation from Vendor)
④ 기술 평가(Engineering Estimate)

7. 영업대표나 사업부서의 주된 관심이 저가 수주라면 제안 포기를 적극 고려하라

제안서 제출 일자가 다가올수록 제안의 다른 측면은 제쳐둔 채 조직 내부에서 가격을 깎을 구실만을 찾는 세일즈팀이 있다. 하지만 최저 가격으로 판매하는 것은 누구나 할 수 있는 것일뿐더러 카탈로그나 온라인으로 할 일이지 영업대표의 미션이 아니다. 이 경우에 저가수주를 해야 할 명백한 이유가 없다면 리더는 제안을 포기할 것을 적극 검토해야 한다.

Shipley Tip

저가 입찰

우리나라 시장의 경우 대부분의 B2B 시장이 성숙시장에 진입함에 따라 저가 입찰자가 많이 생겨나고 있어 폐해가 심각하다. 대표적인 산업이 시스템통합(System Integration) 업계이다. 저가 입찰은 자기 자신과 경쟁자는 물론이고 궁극적으로 고객에게 결정적인 피해를 보인다.

쉬플리가 컨설팅을 했던 S 시스템 통합 회사는 150억 원 규모의 사업을 수주하고 나서 원가를 산정해 보니 약 20억 원의 적자를 피할 수 없었다. 왜냐하면 아무리

원가를 줄인다고 해도 협력업체에서 협의해 주지 않을 경우 그 한계가 명확했기 때문이다. 그 결과 이 업체는 우선협상 대상자로서의 권리를 스스로 포기하였고 발주처는 결국 재발주를 해야만 했다. 만약 협력업체에서 가격을 낮추어 프로젝트를 수행했을 경우에는 더 큰 문제가 된다. 왜냐하면 저가로 수주한 만큼 어떻게 든 이윤을 남기기 위해서 변칙적인 행동을 해야 하기 때문이다. 그것은 무리한 일정 조정, 인력 투입, 일수 조정, 품질을 낮추거나 줄이는 일이므로 더 큰 문제가 야기될 수밖에 없다.

8. 가능하면 제안 요약에서 가격을 밝히라

우리나라의 공공발주는 대체로 별도의 가격 제안서를 요청하고, 본 제안서에는 이를 언급할 수 없게 되어 있다. 이런 상황이 아니라면 제안 요약(Executive Summary)에서 가격을 밝히는 것이 좋다.

많은 사람은 가격을 처음부터 말하면 제안서를 끝까지 읽지 않을 수 있기 때문에 마지막 페이지에 넣는다고 말한다. 하지만 의사결정자는 주로 제안 요약을 보고 의사결정을 한다. 가격은 의사결정의 중요한 요소이므로 가능하면 반드시 포함한다. 만약 가격이 너무 낮으면 제안 요청서 상의 요건을 잘못 이해한 것으로 간주하고, 반면에 가격이 너무 높으면 낙찰 대상에서 제외될 것이다. 고객의 최대 예산범위 내에 있는 가격이라면 의사결정자는 여러분의 제안서를 신중하게 고려하게 될 것이다.

CHAPTER 4
제안서 기획

4.1 제안 PM의 역할
4.2 목차 개발
4.3 섹션기획서
4.4 제안서 구조와 템플릿

4.1
제안 PM의 역할

킥오프 미팅은 제안에 관련된 모든 사람이
전략적 초점을 공유하고 역할을 명확하게 분담함으로써
제안을 성공적으로 수행하는 초석이 된다.
킥오프 미팅의 성공을 위해서는 사전에
캡처플랜을 작성하여 전략을 수립하고
꼭 필요한 사람으로 제안팀을 구성해야 한다.

4.1.1 제안팀은 필요한 사람으로 구성하라

제안서 작성을 위해 팀을 구성할 때 가장 중요한 것은 '가능한 사람(An available people)' 중심이 아니라 '필요한 사람(The best people)' 중심으로 구성해야 한다는 점이다. 따라서 팀 구성은 직위보다는 역할을 중요시해야 한다. 제안 PM을 해본 사람이라면 누구나 항상 필요 인력과 가능 인력의 차이 때문에 고심한 경험이 있을 것이다. 즉, 내게 필요한 사람은 이미 다른 프로젝트의 핵심 수행 인력이며 가능한 유휴 인력은 이번 프로젝트를 수행하기에 부적절한 경우이다. 이런 물리적인 상황은 조직마다 비슷하지만 인력을 선발하여 제안팀을 구성하는 접근 방법에는 차이가 있을 수 있다.

팀 인력 선발의 바람직한 순서는 다음과 같다.

그림 1. 팀 구성의 통상적인 순서와 바람직한 순서

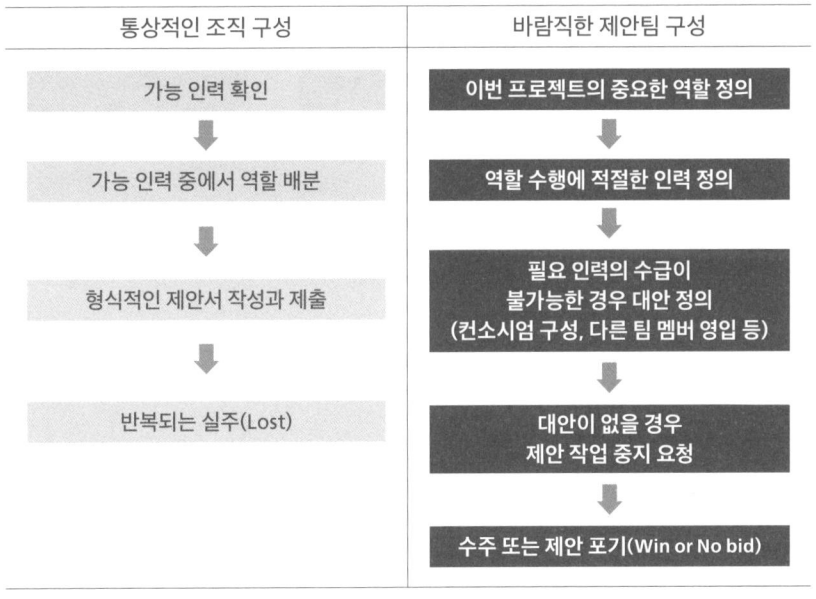

가능 인력을 중심으로 하는 통상적인 조직 구성 순서와 달리 바람직한 제안팀 구성 순서는 중요 역할과 인력을 중심으로 이뤄져야 한다.

제안 작업은 산업의 특성, 기업의 문화, 국가적 배경에 따라 천차만별이지만, 그럼에도 불구하고 여기에서 제시되는 팀 구성의 원리는 범용적으로 적용할 수 있는 원칙이다.

1. 역할과 책임을 명확히 이해하고 이를 기반으로 팀을 구축하라

제안팀 내에서 구체적인 역할의 정의가 필요하다. 사람에 맞춰 역할을 조정하게 되면 제안서의 품질은 떨어질 수밖에 없다. 규모에 상관없이 모든 종류의 제안팀에는 다음과 같은 역할이 수행되어야 한다.

그림 2. 영업 및 제안조직

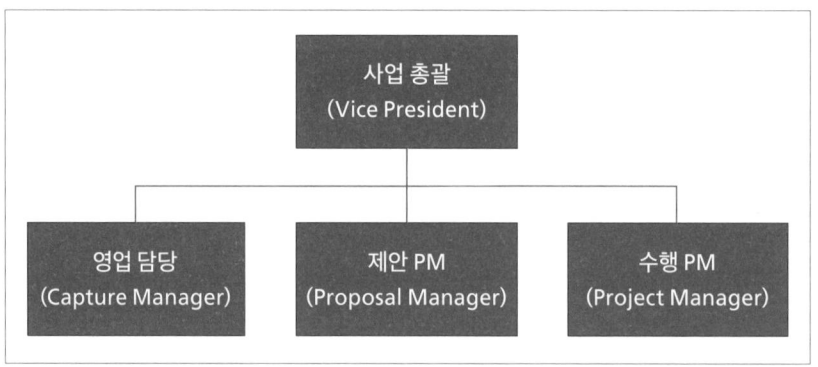

① **사업 총괄**(Vice President): 궁극적으로 프로젝트의 최종 책임자로 세일즈 전략은 이 사람으로부터 나와야 한다. 사업 총괄자는 영업팀 매니저 또는 영업대표인 경우가 많지만 원칙적으로는 더 상위의 총괄 매니저를 의미한다.

② **제안 PM**(Proposal Manager): 제안팀의 실무적인 리더로서 계획 수립, 자원 관리, 일정 관리의 책임자이다. 제안 PM은 품질 높은 제안서를 생산

하기 위해 제안전략을 수립해야 하며, 이 제안전략은 반드시 영업대표가 작성한 세일즈 전략의 연장선상에서 작성되어야 한다.

③ **수행 PM**(Project Manager, 혹은 이행 PM): 수행 PM의 핵심 미션은 솔루션 개발이다. 솔루션은 수익성과 위험 관리 관점에서 선택, 개발되어야 한다.

④ **권별 리더**(Volume Manager, 혹은 PL): 권별 리더는 각 권의 최종책임자로서 제안 PM의 지시에 따른다. 한국의 제안 현장에서는 PL(Proposal Leader)이라는 용어가 더 일반적이다. 대체로 PM과 PL이 제안전략을 개발하는 핵심 팀(Core Team)을 구성한다.

⑤ **실무 간사**(Proposal Coordinator): 계획 및 일정 관리, 자원 관리 등에서 PM을 실무적으로 보완하는 역할이다. 조직 내 제안 관련 전문가가 수행하는 경우도 많다.

⑥ **생산 책임자**(Production Leader): 실제 제안서의 인쇄를 책임지는 전문가이다.

⑦ **편집자**(Editor): 제안서를 검토, 정리하여 교정하고 장, 절을 기획한다.

⑧ **제안서 작성자**(Proposal Writer): 담당한 부분의 제안서를 실제로 작성한다.

⑨ **시간 및 자원 관리자**(Time and Material Estimator): 전체 일정과 필요 자원을 계획하고 관리한다.

⑩ **가격 담당자**(Pricing Staff): 비용 분석을 통해 가격 산정과 제안을 담당한다.

제안서 규모가 작은 경우에는 한 사람이 여러 역할을 겹쳐 수행할 수도 있다. 중요한 것은 각 역할은 반드시 정의되고, 구체적으로 누가 수행할 것인지를 정의하여 빠짐없이 수행되어야 한다는 점이다.

프로세스와 관련된 역할과 내용에 관련된 역할도 이해해야 한다. 제안 PM, 제안 전문가, 인쇄 담당자의 경우 프로세스와 관련한 역할을 수행하는 반면 작성자는 내용에 관한 역할을 수행한다. 그러므로 자신이 프로세스와 관련된 역할을 수행할 때 작성자들은 작성 내용에만 관심을 갖고 있음을 이해해야 한다. 또한 내용과 관련된 역할을 수행할 때는 프로세스를 통해서 시간을 단축하고 오류를 최소화할 수 있음을 확신하고, 프로세스 관리자와 적극 협력해야 내용을 효과적으로 작성할 수 있다.

2. 각 역할에 맞는 적절한 인력을 선정하라

그림 3. 구체적인 제안팀 구성

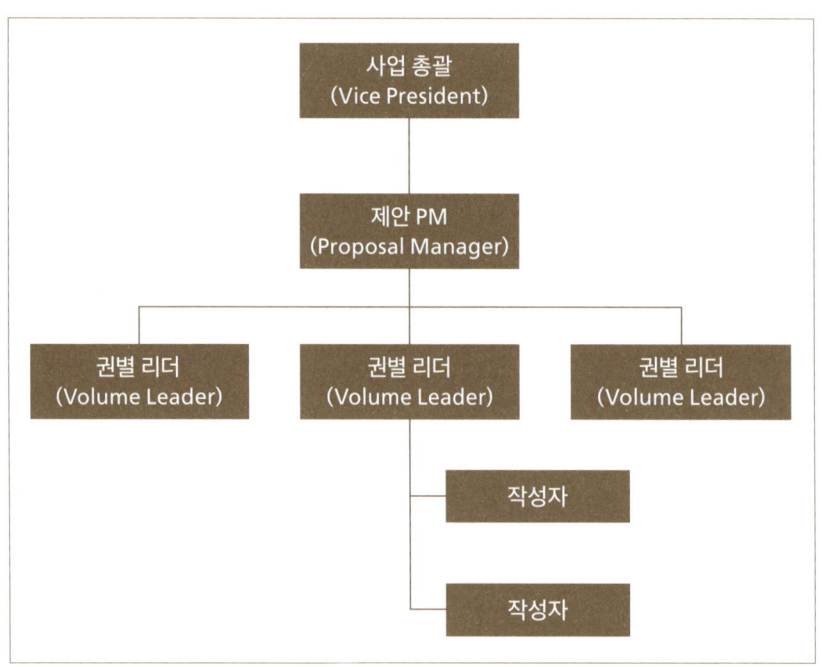

표 1. 역할별 필요 스킬 및 경험

역할	필요 스킬 및 경험
사업 총괄자 (Vice President)	• 큰 그림, 고객 초점, 마케팅 지식 • 제안서 작성 과정에 대한 이해력 • 솔루션 개발, 협력업체 구성, 가격 전략, 전략 개발 능력 • 경쟁자의 제품, 서비스, 사람, 평판 정보 수집 능력
제안 PM (Proposal Manager)	• 제안 프로세스를 이해하고 팀원을 리드할 수 있는 훈련과 경험 • 리더십과의 원활한 커뮤니케이션 능력 • 세부 내용 이슈는 위임하고 프로세스 관리에 집중하는 능력
권별 리더 (Volume Leader)	• 작성자 관리 및 프로세스 유지 능력 • 검증된 코칭 및 커뮤니케이션 스킬 • 어려운 표현이나 상투어, 전문용어에 민감해야 함
제안 전문가	• 요구조건 리스트, 목차 개발, 질의·응답 조견표, WBS(업무분할 구조), 일정이해와 작성 역량 • 며칠 밤을 새워도 컨디션을 유지할 수 있는 체력
섹션 작성자	• 분야 전문가로 어디에서 어떻게 기술적 필요 정보를 취득하는지 알고 있어야 함 • 고객 관점을 이해하며, 명쾌하고 논리적으로 글을 작성해야 함 • 대안적 접근 방법의 장단점 이해 • 지시사항 경청과 수행 능력

강력한 팀 구성을 위해서는 역할별로 적합한 스킬과 경험이 있는 구성원이 필요하다.

Shipley Tip

영업대표의 리더십

제안 PM의 리더십이 기능적인 리더십이라면 영업대표의 리더십은 전략적인 리더십이라고 생각한다. 제안 PM은 제안서 작성자를 잘 관리해서 일정에 맞게 최고의 제안서를 생산하는 기술적인 스킬이 필요한 리더인 반면 영업대표는 고객의 니즈와 회사의 솔루션을 연결짓는 핵심 고리로, 고객의 니즈를 정확히 읽어내는 역량, 이를 회사의 솔루션과 잘 연결하는 역량, 솔루션을 잘 표현하는 역량이 필요하다.

승부의 중요한 포인트는 영업대표의 리더십이다. 쉬플리가 제안작업을 하면서 파악한 리더십이 있는 영업대표는 다음과 같다.

- 사내에서 고객 전문가로 정평이 나 있다.
- 경쟁자들의 동태를 민감하게 파악하고 이를 제안팀에 전달하고 있다.
- 제안서를 작성하지 않지만 제안서에 담겨야 할 핵심 내용을 분명히 알고 있다.
- 제안팀에 리더십을 발휘한다. 제안팀이 성공적으로 제안서를 작성할 수 있도록 격려, 갈등, 뇌물, 협박, 칭찬을 가리지 않고 발휘한다.

제안 PM 위치에서 영업대표의 역량을 평가하는 것은 중요하다. 왜냐하면 영업대표가 유능하지 않을 때는 고객과 경쟁자의 전략을 파악하기 위한 별도의 방법이나 채널을 활용해야 하기 때문이다. 예를 들어 실제 수행을 하면서 고객으로부터 얻어낸 정보가 영업대표가 갖고 있는 정보보다 더 정확한 경우도 있다.

역량을 의심해야 하는 영업대표는 대체로 다음과 같다.

- 보안을 이유로 정보를 제안팀과 공유하지 않는다.
  (이 경우는 제안서 제출 이후에 그 진위가 드러날 수밖에 없다.)
- 고객과의 관계가 매우 밀접하다는 점을 제안팀에 자주 강조한다.
- 경쟁자의 고객과 문서화된 정보가 없거나 부실하다.

3. 제안서 완성의 목표시간과 현실적인 기준을 적용하여 업무를 분담하라

동일한 업무구조와 프로세스라고 하더라도 100쪽짜리 제안서와 1,000쪽짜리 제안서를 작성하는 데 드는 물리적인 시간에는 차이가 있을 수밖에 없다. 그러므로 제안 PM은 먼저 첨부 문서를 포함하여 어떤 규모로 제안서를 완성할 것인지 정확한 결과물의 이미지를 갖고 있어야 한다. 이를 기반으로 프로세스와 업무가 명확히 정의되면 초기 작업량에 비추어 일정을 정확하게 예측할 수 있다.

많은 PM은 제안서 작성 관리를 표준화하기 위해 필요한 자료를 모으려는 노력은 하지 않은 채, 일관되지 않고 협력업체와 공유되지 않은 프로세스와 방법론을 적용하면서 누군가가 표준 프로세스나 방법론을 제시해줄 것을 기대한다.

그러나 제안 PM 외에 그 누구도 표준 프로세스나 방법론을 제시할 수 없음을 인식하고, 프로젝트에 맞는 프로세스와 관리 기준을 스스로 마련해야 한다.

4. 다른 핵심 사업처럼 제안서 작성을 전사적으로 중요시하라

제안서 작성의 베스트 프랙티스를 분석해 보면 분명한 특징 중 하나는 제안서 작업을 매우 중요하게 취급한다는 점이다.

이렇게 제안서를 중요하게 여기는 조직의 특징은 다음과 같다.

- 가능한 사람이 아니라 최고의 성과를 내는 사람을 제안 작업에 투입한다.
- 경영진은 이 프로젝트를 전담할 역량을 갖춘 매니저를 먼저 확보한다.
- 수주영업 프로세스를 정의하고 문서로 표준화한다.

- 제안서 작성자를 훈련시키고 필요한 자원을 정확히 제공한다.
- 다른 핵심 사업처럼 경영진은 정기적으로 진행상황을 확인한다.

5. 좋은 성과는 분명히 보상하라

제안 작업 중 일일미팅(Daily Stand up Meeting)에서 좋은 성과는 공개적으로 인정하고 칭찬하라. 인정과 칭찬은 대체로 금전적 보상보다 더 효과적이다. PM의 의도나 기대를 넘어서서 훌륭하게 제안 프로세스를 준수하는 사람을 돋보이게 함으로써 의도했던 접근 방법과 프로세스를 구성원에게 알리도록 한다.

이기고 지고에 상관없이 제안서 제출 이후에는 반드시 기념파티(Victory Party)를 하도록 한다. 대부분의 경우 제안 작업 후에 제안 PM이 제안서 작성자에게 승리 여부를 통보하지 않는 경우도 허다하다.

대체로 제안서 작성자는 상설조직에서 수행하던 원래 업무에서 벗어나 일시적으로 작업에 투입되므로 상설조직의 매니저는 대체로 그들의 이탈에 부정적이고, 이들이 얼마큼 조직에 기여했는지 확신하지 못한다. 그러므로 제안 PM은 좋은 성과를 낸 작성자의 매니저에게 그 사람의 성과를 서면으로 분명히 알릴 필요가 있다. 노련한 제안 PM은 인사고과 시즌에 개인적으로 상설조직의 매니저에게 그 구성원의 성과를 설명해주기도 한다.

요령 있는 PM은 어떻게든 제안서 작성 작업을 재미있게 진행하려고 노력한다. 왜냐하면 제안서 작성자에게 이번 작성 경험이 긍정적으로 남아 있어야 다음 제안 작업에서도 최고의 팀을 구성할 수 있다는 점을 알기 때문이다.

일일미팅: 매일 아침 진행되는 제안팀 회의(Daily Stand up Meeting)

Shipley Tip

2등 문화에서 2등 제안서가 나온다

쉬플리 컨설턴트는 제안 전문가이면서 변화 전문가이기도 하다. 왜냐하면 2등 문화가 있는 조직은 반드시 제안에서 실주하므로 제안을 컨설팅하기 이전에 그들의 2등 문화를 변화시켜야 하기 때문이다.

2등 문화란 무엇일까? 그것은 '이기는 제안서'를 작성하는 것이 아니라 '제출을 위한 제안서'를 작성하는 것이다. 왜 그럴까?

첫 번째 경우는 자신이 제안서를 쓰는 이유가 윗사람의 일방적 의사결정에 따른 것이므로 자기가 그 책임을 공유할 필요가 없다고 생각하는 경우이다. 이들에게 제안서 작성은 월급을 받고 회사가 원하는 만큼 자리에 앉아 있는 것이나 다름없다. 그들은 순종적이지만 그만큼 경쟁자를 이기기 위한 치열한 고민도 없다.

두 번째 경우는 처음에는 의욕적으로 시작했지만 자꾸 실주하다 보니 제안서를 어떻게 써야 이기는지도 모르겠고, 그 원인을 프로세스(제안 영업과 제안서 작성 프로세스)나 조직 내부에서 찾지 못하고 외부에 있다고 가정하여 더는 무엇을 할 수 없다며 무기력해 하는 경우이다. 극단적으로는 평가 위원이 전부 경쟁사 편이라고 생각하거나 회사의 브랜드가 잘 안 알려져서 이길 수 없다고 생각하는 경우도 있다.

그래서 제안 분야에서도 부익부, 빈익빈 현상이 더욱 심해지고 있다. 이기는 제안 조직은 자원 확보가 더 유리해지고 자신감이 충만해져 다음 제안에 더욱 분명한 대안을 가지고 참여한다.

어떤 경우이건 분명한 것은 2등 문화를 극복하지 못하면 제안 경쟁에서 이길 수 없다는 점이다. '이기는 제안서'를 쓰기로 결심하고 사력을 다해서 전략을 짜고, 이를 제안서와 프레젠테이션에 옮겨도 이길까 말까 하는 것이 제안 경쟁이다.

4.1.2 킥오프 미팅이 핵심이다

일정대로 제안팀을 이끌고 싶다면 킥오프 미팅에서 승부를 내야 한다. 킥오프 미팅에서 리더십을 확보하지 못하면 성공적인 프로젝트 관리는 어렵다.

킥오프 미팅이 잘되면 팀은 프로젝트를 수주하고자 하는 의지로 충만해지지만, 잘못되면 오히려 참여자의 사기를 꺾어 놓을 수 있다.

킥오프 미팅은 영업대표(Capture Manager)의 지원을 받아서 제안 PM(Proposal Manager)이 진행한다.

킥오프 미팅에서는 작성자에게 동기를 부여(Motivational)해야 하며, 그들에게 필요한 정보를 제공(Informative)하고, 요구하는 지시사항을 명확(Directive)히 전달해야 한다.

따라서 킥오프 미팅의 목적은 다음과 같다.

- 모든 제안서 작성 참여자의 활동 시작을 알림
- 프로젝트 관련 질의 응답
- 작성 영역 분담
- 업무 조정
- 팀워크 강화

제안 요청서를 받자마자 진행하는 킥오프 미팅은 준비가 안 되어 혼동스럽고, 같은 일을 반복하게 하여 결과적으로 낮은 수준의 제안서를 생산하게 한다. 킥오프 미팅을 성공적으로 진행하기 위한 가이드라인은 다음과 같다.

- 실행에 앞서 미팅 계획을 명확히 세운다.
- 한장소에서 진행되어야 한다. 만약에 불가피하게 전화로 진행해야 할 경우 별도의 계획이 필요하다.
- 모든 자료는 제안계획서(PMP: Proposal Management Plan) 형태로 배포되어야 한다.

킥오프 미팅을 제안계획 회의와 혼동하면 안 된다. 제안계획 회의는 본 프로젝트 핵심 인력(Core Team, 주로 PL급 이상)이 모여 고객의 요구조건, 동기, 핵심 이슈를 논의하고 가능한 솔루션 전략을 개발하고, 넓은 범위의 업무 분장과 대략적인 향후 스케줄을 합의하는 단계이다. 이 단계의 산출물로 제안계획서(PMP)가 도출되며 이 제안계획서는 킥오프 미팅에서 공유한다.

초기 제안
계획 회의 논의 주제
- 고객의 요구조건, 동기, 핵심 이슈
- 가능한 솔루션 전략 개발
- 넓은 범위의 업무 분장
- 대략적인 진행 스케줄 합의

Shipley Tip

킥오프 미팅에서 제안 PM의 리더십

필자가 몸담았던 SK그룹에서는 리더십을 L/H/C로 정의한다. 리드하고(Lead) 돕고(Help) 관리(Check)한다는 뜻인데, 상식적이면서도 잘 정의한 리더십이라고 생각한다. 이런 리더의 역할은 제안서 작업에서도 정확히 일치한다. 제안 PM이 제안서를 직접 작성하면 안 된다. 왜냐하면 실무적으로 제안서 작성에 참여하는 순간 리더로서의 본질적인 기능을 수행하지 못하기 때문이다.

리더십의 핵심인 'Lead'를 잘하기 위해서 가장 중요한 것이 킥오프 미팅이다. 한국 조직의 킥오프 미팅을 보면 대부분 대략적인 일정 안내와 함께 "이제 고생 시작이니 서로 위로하는 의미에서 소주나 한잔 합시다" 정도로 진행된다. 물론 참여자의 동기부여도 중요하지만 처음 모였을 때 구성원과 분명한 정보와 전략을 공유하고 지시사항을 전달하는 것이 더 중요하다. 잘 준비된 자료와 체계적인 회의 일정으로 프로젝트와 PM의 신뢰를 높여야 한다.

1. 계획에 제안서 준비 시간의 약 15%를 할당하라

10일이면 하루 혹은 1.5일 정도, 45일이면 일주일 정도를 계획에 투자해야 한다. 계획에 투자하는 시간이 많을수록 프로젝트, 고객, 경쟁자, 전략이 정확히 공유되어 시행착오가 줄어든다. 그럼으로써 실제 제안서 작성 시간을 획기적으로 줄일 수 있다는 것이 제안 전문가의 공통된 의견이다.

얼마만큼의 시간이 필요한가는 제안계획서와 킥오프 미팅의 준비상태에 달려 있다.

2. 적절한 사람을 참가시키라

최고경영자 관점에서 새로운 사업을 수주하는 것보다 우선순위가 높은 것은 거의 없다. 세계 일류 수준의 수주영업 조직은 제안서 작성에 실제 필요한 사람을 참가시키는 데 비해 성과가 낮은 기업은 참여가 가능한 인력을 참가시킨다.

> "가능한 사람이 아니라 필요한 사람을 참여시키라"
> (Making the right people available rather than rationalizing that the available people are right)

3. 완벽하면서도 밀도 있는 토의 의제를 준비하라

10~30명이 참여하는 2~3시간 이내의 미팅을 준비하되 정확한 정보가 제공되고 밀도있게 진행될 수 있도록 한다. 일상의 미팅처럼 특정 문제를 제기하고 대안을 찾아보는 문제 해결 회의가 아니라는 점을 명심하라.

표 2. 킥오프 미팅 진행

시간(분)	진행자	토의 의제
5	제안 PM	환영 및 참가자 소개
5	담당 임원	동기부여와 지원 약속
10	영업대표	고객과 프로젝트팀 소개
45	제안 PM	제안계획서 배포 및 안내 (목차, 작성된 제안요약 내용, WBS, 요약정보, 섹션기획서 작성)
10	Break	
5	기술분야 PL	기술분야 제안전략 공유
5	관리분야 PL	관리분야 제안전략 공유
5	비용분야 PL	비용분야 제안전략 공유
15	제안 PM	일일 제안팀 운영과 일정 공유
15	제안 PM	질의 응답 및 해산

킥오프 미팅은 짧은 시간에 정보 공유를 하며 결집력을 높이기 위한 미팅이다.

본서에서 제공하는 킥오프 미팅 동영상(쉬플리 본사 제작)을 참고하여 성공적인 킥오프 미팅을 수행하라.

4. 킥오프 문서 패키지를 미리 준비하라

어떤 문서가 필요한지 미리 결정하여 준비하되 제안계획서(PMP: Proposal Management Plan)부터 시작하라. 작은 규모의 제안 매니저는 아래 패키지 리스트에서 필요한 항목만을 선택하여 준비하면 된다.

표 3. 킥오프 미팅 패키지

필수 항목	내용 및 기능
프로젝트 요약	프로젝트, 계약 유형, 계약 규모, 프로젝트 수주의 내부적 의미, 고객 이름, 관련 일정, 핵심 고객, 주요 변수
고객 프로파일	고객니즈, 이슈, 평가 프로세스, 우리 회사에 대한 인식
제안 전략	핵심 메시지와 이를 어떻게 담을 것인가 하는 전략, 주제문, 차별화요소
제안서 운영	접근방법, 양식, 자원, 리뷰방법 등의 정의
제안 일정	핵심 단계별 일자 확정
제안서 목차	섹션 번호 및 제목, 페이지 배당, 책임자, 섹션별 완료일

킥오프 미팅을 위하여 패키지를 마련하도록 한다. 반드시 필요한 항목과 추가로 필요한 항목이 <표 3>과 같이 정리된다.

작성자에게 정보 제공	섹션기획서(스토리보드)의 첫 페이지에 작성자가 반드시 알아야 할 정보를 PM이 미리 정리하여 제공함. 작성자에게 제공되는 제안 분량, 목차, 작성가이드라인, 각 섹션의 요구조건 리스트, 섹션전략 등
RFP	해당 섹션에 해당되는 RFP 내용
추가 항목	**내용 및 기능**
경쟁자 분석	경쟁자 프로파일, 경쟁자 비교표
역할 및 책임	팀 멤버, 연락체계, 역할, 전문성 등
제안요약 초안	전반적인 고객의 니즈, 솔루션, 제안전략 정보를 작성자에게 제공, 주제문, 그래픽, 그래픽 설명문, 양식의 표준사례로 활용할 수 있음
WBS	제안작업을 단위작업으로 세분화함

5. 제안서 개발을 위한 운영 가이드라인을 공유하라

킥오프 미팅에서 분명한 제안서 개발의 가이드라인을 만들면 재작업 분량이 최소화된다.

가이드라인이 단순할수록 작성자들이 잘 따를 수 있다. 예전에 어떤 프로젝트에서 12쪽에 이르는 상세한 가이드라인을 제시한 것을 보고 제안 PM에게 왜 이렇게 내용이 많은가 물어보니 작성자가 경험이 없는 것 같아서 실제 사례로 작성하다 보니 그렇게 되었다고 했다. 그러나 실제 작성자는 가이드라인 내용이 너무 많으면 숙지에 어려움을 느낄 뿐 아니라 '내가 시키는 대로 제안서 작성하는 기계인가?'라는 심리적 반발을 나타낸다.

6. 성공 확신을 기반으로 적극적인 리더십을 발휘하라

제안팀 멤버는 이길 수 있는 기회를 발굴하여 명확한 비전과 전략을 제시하고, 필요한 자원을 끌어들일 수 있는 리더와 일하고 싶어 한다. 멤버들을 확보할 때 명확한 계획을 제시하지 못한다면 그들이 진심으로 참여하게 하는 데 실패한 것이다.

킥오프 미팅을 통해 리더십을 정확히 확보하고 일정을 사수하라. 덜 준비된 킥오프 미팅은 부실한 리더십을 낳고, 부실한 리더십으로는 일정을 관리할 수 없다. 과장하자면 '성공적인 킥오프 미팅'을 했다면 그 PM은 자신의 역할 중 3분의 2를 끝낸 것이라고 할 수 있다. 유능한 PM은 킥오프 미팅을 잘하고 프로세스를 잘 관리하는 사람이고, 무능한 PM은 제안서를 직접 쓰면서 제안서에 묻혀 프로세스를 잊어버리는 사람이다.

Shipley Tip

성질 안 좋은 리더가 성공한다

 제안서 작성은 짧은 기간에 집약적으로 이루어지는 매우 스트레스가 심한 작업이다. 필자는 제안 PM에게 민주적이고 토론 중심의 조직관리가 제안팀에서는 매우 위험함을 경고한다. 사실, 전략을 개발하고 솔루션을 선정할 때는 많은 창의적인 아이디어가 필요하므로 개방적인 토의가 매우 중요하다. 그러나 실제 제안서 작성 킥오프 미팅부터 그 이후의 과정은 매우 지시적이고(Directive), 정보전달 중심(Informative)이어야 한다.
특히 일일미팅(Daily Stand up Meeting)은 토론을 철저히 배제하고 간단하고 지시적이어야 한다. 문제 제기나 토의 사항이 있을 때는 관련된 소수만이 별도의 미팅을 하는 것이 효율적이다.

4.1.3 일정 관리가 제안서 품질을 결정한다

균형 잡힌 제안서를 작성하기 위해서는 제안서 작성의 전체 일정을 관리해야 한다. 기본요령은 다음과 같다.
 제안서 작성 시 시간 관리의 핵심은 기획과 수정을 위한 시간을 우선적으로 확보하는 것이다. 만약 기획시간을 확보하지 못하면 전략적 초점이 불분명하고 고객의 공식적인 요구조건을 정확히 반영하지 못한다. 그러면 결과적으로 고객의 니즈와 솔루션이 일치하지 않는 제안서를 생산할 가능성이 높다.

제안서를 수정할 시간을 확보하지 못한다면 당연히 실수가 많아질 것이다. 좋은 제안서는 수정(Amending)을 많이 하고 개정(Revision)은 적게 하는 제안서이다. 여기서의 수정은 실수나 사소한 오류를 없애고 줄이는 작업이고 개정은 제안서의 전략, 방향, 솔루션을 바꾸는 것이다. 그 때문에 개정을 많이 하는 제안 작업은 그때마다 제안서를 다시 쓰는 것과 다르지 않다.

그림 4. 좋은 제안서

그러므로 개정은 최소화하고, 수정시간을 확보하여 품질 높은 제안서를 작성하라.

그림 5. 제안서 작성의 시간 관리

시간 관리의 핵심은 기획시간과 수정시간을 확보하는 것이다. 기획시간을 통해서 전략과 내용을 명확히 하고, 수정시간을 통해서 문맥이 매끄럽고 오탈자 없는 수준 높은 제안서를 만들 수 있다.

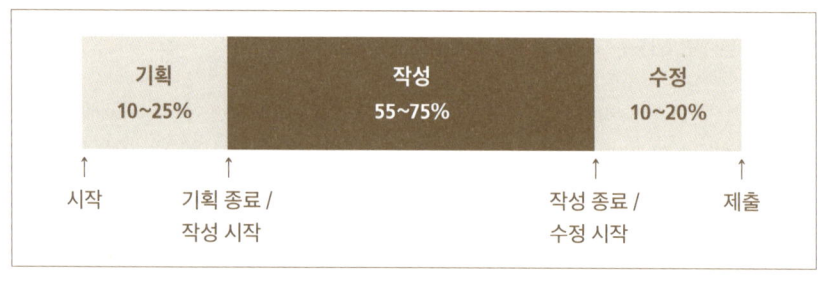

Shipley Tip

폭탄을 제거하라

일정은 공식적으로 합의하고, 이를 철저히 준수해야 한다. 제안서를 쓸 때 사내외 사람들이 모이면 그들의 지식 수준과 제안서 작성 경험뿐만 아니라 관련 견해나 철학이 각양각색이다. 이를 모두 존중하고 받아 주는 것은 민주주의를 하겠다는 것이지 '이기는 제안서'를 쓰겠다는 것이 아니다. 민주주의를 원하는가? 이기기를 원하는가?

사적인 관계 때문에 공식적인 일정을 흔들면 안 된다. 개인의 특수성보다는 공식 일정을 우선순위에 두자.

특히 우리의 제안 컨설팅 경험에 따르면 각 팀에서 가장 취약한 작성자를 어떻게 관리하느냐에 따라 제안서의 품질이 결정된다. 집에 일부분이 깨진 컵이 있다면 그 컵에 물을 따라 보라. 물의 높이는 깨진 부분의 높이에 따라 결정된다. 즉, 문제가 심각한 이유는 단지 그 사람이 맡은 부분만 수준이 낮아지는 것이 아니라는 데 있다. 대체로 이런 사람은 일정을 준수하기 어려운 경우가 많아서 제안서 일정을 망가뜨리고, 전체 제안서의 수준을 떨어뜨린다. 명심하라. 제안서 수준은 가장 취약한 작성자의 수준에 따라 결정된다.

폭탄 제거 방법

① 일정을 준수하지 못했을 때 각 조직의 장에게 보낼 통보서와 사유서를 킥오프 미팅 때 보여주고 공유한다. 이는 쉬플리가 컨설팅을 여러 번 수행하면서 얻게 된 노하우이다. 상사를 두려워하지 않는 참여자가 있다면 어느 때라도 제외시키라. 그것이 결과적으로 가장 효과적이고 생산적으로 팀워크를 관리하는 법이다.

② 사람을 대체할 수 있는 인력을 사내·외에서 찾아서 비상계획(Contingency Plan)을 수립한다. 쉬플리는 컨설팅할 때 고객에게 밝히지 않고 1~2명의 유휴 인력을 확보해 놓고 일정이 펑크났을 때 이들을 투입하여 일정을 맞춘다.

어떤 규모의 제안서든지 이를 지원해 줄 명확한 경영진(Sponsor or Owner)이 반드시 필요하다. 이들의 가장 큰 과제는 제안서 작성 단계별로 필요한 인력을 제공하는 것이다.

예시 1. 제안서 일정관리표 (30일)

순번	업무	담당자	제안서 개발일자							
			1	2	3	4	5	6	7	8
1	**입찰 여부 확인**		■							
2	제안서 작성 일정 수립			■						
3	제안서 목차 개발 및 작성자 할당				■					
4	작성자 정보 작성(섹션기획서 1쪽)				■	■				
5	제안 요약(Executive Summary) 최신화					■	■			
6	**킥오프 미팅**						■			
7	섹션기획서(PDW) 완성							■	■	■
8	섹션기획서(PDW) 내부 검토								■	■
9	섹션 Mock-up 작성									
10	Mock-up 내부 검토									
11	비용견적서 초안 작성								■	■
12	제안가격 설정									
13	**섹션기획서 리뷰(Pink Team Review)**									
14	섹션기획서 리뷰 결과 반영									
15	1차 초안 작성 및 수정									
16	초안 작성 및 수정									
17	제안서 리뷰를 위한 통합									
18	**제안서 리뷰(Red Team Review)**									
19	제안서 리뷰 결과 반영									
20	재무 검토									
21	**제출 전 최종 검토**									
22	제안서 인쇄									
23	**제안서 제출**									

제안서 개발일자

9	10	11	12	13	14	15	16	17	18	19	20	21	22	23	24	25	26	27	28	29	30

앞의 세부 일정표에서 중요한 것은 단계별 리뷰(Milestone) 일정이다. 이 일정표 중심으로 설명해 보면 다음과 같다.

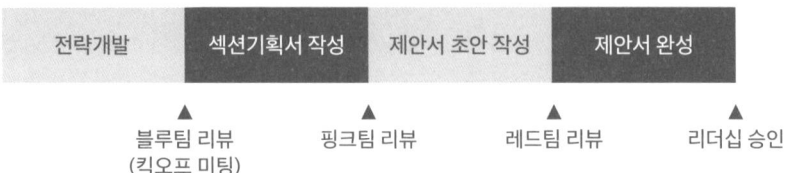

1. 전략개발과 블루팀 리뷰 / 킥오프 미팅

개발된 전략을 승인하는 리뷰를 전략리뷰(블루팀 리뷰)라고 한다. 전략은 크게 제안전략과 수주전략으로 구별할 수 있는데, 제안전략은 수주전략의 연장선상에 있고, 수주전략을 제안서에 구현하는 것을 말한다. 이 제안전략은 RFP가 나오기 전부터 개발되어야 하며, RFP가 나온 이후에 제안전략이 완성되어 킥오프 미팅을 진행한다. 즉, 전략은 킥오프 미팅 이전에 핵심 인력(Core Team)이 개발한다. 이렇게 핵심 인력 중심으로 전략이 개발되어야 하는 이유는 제안서 작성자 모두가 참가했을 때 보안문제가 심각해지기 때문이며 (대부분 제안서는 사내·외 조직들과 협력(Teaming)을 통해서 진행된다) 고객과 우리가 제안하는 솔루션에 이해력이 있어야 올바른 전략을 개발할 수 있기 때문에 핵심 인력으로 인원을 제한하는 것이 바람직하다. 다다익선으로 모두 참여하는 것이 개인의 전략개발 역량을 육성하는 면에서는 도움이 될 수 있지만 전략개발 자체에는 바람직하지 않다는 뜻이다.

2. 섹션기획서와 핑크팀 리뷰

섹션기획서(스토리보드)는 섹션별 작성자가 제안서 작성을 기획하는 도구이지만 한편으로는 각 섹션에서 구현할 전략과 구현해야 할 요구조건을 PM이 정의해서 주는 작업지시서 성격도 띠고 있다. 그래서 PM은 킥오프 미팅 전에 작성된 전략기술서와 충실도 체크리스트를 섹션별로 배당해 주는 도구로 섹션기획서를 작성한다.

3. 제안서 초안과 레드팀 리뷰

제안서 초안이 작성되면 제안서 리뷰(레드팀 리뷰)를 한다. 레드팀 리뷰는 제안서의 완성도에 따라서 여러 차례에 걸쳐 할 수 있다.

　블루팀, 핑크팀, 레드팀 리뷰는 통상 고객과 우리의 솔루션을 이해하고 있는 우리 조직의 제3자가 하는 것이 가장 효과적이다. 그러나 현실적으로 그 사람은 제안팀에 소속되기 십상이다. 따라서 이 리뷰를 해줄 수 있는 사람은 그 조직의 리더십인 경우가 많다. 쉬플리코리아의 컨설팅은 이 단계별 리뷰에 쉬플리 컨설턴트를 투입하여 체계적으로 제안서 품질을 향상시켜 준다.

4. 제안서 완성과 리더십 승인

제안서가 완성되면 제안서의 최종 승인을 리더십이 한다. 리더십은 이때 제안서의 품질과 수주 가능성을 종합적으로 판단하여 최종 가격을 결정한다.

4.2
목차 개발

**좋은 목차는 고객의 관점과 구조를 유지한다.
즉, RFP에서 고객이 요청한 목차, 평가항목,
공식적·비공식적 요구조건, 제안전략,
사업 통찰력이 모두 포괄된다.**

4.2.1 좋은 목차는 고객의 관점과 구조를 유지한다

'목차 개발'은 개인이 작성하는 소규모 제안서에서도 중요하지만 여러 명이 작성하는 대규모 제안서의 경우에는 더욱 필수적이다. 목차는 전체 제안서의 관리도구 역할을 하는 동시에 각 작성자가 해야 할 일이 무엇인지 분명히 안내해 주기 때문이다.

좋은 목차는 고객의 관점과 구조를 유지한다. 제안 요청서(RFP)상의 목차가 다소 비논리적이더라도 고객이 요청한 체계와 구조를 유지함으로써 고객의 의견을 듣고 고객이 요구하는 것을 정확히 제시하고 있음을 입증해야 한다. 쉽게 말해 고객이 RFP에서 제시한 목차가 완전히 타당하지 않더라도 그 목차를 따라야 한다는 말이다. 좋은 목차는 고객의 요구조건, 제안전략, 사업 통찰력이 모두 포괄되어 있어야 한다.

그림 1. 목차 개발의 근거

```
1. RFP
   - 최상위 목차개발: 고객이 요청한 목차 순서
   - 차상위 목차개발: 고객의 제안서 평가표
   - 하위 목차개발: 요구성능 및 기능
2. 전략기술서
3. 기존 유사 프로젝트의 목차
```

가장 먼저 RFP에 고객이 요청한 목차 순서를 근간으로 최상위 목차를 개발하고 고객이 제시한 요구조건과 평가표를 활용하여 차상위 목차와 하위 목차를 개발한다. 그 후에 우리의 전략이 개발된 목차에 빠짐없이 구현될 수 있는지, 기존의 유사프로젝트 목차 내용 중 빠진 부분은 없는지 검증하여 필요시 추가 목차를 개발한다.

4.2.2 목차 개발의 기본 원리를 이해하라

1. 고객이 RFP에서 제시한 목차를 따른다.
2. 평가표의 평가항목으로 차상위 목차를 개발한다.
3. 충실도 체크리스트에 있는 고객의 요구조건을 그루핑하여 하위 목차를 개발한다.
4. 전략기술서와 기존 유사 프로젝트 목차를 점검하여 필요시 하위 목차를 개발한다.

1. 고객이 RFP 에서 제시한 목차를 따른다.

고객이 제안 요청서(RFP)의 '제안서 작성지침'에서 기본 목차를 제시하면 제안팀에서는 우선적으로 이를 따라야 한다. 그것이 정석이다.

설령 고객의 요구가 논리적이지 않아도 반드시 고객이 요청한 구조를 정확히 따라야 한다. 그 대신 제안 요청서에 기술되지 않은 하위 목차 단계에서는 제안팀의 의도를 반영하여 논리 구조를 전개할 수 있다.

그림 2. 작성지침 준수 및 하위 목차 개발 예시 ── 고객이 제시한 목차 ── 개발된 목차

```
2. 경영상태                                3.3 연구개발 인력 관리 계획 및 부족 인력
    2.1 신용평가 등급                              해소 계획
        2.1.1 안정적 재무상태                      3.3.1 연구개발 인력 관리 계획
        2.1.2 신용평가 등급 확인서                 3.3.2 부족 인력 해소 계획
    2.2 기술유출 방지 대책                     3.4 개발 장비/시설/도구/소프트웨어
        2.2.1 기술유출 방지 계획                      확보 현황 및 확보 계획
        2.2.2 보안 시스템 구축 현황                3.4.1 개발장비 확보 현황 및 확보 계획
        2.2.3 보안감사 결과                        3.4.2 개발시설 확보 현황 및 확보 계획
3. 연구인력, 장비, 시설 보유 현황                   3.4.3 개발도구 확보 현황 및 확보 계획
    3.1 연구개발 조직 편성                         3.4.4 소프트웨어 확보 현황 및
        3.1.1 연구개발 조직 구성                       확보 방안
        3.1.2 구성품별 연구개발 조직                3.4.5 미보유 현황 확보방안
    3.2 연구개발 투입 인력                     3.5 시험장비 확보 현황 및 확보 계획
        3.2.1 분야별 참여 연구인력                 3.5.1 시험장비 확보 현황
        3.2.2 참여 인력의 전문성                   3.5.2 미보유 시험장비 확보 방안
```

즉, 먼저 RFP에서 고객이 요구한 항목을 기계적으로 엑셀파일에 옮겨 적는다. 예를 들어 고객이 레벨 2까지 제시하고 있다면 '1.1 S/W 및 H/W 구조'라고 적는다.

표 1. 목차 개발 예시: RFP 목차 기반

목차 개발		개발 근거
1.1 S/W 및 H/W 구조		- RFP 목차

2. 평가표의 평가 항목으로 차상위 목차를 개발한다.

그 다음에는 이 하위 목차를 개발하기 위해서 평가표를 본다. 고객의 평가표는 고객이 RFP에서 제시한 목차보다 한 단계 내지 두 단계 더 세분화되어 있는 것이다. 아래 예시를 참고하라.

예시 1. 무기체계 연구개발사업의 기술능력 분야 평가항목

대분류	중분류	세부분류
개발 (양산) 계획	무기체계/구성품 및 소프트웨어 개발(양산) 계획	- 개발(양산) 목표 및 추진전략
		- 체계통합 및 구성품 개발(양산)계획
		- 체계 및 구성품 요구성능 충족도 등
		- 상호운용성 확보 계획(주파수 운용 포함)
		- SW개발·관리 방안
	일정·비용·품질· 위험 관리계획	- 개발(양산)추진 계획 및 일정
		- 비용관리 계획
		- 형상관리 및 품질보증 방안
		- 위험관리 계획
	국산화 계획	- 국산화 대상 품목
		- 국산화 추진 계획
	종합군수 지원요소 및 시험평가 계획	- 종합군수지원요소 계획
		- 시험평가(수락시험) 계획
		- 군용항공기 감항 인증 계획
개발 (양산) 능력	기술확보 현황 및 실적	- 소요기술 분석 및 식별
		- 핵심기술 확보 현황 및 계획
		- 기타 소요기술 확보 현황 및 계획
		- 유사장비 연구개발 실적(국산화, 수출 실적 포함) 등
	인력/장비/시설 보유현황	- 사업수행 조직 및 인력
		- 장비/시설/도구/SW/시험장비/M&S자원 보유현황
		- 미보유 장비/시설 등의 대책
	경영상태	- 신용평가 등급
		- 기술유출 방지 대책
		- 협력업체 선정 및 관리
		- 과거 사업수행 성실도

예시 2. 평가항목별 평가내용(일부 제시)

중분류	세부분류 평가항목	평가내용
일정·비용·품질·위험 관리계획	개발(양산) 추진 계획 및 일정 준수 가능성	- 전력화 일정을 고려하여 제안 업체가 적절하게 개발(양산) 추진 계획을 작성하고 일정 준수 또는 단축 방안이 구체적이고 효율적으로 제안되었는지를 평가 * 개발(양산) 추진 일정, 과학적 기법과 자동화 도구를 활용한 일정관리방안(EVMS적용 계획 등), 일정 지연 관리 방안 제시

예시 3. 개발된 목차

2. 일정·비용·품질·위험 관리계획
   2.1. 개발(양산) 추진 계획 및 일정 준수 가능성
      2.1.1. 개발 추진 일정
      2.1.2. 과학적 기법과 자동화 도구를 활용한 일정관리 계획
      2.1.3. 일정 지연 관리 방안
      2.1.4. EVMS 적용 계획
         2.1.4.1. EVMS 수행 목표 및 관리 기준
         2.1.4.2. EVMS 업무 절차
         2.1.4.3. WBS/OBS/RAM/CA 설정
         2.1.4.4. 성과측정 기법 설정
         2.1.4.5. EVMS 수행 일정
         2.1.4.6. 분석보고서 제출 계획
         2.1.4.7. EVMS 수행 실적

이를테면 평가표를 보고 '1.1.1 S/W 구조'를 제목으로 정할 수 있다.

표 2. 목차 개발예시: 평가표 평가항목 기반

목차 개발		개발 근거
1.1 S/W 및 H/W 구조		- RFP 목차
	1.1.1 S/W 구조	- 평가표

이처럼 체계적으로 목차를 개발할 때 발생하는 가장 큰 이슈는 해당 사업의 RFP에서 제시한 목차와 평가표의 불일치이다. 이는 비논리적이지만 현장에서는 거의 모든 제안서에서 일어나고 있는 일이다. 어떻게 RFP 목차와 평가표가 다를 수 있는가? RFP 목차를 개발하는 주체와 평가표를 관리하는 주체가 다르기 때문이다. 가장 좋은 예는 방위산업이다.

어떤 무기체계를 개발한다고 했을 때 방위사업청 내에는 이 프로젝트를 위한 팀이 꾸려지는데 이를 통상 IPT(Integrated Product Team)라고 하며 이 팀에서 RFP를 개발한다. 그런데 이 팀은 프로젝트에 적합한 목차를 요구한다. 물론 상위 목차 역시 방위사업청에서 관리를 하지만 하위 목차는 프로젝트의 성격에 따라 바뀌기도 한다(현장에서는 담당자의 비전문성이나 실수 등 여러 가지 이유도 있다). 그런데 평가표는 팀별로 임의적으로 조정하기가 쉽지 않은 게 방사청 전체 지침 및 방사청 리더십의 철학 등이 반영되어 있다.

따라서 이 둘은 통상 다르다. 그래서 제안서 목차는 고객의 목차(Outline)와 평가표(Evaluation Matrix) 둘 다 따라야 한다(물론 현장의 상황에 따라 약간의 예외는 있을 수 있다).

그림 3. 제안서 목차 개발 기준

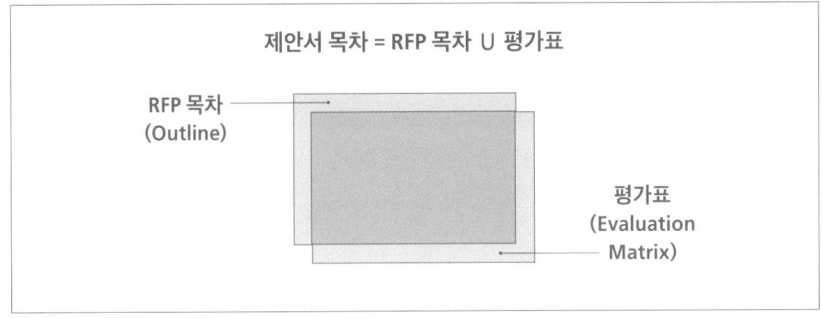

왜 그런가?

제안은 항상 상대적인 평가이다. 따라서 경쟁자의 제안에 있는 내용이 나에게 없다면 그것은 매우 위협적이다. 반대로 위의 공식대로 모든 내용을 포괄하는 제안서를 썼는데 경쟁자는 평가표만을 고려하거나 이번 사업 RFP 목차만을 고려해서 제안서를 작성했다면 그것은 절대적으로 우리에게 유리한 제안이 될 것이다. 심지어는 담당자가 어떤 지침을 준다고 하더라도 필자의 소견은 함부로 믿지 않는 게 좋다는 것이다. 왜냐하면 담당자가 평가자는 아니니까. 평가자는 A업체에는 없는 내용을 B업체가 언급했다면 B업체에 더 좋은 점수를 줄 수 있는 합당한 근거가 생기기 때문이다.

3. 충실도 체크리스트에 있는 고객의 요구조건을 그루핑하여 하위 목차를 개발한다

최종 하위 목차는 충실도 체크리스트에 있는 고객의 공식적 요구조건을 그루핑하여 개발할 수 있다. 이것은 레벨 4 또는 레벨 5까지 가능하다. 예를 들면 '1.1.1.1 S/W 구조의 설계'라고 개발할 수 있다.

표 3. 목차 개발 예시: RFP 고객의 요구조건

목차 개발			개발 근거
1.1 S/W 및 H/W 구조			- RFP 목차
	1.1.1 S/W 구조		- 평가표
		1.1.1.1 S/W 구조의 설계	- 충실도 체크리스트 고객의 요구조건 그루핑

예시 4. 목차 개발 방법론 정리

❶ 고객이 RFP에서 제시한 목차를 따른다.
❷ 평가표의 평가항목으로 하위 목차를 개발한다.
❸ 충실도 체크리스트에 있는 고객의 요구조건을 그루핑하여 하위 목차를 개발한다.
❹ 전략기술서와 기존 유사 프로젝트 목차를 점검하여 필요시 하위 목차를 개발한다.

권	Level					충실도 체크리스트 (비공식 요구사항 포함)	
	1	2	3	4	5	목차출처 ❶ RFP 제시 목차 ❷ 평가항목 ❸ RFP 요구사항	내용
2 권 개발계획							
	❶ 2 일정·비용·품질·위험관리 계획					❶❸ 3.2	일정·비용·품질·위험관리 계획 제시
		❶ 2.1 개발 추진 계획 및 일정				❶❸ 3.2.1	개발 추진 계획 및 일정 제시
			❷ 2.1.1 개발추진 계획			❷❸ 3.2.1.1	개발 일정에 맞춘 추진 계획 제시
			❸ 2.1.2 일정 준수 및 단축 방안			❸ 3.2.1.2	일정 준수 및 단축 방안 제시
				2.1.2.1 일정 준수 방안		-	
				2.1.2.2 일정단축 방안		-	
					❹ 2.1.2.2.1 신기술 적용	-	
					❹ 2.1.2.2.2 신관리기법 적용	-	
			2.1.3 일정 지연 시 관리 방안			❸ 3.2.1.3	일정 지연 시 관리 방안 제시
		2.2 비용 관리 계획				❶❸ 3.2.2	목표비용 달성을 위한 비용 관리 계획 제시
			2.2.1 작업분할구조(WBS)			❸ 3.2.2.1	비용 관리를 위한 작업분할 구조 제시
			2.2.2 목표비용 관리 계획(CAIV)			❸ 3.2.2.2	목표비용 관리 계획 제시

만약 RFP에 제안서 구성 방법의 구체적인 지침이 없을 때는 RFP의 구조 자체를 따르는 것도 좋은 방법이다. 이 경우는 그들이 사용하는 숫자 매김 방식, 순서, 섹션 이름을 그대로 사용하면 된다. 그 밖의 다른 것(제안서 구성 방법)은 추정한 후에 명확히 기술하여 제안서를 개발한다. 그리고 충실도 평가표, 콘텐츠 목록, 각 단계에서의 소개 등에서 제안서가 어떻게 구조화되어 있는지를 상세히 설명한다. 이러한 친절(고객의 요청을 그대로 따랐다는 것)을 통해 고객은 당신의 제안서를 더욱 잘 이해할 수 있다.

그리고 만약 RFP가 없다면 고객의 요구조건을 면밀히 파악하라. 목차 개발은 고객과 공동으로 개발하는 것이 가장 좋고 그 다음으로는 고객과 논의한 것에 기초하는 것이 좋다. 만약 둘 다 불가능한 경우에는 논리에 기초하여 개발한다.

RFP가 없는 경우에는 고객과의 미팅이나 전화, 메일 등의 커뮤니케이션을 통해 고객의 요구조건을 최대한 파악해야 한다. 또한 고객과 관련된 기타 정보나 이전에 제출했던 제안서를 참고한다.

가능하면 요구조건 체크리스트(Response Checklist)를 준비하라. 이 체크리스트를 작성해서 고객에게 제안 요청 내용을 확인받으면 고객의 요구조건 결정에 영향력을 행사하여 경쟁 우위에 설 수 있다. 확인된 고객의 요구조건을 체크리스트 형태로 제안서에 첨부하면 고객의 신뢰를 확보할 수 있다.

그림 4. RFP가 없는 경우의 제안서 목차 개발 단계

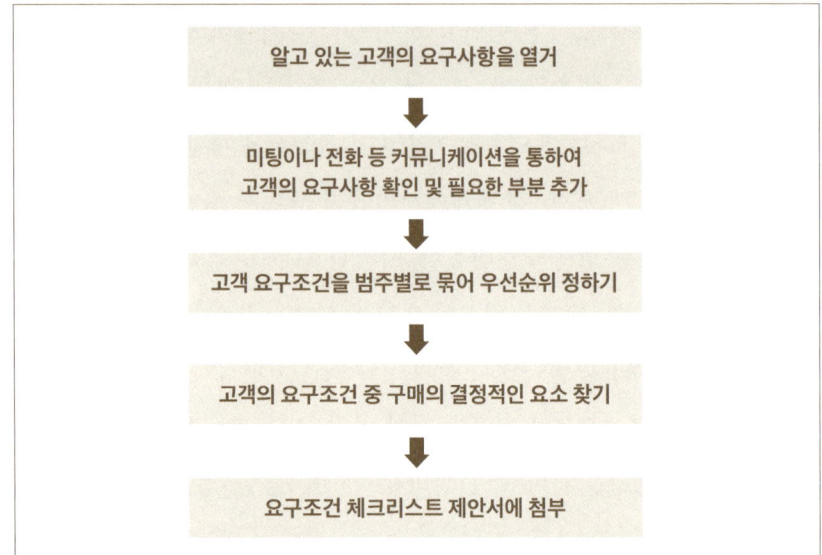

4.2.3 고객이 생각하는 중요성에 따라 페이지를 할당하라

제안서를 작성할 때 RFP의 페이지 제한 또는 권고사항을 바탕으로 페이지를 할당한다. 만약 이런 기준이 제시되지 않았으면 고객과 논의하여 고객의 기대 사항을 확인한 후에 페이지 분량을 결정하는 것이 좋다. 총 페이지 수를 정한 후에는 고객의 위치에서 주제의 중요성에 따라 페이지를 배분한다. 가장 간편한 방법은 평가 배점표의 비중에 비례하여 페이지를 할당하는 것이다. 예를 들어 위험관리가 5점이면 500페이지 중 5점에 해당하는 25페이지가 위험관리 해당 페이지가 된다. 페이지 할당 기준의 우선순위는 다음과 같다.

① 평가 비중
② 고객과의 논의
③ 주제의 중요성을 제안팀 자체적으로 판단

최상위 목차에서 페이지 수를 결정하고, 모든 작성자가 페이지 수와 가이드라인을 명확히 알 때까지 하위 목차의 페이지를 계속 나눈다.

표 4. 평가점수 비중과 페이지 할당

기준	범주	비중	제안서 섹션	페이지 수	
1	기술 능력	50%	1.1 하드웨어 1.2 소프트웨어 1.3 교육 훈련	14 28 8	50
2	관리 능력	30%	2. 프로젝트 관리	30	
3	비용	20%	3. 비용	20	
			총	100	

하위 섹션별로 평가 비중을 예측하거나 고객과 상의하거나 자체 판단으로 페이지를 할당한다.

일단 기계적으로 페이지를 할당한 후에는 PM의 요청과 작성자의 의견을 반영하여 최종 페이지를 확정한다. 이때 제안 요약과 여유분을 확보하기 위해 제안서 전체 분량의 5%는 남겨 놓아야 한다.

표 5. 제안서 페이지 확정

실제 페이지 할당은 PM의 요청과 작성자의 판단으로 결정된다. 이 때 제안 요약과 여유분을 위해 제안서 전체 분량의 5% 정도를 각각 남겨 놓아야 한다.

#	섹션	페이지	PM 요청 사항
	제안 요약 (Executive Summary)	6	별도 규정이 없을 경우 제안서 전체의 5~10%
1	하드웨어	12	줄일 것, 핵심 차별화요소가 아님
2	소프트웨어	27	원래 계획보다 늘리지는 말 것
3	프로젝트 관리	32	늘릴 것, 우리 회사의 핵심 차별화요소임
4	교육훈련	10	늘릴 것, 주요 평가자의 핵심 이슈임
5	비용	8	줄일 것, 도표 중심으로 정리
	총	95	
	여유분	5	
	RFP 요구	100	

4.2.4 충실도 체크리스트는 전략기술서보다 더 중요하다

앞에서 다루었듯이 충실도(Compliance)를 충족하지 못한 제안서는 아무리 탁월한 전략을 개발하여도 예선전에서 탈락한다. 충실도가 전략보다 중요하다.

제안서 작성 이전 단계에서 킥오프 미팅을 하기 위해 PM이 해야 할 핵심 작업은 다음과 같다.

- 솔루션 정의(협력업체 또는 컨소시엄 선정 포함)
- 제안전략 개발 → 전략기술서
- 충실도 체크리스트 개발

충실도 체크리스트와 전략개발은 제안 PM(또는 Core Team)이 사전에 개발해서 킥오프 미팅 때 섹션기획서(스토리보드)에 담아서 준다. 따라서 작성자에게 주는 섹션기획서(스토리보드)는 단순히 템플릿이 아니라 그 섹션에서 반드시 구현해야 할 고객의 요구조건과 전략을 작성해서 주기 때문에 작성자마다 받아보는 내용이 다르다. 그래서 이것을 섹션기획서 템플릿이라고 부르지 않고 작성자 정보(Writer's Package)라고 부른다.

한국 기업이 제안서를 작성할 때 가장 문제가 되는 부분이 충실도 체크리스트이다. 대부분 충실도 체크리스트 없이 RFP를 복사해 주고, 작성자는 RFP를 보면서 제안서를 작성한다.

충실도 체크리스트를 작성하지 않았을 때 PM이 갖게 되는 위험은 이 두 가지이다.

첫째, 작성자가 RFP 문구를 빼먹었을 때 이를 확인할 수 없다.

둘째, 작성자가 문구를 잘못 해석해서 틀린 답을 제시했을 때 이를 확인할 수 없다.

필자의 경험에 따르면 제안의 규모가 커질수록, 제안의 전문성이 높을수록 충실도에서 수주 여부가 결정되는 경우가 많다. 왜냐하면 그 방대하고 기술 수준이 높은 고객의 요구조건을 모두 충족시킨다는 것은 프로세스로 잘 정리되어 있지 않으면 쉬운 일이 아니기 때문이다.

해외의 경우에는 충실도를 100% 충족시키기 위해서 충실도 체크리스트를 자동적으로 만들어 주는 소프트웨어까지 개발해 사용 중이다.

1. 충실도 체크리스트가 중요한 이유

- 질문의 응답에 필요한 각 섹션의 요구조건을 나열하여 정확히 이해함
- 작성자에게 작성을 위한 기준(Guide Line)을 제공함
- 고객의 요구조건에 100% 응답함
- 작성 후 PM의 검토가 쉬움
- 충실도 체크리스트를 그루핑하면 각 섹션의 하위 목차가 구성됨

2. 충실도 체크리스트 작성 방법

- 제안 요청서상의 순서를 정확히 따르라
- 단문을 사용하라
- 고객이 사용하는 단어와 문장을 사용하라
- 행동지시 동사(Action Verb)로 표현하라

3. 사례

RFP상의 문구

여러분의 시스템에는 어떤 진단 도구가 있습니까? 네트워크 관리 조직에만 적용 가능한 것을 나열해 보십시오. 중앙 스위치 사이트(Central Switch Site)에만 적용 가능한 것과 노드(Node)와 터미널 스위치(Terminal Switch) 등에만 적용 가능한 것을 나열해 보십시오.

충실도 체크리스트
- 우리 시스템에 구축된 진단 도구를 열거하라.
- 네트워크 관리 조직이 사용 가능한 진단 도구를 표시하라.
- 중앙 스위치 사이트(Central Switch Site)에서만 사용 가능한 진단 도구를 표시하라.
- 노드(Node)와 터미널 스위치(Terminal Switch) 등에만 적용 가능한 진단 도구를 표시하라.

* 모두 단문에 행위동사(Action Verb)를 사용하고 있음에 주목하라

4.2.5 효율적인 하위 목차를 개발하라

1. 하위 목차에 모든 요구사항을 빠짐없이 포함하라

일단 특정 목차에 들어가야 할 고객의 요구조건이 결정되면 하위 목차를 개발할 때 구체적으로 이를 반영하여 배치한다.

하위 목차를 확장할 때에는 가능한 한 일관성을 유지하는 것이 좋다. 예를 들어 당신이 한 섹션에서 세 번째 수준(2.1.1)까지 작성한다면 다른 섹션에서도 세 번째 수준(2.2.1)까지 작성하는 것이 좋다. 왜냐하면 평가는 동일한 수준에서 이루어질 가능성이 많기 때문이다. 그러나 고객의 평가 수준이 권별로 다를 경우에는 이 원칙을 꼭 기계적으로 따를 필요는 없다.

2. 하위 목차로 갈수록 적극적으로 정보 표제를 사용하라

'정보 표제'란 표제(제목)를 통해 구체적인 정보를 바로 고객(평가자)에게 전달하는 방식이다. **정보 표제는 고객이 제안 요청서를 통해 결정해 준 상위 목차 외에 하위 목차에서 적극적으로 사용하면 좋다.** 왜냐하면 내용을 단순히 구분해 주는 간결 표제(Telegraphic Headings)와 다르게 정보 표제

> 간결 표제는 내용을 구분하기 위해서 필요하고 정보 표제는 내용 구분뿐만 아니라 본론에서 이야기 할 핵심 메시지를 정보로 전달한다. 고객이 정해주지 않은 하위 목차에서 정보 표제를 적극적으로 사용할수록 내용 전달력이 높아진다.

표 6. 간결 표제와 정보 표제

간결 표제(Telegraphic Headings)	정보 표제(Informative Headings)
프로젝트 조직	리스크를 줄이는 검증된 프로젝트 조직
프로젝트 팀 관리	즉각 대응 능력을 갖춘 프로젝트 팀
화재 보호 계획	화재로 입는 손실을 최소화하는 사전적 리스크 관리
지진 보호 계획	예방을 최우선으로 고려하는 지진 계획

(Informative Headings)에서는 제목 자체에서 고객이 원하는 정보(솔루션이 주는 고객의 구체적 효용)를 제시할 수 있기 때문이다.

주의사항은 정보 표제 아래에 주제문을 바로 사용해서는 안 된다는 점이다. 왜냐하면 정보 표제는 본문의 가장 핵심적인 내용을 전달하므로 주제문과 내용·역할이 반복되기 때문이다. 따라서 **정보 표제를 최하위 수준의 제목(The last Heading)에 적극 사용한다.** 정보 표제는 별도의 주제문 없이도 평가가 바로 이루어질 수 있게 하기 때문에 평가를 쉽게 한다.

4.3 섹션기획서

RFP(제안 요청서)를 기반으로 목차를 개발하면 전략적 초점이 더욱 분명해진다. 이렇게 작성된 목차를 바탕으로 섹션기획서를 작성하면 제안서를 더욱 체계적이고 전략중심적으로 완성할 수 있다.

제안업계에서 스토리보드(Storyboard)라고 하는 일반명사를 쉬플리에서는 섹션기획서(PDW: Proposal Development Worksheet)라고 한다.

> **Shipley Tip**
>
> **스토리보드의 기원**
>
> 스토리보드는 <국가의 탄생(Birth of a Nation)> 감독인 D.W. Griffith가 개발했다. 지금은 배우 등의 인건비가 비용의 큰 부분을 차지하지만 필름 제작비가 비쌌던 아날로그 시절의 영화 산업에서는 NG 없이 촬영을 진행하여 비용과 시간을 아끼는 것이 더 중요하였다. 촬영 단계별로 배우나 카메라의 동선, 구도, 조명 등 부가적인 테크닉을 기입하고 구체적으로 장면을 그려서 표현하는 것이 스토리보드의 기원이다.
> 따라서 제안서를 작성할 때도 스토리보드를 잘 만들면 시간과 비용의 낭비를 최소화할 수 있다.

4.3.1 제안계획을 수립하라

섹션기획서는 필자가 제안 컨설팅을 할 때 쉬플리의 고객이 가장 많이 저항하는 부분이다. 왜냐하면 그전에 이렇게 구체적인 계획을 세워서 제안서를 작성해 본 경험이 없기 때문이다. (대체로 한국에서는 개발된 목차에 반드시 들어가야 할 고객의 요구조건(Compliance) 정도를 삽입하는 정도이다.) 구체적인 계획을 세워서 리더십의 승인을 받으면 제안서 작성 이후에 내용이 뒤집히는(내용을 다시 작성해야 하는) 경우가 줄어듦으로써 결과적으로 시간과 비용을 획기적으로 줄이게 된다.

섹션기획서는 전체 제안서의 전략, 솔루션, 내용과 일치하여야 한다. 전체 제안서의 방향과 일치하는 섹션을 작성하기 위해서 섹션기획서를 사용한다.

우선은 약속한 일정 내에 최선을 다해서 자신이 맡은 섹션을 잘 써야 한다. 제안서를 잘 썼다고 해도 일정을 넘기면 아무 의미가 없다는 사실을 작성자에게 각인시키라. 섹션에서 이기고 전체에서 지는 멍청한 짓은 하지 말라. 지금도 많은 사람이 이런 실수를 하고 있다. 부분 최적화가 전체의 최적화는 아니라는 점을 반드시 명심하라. 철저한 시간 관리와 기획의 차별성이 제안서의 수준을 궁극적으로 결정한다.

그런데 우선, 제안서 전체의 틀을 잡기 위해서는 제안서의 기획이 가장 중요하다. 제안 기획의 핵심은 제안서 전체 계획서를 먼저 작성한 후 이를 각 섹션에서 구현하는 것이다.

쉬플리에서는 전자를 **제안계획**(PMP: Proposal Management Plan)이라 하고, 섹션에 구현하는 것을 **섹션기획**(PDW: Proposal Development Worksheet)이라고 한다. **제안계획**(Proposal Plan)**은 제안 PM이 처음부터 만드는 것이 아니라 영업조직(또는 영업대표)에서 작성한 영업정보**(Capture Plan)**에 기반한 수주계획을 발전시키는 것이다.** 핵심은 **수주전략**(Capture Strategy)**을 제안전략**(Proposal Strategy)**으로 발전**시키는 것이다. 여기에 부가적으로 작성자 패키지(섹션기획서)와 일정 및 역할 분담 등을 추가한다.

제안 계획은 영업조직에서 작성한 영업정보(Capture Plan)를 토대로 제안서 작성을 위한 계획을 수립하는 것을 말한다. 따라서 영업 주요 정보(고객사 분석과 니즈 정의, 경쟁사와 시장환경 분석, 자사의 솔루션과 주요전략)뿐만 아니라 제안서 작성을 위한 구체적인 일정, 업무 분장, 제안전략을 포함하여야 한다. 만약 조직에 이런 영업정보를 구현하는 도구가 없다면 영업조직에 영업정보를 담을 도구를 개발할 것을 요구하든지 아니면 스스로 그 도구를 만들어야 한다.

그림 1. 제안계획으로 발전하는 수주계획

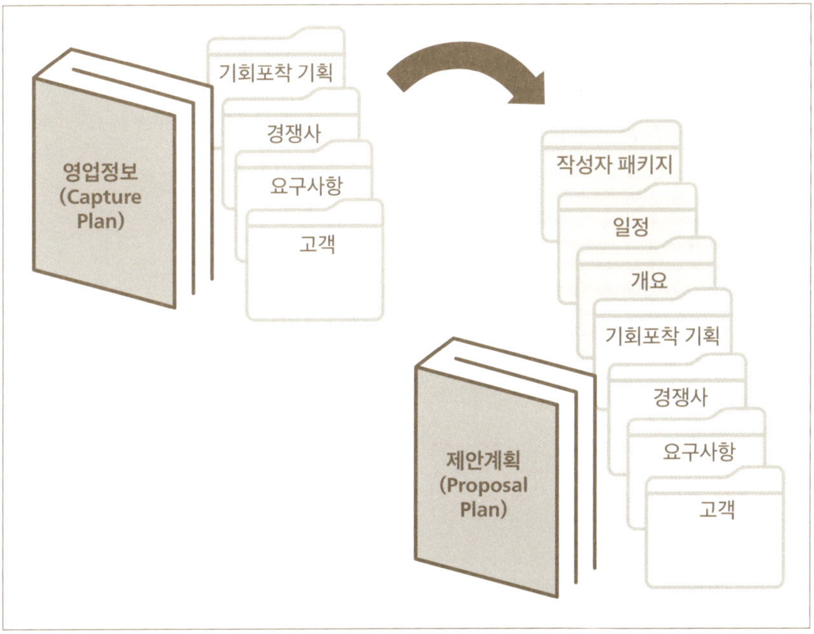

수주계획에는 고객, 요구사항, 경쟁사, 성공 전략에 관한 정보가 정리되어 있다. 이를 제안서 기획으로 발전시키면 제안서 작성 시 소요되는 지원을 획기적으로 절감할 수 있다.

제안계획을 통해 제안서 전체의 솔루션, 전략 등을 이해하였다면 이제 제안서 작성자는 섹션을 스스로 기획해야 한다. 내가 맡은 섹션에 담아야 할 고객의 공식적인 요구조건, 주요 전략과 솔루션을 정리하고 이를 통해 제안작성팀 및 리더와 섹션전략을 확인하고 합의한다.

이 대목은 가장 어려운 동시에 가장 중요한 부분이다. 왜냐하면 전체 제안계획 작성까지만 해도 어쨌든 그 회사의 제안 전문가가 하는 영역이지만 이 섹션기획서는 실제 현업에서 과제를 수행 중인 현장 전문가(대부분 엔지니어)가 작성하기 때문에 상당히 어려워한다. 하지만 이 도구를 활용하는 데 실패하면 제안서는 어김없이 고객의 니즈를 반영하지 못한 '카탈로그' 수준의 솔루션 중심 제안서가 될 것이다. 명심할 것은 '솔루션 중심의 제안서는 나쁜 제안서이고 고객의 니즈와 가치 중심의 제안서가 좋은 제안서'라는 점이다.

> **Shipley Tip**
>
> **제안계획서(PMP: Project Management Plan) 포함 내용**
>
> 제안계획서는 제안의 복잡성, 프로젝트의 규모, 제안서 작성팀의 경험과 역량에 따라 다양하지만 일반적으로 아래의 사항을 포함한다.
>
> | 내용 | 첨부 |
> |---|---|
> | 1. 프로젝트 요약 | A. 제안서 작성 일정 |
> | 2. 고객정보 | B. 제안서 목차 |
> | 3. 경쟁사 분석 | C. 작성자 정보 |
> | 4. 제안 전략과 주제문 | D. 제안 전략 |
> | 5. 담당자 역할과 책임 | E. 제안 요약 |
> | 6. 제안서 작성팀 운영(시설, 지원, 절차) | F. WBS와 WBS 사전 |
>
> * WBS: Work Breakdown Structure 작업 분할 구조

다음 페이지에 있는 제안계획서의 프로젝트 요약 부분 예시를 참고하라.

예시 1. 제안계획서(PMP: Project Management Plan) 프로젝트 요약부분

Proposal Management Plan

Proposal Management Plan

프로젝트 요약

일반정보

고객사	완소병원
계약명	완소병원 IT 헬프데스크 아웃소싱
주요 요구 사항	헬프데스크, 사용자 지원 서비스, 부대 서비스를 제공할 수 있어야 함
계약 유형	경쟁입찰 후 우선협상 대상자 선정
계약 기간	20XX 년 7 월 3 일 ~ 20XX 년 7 월 30 일
계약 추정 가치	협상 후 추정
계약 지속 기간	계약 후 5 년
RFP 발행일	20XX 년 6 월 9 일
제안 마감일	20XX 년 6 월 28 일
제안서 제출처	완소병원

주요 사항

제안 PM	신제안(제안프로젝트 총괄)
영업 PM	나영업(영업정보 수집 총괄)
팀원들	이미소, 김대화(고객사 영업정보 수집) 강열정, 나이수(경쟁사 영업정보 수집)
기획 포착 기획	오찬수
기획 포착팀 리더	최선두

제안 범위 및 결과물

업무 범위	헬프데스크, 사용자 지원 서비스, 부대서비스
주요 과업	900 개의 데스크톱과 300 개의 노트북으로 IT 서비스 지원
결과물	사업제안서 10부, 비용분석서 2부, 첨부자료5 부
제안 조직	IT 팀, 솔루션 협력업체, 제안 컨설팅사

© 2009 Shipley Associates, Shipley Korea. All rights reserved.

제안계획서는 영업정보(Capture Plan)를 근간으로 작성하라. 영업정보가 없다면 영업담당자와 함께 작성하라. 고객과 경쟁사 정보, 제안 전략뿐만 아니라 일정과 구체적인 역할 분담까지를 포함하라.

4.3.2 섹션기획서를 작성하라

섹션기획서를 어떻게 작성하는지 구체적인 사례를 통해서 알아보자. 〈예시 2〉의 섹션기획서는 군수 사업(무기체계)에 맞게 수정된 버전이다.

섹션기획서 작성의 기초 자료(Input)는 충실도 체크리스트(Compliance Checklist), 전략기술서, 목차이다. 이를 기초로 제안 요청서(RFP)에 없는 하위 목차를 개발하고, 고객의 요구에 부합하는 솔루션을 정의하고, 섹션 메시지를 개발(Process)한다. 그 결과 결정되는 것이 핵심 비주얼과 키워드(output)이다.

그림 2. 섹션기획서 작성

Input	Processing	Output
• 충실도 체크리스트 (Compliance Checklist) • 전략기술서 (Strategy Statement) • 목차(Outline)	• 세부 전략 개발 • 하위 목차 개발 (Sub-Outlining) • 솔루션 정의 (Solution Define) • 섹션메시지 개발 (Section Message Development)	• 핵심 비주얼(Key Visual) • 키워드(Key Word)

• **Input:** 섹션기획서 양식의 1. 섹션개요 2. 충실도 체크리스트 3. 섹션전략과 4번 내용 중 제안서 목차까지는 PM(또는 Core Team)이 섹션별로 작성해서 배포한다. 따라서 섹션기획서는 단순히 양식을 제공하는 것이 아니라 이 부분을 채워 줌으로써 작성자 정보(Writer's Package)라고 부른다.

물론 PM에게 받은 섹션전략에서 구체적인 하위 전략을 더 개발할 수 있고, 목차 역시 PM이 제공한 목차에서 하위 목차를 더 개발할 수 있다. 충실도 체크리스트, 섹션전략, 목차는 PM의 작업지시서로서 반드시 준수해야 하는 것이다.

- **Processing:** 내용 전문가인 섹션 작성자가 솔루션을 정의할 수 있다. 이를테면 '20t 미만, 100km 이상 속도로 시가전에 최적화된 장갑차'가 전체적인 전략이라면 여기에 가장 어울리는 엔진이 무엇인지는 엔진 전문가만이 알 수 있기 때문에 거기에 맞는 솔루션을 결정해야 하는 것이다. 솔루션이 결정되면 메시지를 개발할 수 있는데 메시지 개발이란 '솔루션이 고객에게 주는 효용(Benefit)을 정의하는 것'이다.

- **Output:** 솔루션과 메시지 개발이 끝나면 그 결과문은 주제문(Text)과 그림(Visual)으로 표현된다. 여기에서 제안서에 들어갈 모든 내용을 작성하면 좋지만 그것은 대부분 물리적 시간적 제한으로 불가능하므로 우리의 '핵심차별화요소(Discriminators)'를 빠짐없이 표현하는 것을 목표로 삼아야 한다. 그래픽은 여기에서 모두 개발하라는 뜻이 아니라 어떤 그래픽을 삽입할지를 '결정'하는 것이므로 해당 그래픽이 없을 때는 어떤 그래픽을 삽입할지를 '결정'해서 글로 표현해 놓고, 추후에 제안서 작성 때 삽입하면 된다.

예시 2. 섹션기획서 (1/4)*

섹션기획서

1. 섹션 개요

제안서 이름	근접OO무기체계사업	작성자	김OO
섹션 번호, 제목	2권_1.6. 체계통합 및 핵심부품 제작 능력	RFP페이지	3쪽
예상 페이지 분량	15	평가유형 (평가점수)	정성적(5)
해당 평가항목	체계종합	예상평가 기준	체계종합 업체로서 통합능력

2. 충실도 체크리스트 - 공식적 요구사항

고객 요구사항 목차 번호	고객 요구사항	제안서 목차
1.3	체계통합 능력을 묘사하라	1.6.1 체계통합
3.2.1	체계통합의 기술적 우수성을 제시하라	1.6.1.1 추진전략
3.2.1.7	체계통합 요소를 식별하고 통합방안을 제시하라 - 탐지/추적 레이더 체계 - 지휘 통제 체계 - 함포 체계	1.6.1.2 체계통합방안

3. 섹션 전략 - 전략 기술문 상의 전략 또는 신규 세부전략 수립

제안서 목차	무엇을 제안할 것인가? (Contents)	제안서에 어떻게 표현할 것인가?
1.6.1 체계통합	지휘통제 기술 중심으로 개발/관리팀을 강조하라	지휘통제 기술 구현 형상(XX사업 개발 형상)사진 및 지휘통제 체계를 그림으로 제시
1.6.1.1 추진전략	제안사 보유 M&S 전문 자원을 활용하여 개발 리스크가 없음을 강조하라	1. M&S 시설, 인력 등 자원 현황표와 실제 사진 함께 제시 2. M&S 전문 협력업체와의 MOU 자료 제시
1.6.1.2 체계통합방안	XX 개발 경험의 3D 기반의 탐지 기술을 적용한 체계통합방안을 제시하라	3D 기반의 탐지 기술 개발 사진을 SE 프로세스와 함께 제시
1.6.2 핵심부품개발	OO 체계 개발 경험을 활용하여 획득한 핵심 부품 및 핵심 소요기술을 100% 보유하고 있음을 강조하라	이번 사업의 핵심 부품 목록과 기 보유 여부 그리고 소요되는 기술을 일대일 매칭표로 제시

*본서에서는 독자의 충분한 학습을 위해 기존 버전의 Tool을 삽입했습니다.
최신 버전의 Tool은 쉬플리코리아 홈페이지(http://www.shipleywins.co.kr)에서 다운받을 수 있습니다.
(파일 비밀번호는 책 표지 안쪽 참고)

© Shipley Associates, Shipley Korea, All rights reserved

예시 2. 섹션기획서 (2/4)

4. 목차개발 (Outline) 및 자사 솔루션과 고객의 효용

제안서 목차	추가 하위 목차 개발	자사 제안 솔루션	고객이 얻게 될 효용	핵심 차별화 요소
1.6 체계통합 및 핵심부품 제작 능력		• 체계통합 경험 - OO체계통합 경험 외 2건 • XX 사업 체계통합 경험을 통한 핵심부품 식별의 타당성 제시 • 핵심 소요기술 56건 보유 • 지휘통제 기술 개념 이해도 강조	• 안정적인 체계통합 • 적기전략화 • 체계통합 요구사항 만족 • 개발기간 6개월 단축	○
1.6.1 체계통합		• XX사업 개발경험 • 체계특성 이해 • 지휘통제 개념에 대한 체계통합 적용 방안 수립	• 체계통합 신뢰성 보장 • 한국형 독자 모델의 체계통합 달성 • 감지성능 향상	○
1.6.1.1 추진전략		• 체계통합을 위한 기술적 지원 - 10종의 M&S 자원	• 통합 시 발생할 수 있는 위험 제거 • M&S 자원 활용의 개발 전문성 강화	
1.6.1.2 체계통합 방안		• 탐지/추적 통합기술 보유 - 3D 기술 중심의 통합	• 감지범위 15% 향상	○
	1.6.1.3 체계통합 계획	• 체계통합 기술 보유 - 탐지/추적 체계의 높은 기술 완성도	• 기술 완성도 향상 • 개발 일정 준수	
1.6.2 핵심부품 개발		• 항공기와 미사일을 식별하는 기술 적용 • XX 사업 경험을 통한 핵심부품 식별 사항 • 핵심부품 개발에 필요한 기술 보유	• 포탄, 미사일을 낭비하지 않아 군수비용 20% 절감 • 핵심부품 개발에 필요한 소요기술 100% 보유	○
	1.6.2.1 개발계획	• S/W, H/W 모듈화 설계 • 핵심부품별 개발일정 세부계획 수립	• 관리비용 절감 • 개발일정 준수	

© Shipley Associates, Shipley Korea, All rights reserved

예시 2. 섹션기획서 (3/4)

5. 섹션 주제문 - 솔루션과 효용으로 구성	
제안서 목차	주제문
1.6 체계통합 및 핵심부품 제작 능력	OO외 2건의 체계통합 경험으로 안정적인 체계통합이 가능하고, AA를 비롯한 핵심소요기술 56종을 활용하여 개발기간을 6개월 단축하겠습니다.
1.6.1 체계통합	제안사는 근접OO무기체계의 기술적 특성을 이해하고 있으며, OO체계 개발경험을 활용한 체계 통합으로 개발 신뢰성을 보장하겠습니다.
1.6.1.1 추진전략	제안사는 10종의 M&S 기술 및 자원을 활용하여 개발 전문성을 강화하겠습니다.
1.6.1.2 체계통합 방안	3D 기술 중심의 통합으로 감지 범위를 15% 향상시키겠습니다.
1.6.1.3 체계통합 계획	탐지/추적의 높은 기술 완성도로 개발일정을 준수하겠습니다.
1.6.2 핵심부품 개발	OO체계 개발 사업에 활용한 핵심 소요기술 56종을 활용한 탐지 기술로 군수비용을 20% 절감하겠습니다.
1.6.2.1 개발계획	무기체계 구성품 모듈화 설계로 관리비용 OO억 원을 절감하겠습니다.

© Shipley Associates, Shipley Korea, All rights reserved

예시 2. 섹션기획서 (4/4)

6. 그래픽 기획 - 제안서 본문에서 무엇을 어떻게 표현할 것인가?

그래픽	2레벨 섹션요약	안정적인 체계통합 및 개발기간 6개월 단축 AA 등 핵심기술 56종 / BB 기술 등 40종 M&S 기술 15종 / ~ 기술 등 OO체계 개발 경험 XXX체계 개발 경험 mm체계 개발 경험 내부에 들어가는 글은 수정할 수 있도록 만들어서 세부적인 기술이 들어갈 수 있도록 그림
	번호/제목	그림. 유사사업 경험을 통합 체계통합
	설명문	OO외 2건의 체계 개발경험을 바탕으로 안정적인 체계통합을 시행하고, 핵심 기술, 검증 기술을 활용하여 개발기간을 6개월 단축시키겠습니다.
그래픽	핵심 차별화요소	• XX 사업 개발 형상 사진 - 1.6 콜아웃에 사업명과 사업기간 명시하여 제시 - 1.7.1에 크게 제시하고 개발 특징 및 체계 종합한 성과 강조 • M&S 보유 자원 10종 사진 - M&S팀과 협의하여 이번 사업과 관련된 M&S 결과 자료가 활용 가능한지 확인 후 사용 - 보유 자원을 어떻게 활용할 것인지 제시 • 3D레이더 탐지 화면 결과 사진

© Shipley Associates, Shipley Korea, All rights reserved

1. 섹션 개요

섹션 개요는 해당 섹션의 전반적인 정보를 PM(PL 혹은 핵심팀)이 직접 작성한다. 섹션 개요를 PM이 직접 작성하는 목적은 고객의 핵심 요구사항과 제안전략이 빠짐없이 섹션별로 구현되도록 하기 위함이다.

섹션 개요의 항목 및 작성 방법

- 제안서 이름: 프로젝트명을 기입
- 섹션 번호_제목: '권_섹션 번호_섹션 제목'의 순으로 작성
- RFP 페이지: 해당 섹션과 연관되는 제안 요청서 페이지를 모두 기입
- 예상 페이지 분량: 해당 섹션의 할당된 페이지 분량을 작성
- 평가 유형(예상점수): 해당 섹션의 정성·정량 평가 유형을 작성하고 예상 점수 기입
- 해당 평가 항목: 평가 기준에 제시된 평가 항목과 분류를 작성
- 예상 평가 기준: 해당 섹션의 주요 평가 기준을 작성

표 1. 섹션 개요

섹션 개요는 전체 제안서에서 해당 섹션에 대한 기본 정보를 제공한다.

제안서 이름	근접 ○○무기 체계 사업	작성자	김○○
섹션 번호, 제목	2권_1.6 체계통합 및 핵심 부품 제작 능력	RFP 페이지	3쪽
예상 페이지 분량	15	평가유형(평가점수)	정성적(5)
해당 평가항목	체계종합	예상평가 기준	체계종합 업체로서 통합 능력

2. 충실도 체크리스트(고객의 요구조건 체크리스트)

고객의 공식적인 요구사항을 빠짐없이 나열하는 것을 말한다. 이것은 섹션기획서에서 제안 PM이 내용을 채워서 주는 부분으로 작업지시서로 이해하면 된다.

충실도 체크리스트의 항목 및 작성 방법

- 제안 요청서(RFP) 목차 번호: 고객 요구사항이 명시된 RFP의 목차 번호를 기입
- 고객 요구사항: 해당 RFP에 명시된 고객의 요구사항을 단문의 명령문(~하라, ~하여야 한다)으로 작성하고 고객의 비공식적 요구사항도 함께 작성
- 섹션 번호(제안서 목차): 해당 섹션의 어느 부분에서 고객 요구사항의 답을 제시할 것인지 해당 섹션 번호를 기입

표 2. 충실도 체크리스트

RFP 목차 번호	고객 요구사항	섹션 번호
1.3	체계통합 능력을 묘사하라	1.6.1
3.2.1	체계통합의 기술적 우수성을 제시하라	1.6.1.1
3.2.1.7	체계통합 요소를 식별하고 통합방안을 제시하라 - 탐지/추적 레이더 체계 - 지휘 통제 체계 - 함포 체계	1.6.1.2
	이하 생략	

충실도 체크리스트를 효과적으로 활용하기 위해서는 제안 요청서에 흩어져 있는 고객의 요구사항을 빠짐없이 기록하는 것이 중요하다.

3. 섹션전략

섹션전략에서는 해당 사업의 전체적인 전략 중 해당 섹션에 적용되는 전략적 사항들을 정리하고 세부 전략을 수립한다. 전략기술문상의 전략은 PM이 직접 이곳에 작성하여 할당하여야 하고, 이를 기반으로 작성자가 추가로 하위 섹션전략을 개발할 수 있다.

섹션전략의 항목 및 작성 방법

- 섹션 번호(제안서 목차): 수립된 전략이 적용되는 제안서의 섹션 번호를 기입
- 무엇을 제안할 것인가?: 고객 요구사항을 충족하기 위하여 어떠한 내용을 제시할 것인가를 기술
- 제안서에 어떻게 표현할 것인가?: 콘텐츠를 제안서에 어떻게 표현할 것인지 구체적인 방법을 기술

해당 섹션에서 전략적으로 제시할 차별화 포인트 내용을 제안서에 어떻게 표현해야 좀더 효과적일지 그 방법을 정리한다.

표 3. 섹션 전략

섹션 번호	무엇을 제안할 것인가?	제안서에 어떻게 표현할 것인가?
1.6.1	지휘 통제 기술 중심으로 개발·관리됨을 강조하라	지휘통제 기술 구현 형상 및 지휘통제 체계를 그림으로 제시
1.6.1.1	제안사 보유 M&S 전문 자원을 활용하여 개발 리스크가 없음을 강조하라	M&S 시설, 인력 등 자원에 대한 현황표와 실제 사진 함께 제시, M&S 전문 협력업체와의 MOU 자료 제시
1.6.1.2	XX 레이더 개발 경험의 3D 기반의 탐지 기술을 적용한 체계 통합방안을 제시하라	3D 기반의 탐지 기술 개발 사진을 SE 프로세스와 함께 제시
1.6.2	○○ 체계 개발 경험으로 획득한 핵심 부품 및 핵심 소요기술을 100% 보유하고 있음을 강조하라	이번 사업의 핵심 부품 목록과 기보유 여부 그리고 소요되는 기술을 일대일 매칭표로 제시

4. 목차 개발 및 자사 솔루션과 고객의 효용

목차 개발 중 하위 목차를 개발할 때는 고객 요구사항을 기반으로 작성한다. 하위 목차에서는 제시할 솔루션과 그에 따른 고객의 효용이 중요하므로 앞서 개발한 섹션전략의 내용을 반영해야 한다.

목차 개발 및 자사 솔루션과 고객 효용의 항목 및 작성 방법

- 추가 하위 목차 개발: RFP에서 제시된 목차가 있으면 반드시 따르고 없을 경우 충실도 체크리스트의 고객 요구사항을 기초로 하위 목차를 개발. 또한 섹션전략을 목차로 구성하여 목차 표제에서부터 전략적 포인트를 강조. 하위 레벨의 목차는 상위레벨에서 제시하는 제안 내용에 기초하여 상세내용의 제시가 필요할 때 추가 개발
  - RFP 목차에 '1. 설계계획'만 있다면 다음과 같이 세부 목차 개발
    1.1 시스템 통합설계
    1.2 H/W 설계
    1.3 S/W 설계
- 솔루션 정의: 전략과 고객의 요구조건에 부합하는 해당섹션의 솔루션은 내용 전문가인 작성자만이 결정할 수 있다. 솔루션의 전반적인 특징(Feature)을 정의하는 곳이다. 솔루션의 특징이란 솔루션의 어떤 측면(Aspects of Solution)을 말하는 것으로 품질, 가격, 기능, 특징 등을 말한다. 이 솔루션을 정의할 때는 판매자 조직의 위치가 아니라 고객의 위치에서 해야 한다. 고객의 위치에서 솔루션을 정의하는 방법은 고객의 이슈를 먼저 정리하고, 이 이슈를 해결하기 위해서 우리의 어떤 솔루션이 적합한지를 결정한다.
- 효용란에는 솔루션이 고객에게 제공하는 효용(Benefit)을 기술
  - 솔루션이 '개조가 용이한 모듈화 기술'이면 효용은 '다양한 항공기종에 장착 가능'과 같이 작성

- 차별성은 경쟁사와 차별화된 솔루션인지 분석하여 체크. 차별성이라고 체크된 솔루션은 반드시 해당 내용에 맞는 핵심 그래픽 기획

표 4. 목차 개발 및 자사 솔루션과 고객의 효용

목차 개발은 RFP에서 제시한 목차를 그대로 따르되 전략적 솔루션을 강조하기 위해서는 세부 목차를 추가로 개발한다.

추가 하위목차 개발	자사 제안 솔루션	고객이 얻게 될 효용	차별성
1.6 체계통합 및 핵심부품 제작 능력	• 체계통합 경험 　-○○체계통합 경험 외 2건 • XX 사업 체계통합 경험을 통한 핵심부품 식별의 타당성 제시 • 핵심 소요기술 56건 보유 • 지휘통제 기술 개념 이해도 강조	• 안정적인 체계통합 • 적기전략화 • 체계통합 요구사항 만족 • 개발기간 6개월 단축	V
1.6.1 체계통합	• XX 사업 개발 경험 • 체계특성 이해 • 지휘통제 개념에 대한 체계통합 적용방안 수립	• 체계통합 신뢰성 보장 • 한국형 독자 모델의 체계 통합 달성 • 감지성능향상	V

5. 섹션 주제문

섹션 주제문은 그 섹션에서 가장 핵심적인 내용을 표현해야 한다. 고객이 해당 섹션에서 무엇을 원하는지, 우리는 고객을 만족시키기 위해 무엇을 제안할 것인지, 고객은 우리가 제안한 내용으로 무엇을 얻게 될 것인지를 구체적이면서도 간결하게 작성해야 한다.

섹션 주제문의 항목 및 작성 방법

- 목차는 개발된 목차 순서대로 작성
- 주제문은 가능하면 '솔루션의 특징'을 '고객의 효용'으로 연결
  - "무기의 소형화로 에너지 손실을 10% 줄이겠습니다."

- 효용은 가급적 정량화하여 표현

표 5. 섹션 주제문

목차	주제문
1.6 체계통합 및 핵심부품 개발 능력	○○ 외 2건의 체계통합 경험으로 안정적인 체계통합이 가능하고, AA를 비롯한 핵심 소요기술 56종을 활용하여 개발기간을 6개월 단축하겠습니다.
1.6.1 체계통합	제안사는 근접○○무기체계의 기술적 특성을 이해하고 있으며, ○○체계 개발경험을 활용한 체계통합으로 개발 신뢰성을 보장하겠습니다.
1.6.1.1 추진전략	제안사는 10종의 M&S 기술 및 자원을 활용하여 개발 전문성을 강화하겠습니다.
1.6.1.2 체계통합 방안	3D 기술 중심의 통합으로 감지 범위를 15% 향상시키겠습니다.

주제문은 앞서 개발한 솔루션과 효용에서 가장 핵심적인 내용을 중심으로 간결하고 명확하게 표현한다.

6. 그래픽 기획

그래픽은 우리가 제안하는 내용을 고객이 이해하는 데 도움을 주고 제안할 내용의 실현 가능성에 신뢰감을 강화하기 때문에 반드시 필요하며 평가자가 내용을 쉽게 파악하도록 만드는 것이 중요하다.

그래픽 기획의 항목 및 작성 방법

- 그래픽 기획의 핵심은 해당 섹션에서 제안하는 사항의 근거를 빠짐없이 표현하되 핵심 키워드가 강조되도록 내용과 원칙을 명확히 제시
- 설명문은 그래픽의 상세 설명으로 제목(정보 표제)+내용으로 구성. 내용은 주제문 작성과 동일하게 솔루션의 특징과 효용을 연결하여 표현
  - "M&S 결과: 3% 무게 감량으로 에너지 손실을 10% 감소시키겠습니다."

- 핵심 차별화요소의 그래픽은 어떤 자료를 가지고 어떻게 활용할 것인지 그 기획을 구체적으로 작성

그림 3. 그래픽 기획

그래픽 기획은 제안 내용에 맞추어 새롭게 개발되어야 하는 그래픽뿐만 아니라 차별화요소를 강조하기 위해 사용해야 할 그래픽을 어떻게 활용할 것인지를 구체적으로 계획을 수립하는 것이 중요하다.

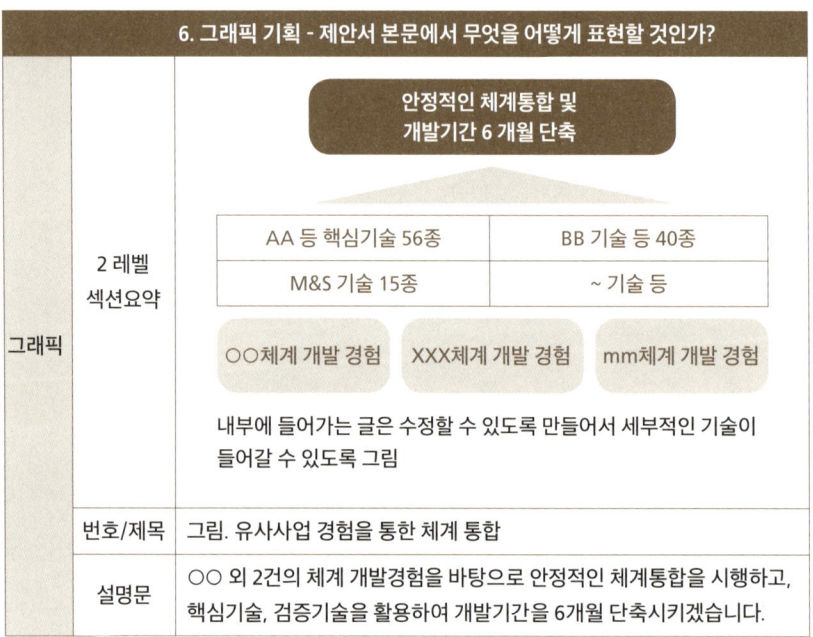

국내 제안과 해외 제안은 제안 프로세스와 작성 방식에 차이가 있기 때문에 제안사업의 특성에 따라 수정하여 사용할 수 있다. 그러나 섹션기획서의 근본적인 원리는 동일하다.

Shipley Associates Proposal Development Worksheet

Writer's Information

Relevant Proposal Information

Proposal	Army Ultralight Aircraft
Volume and Section	2.2
Section Title	Performance
Number of Pages	6
Number of Visuals	6
Other Information	None
Author	Bill Yount

Relevant RFP Locations

Instructions (L*)	L.21.2.2, p. C-29
Evaluation Criteria (M*)	M.2, M.3.1.3, pp. C-33, 34
Statement of Work (C*)	C.3.2, pp. C-7,8
Deliverables (F*)	F.2, p. C-13
Data (CDRLs*)	None
Attachments	A004, DI-T-20724
Other RFP References	None

*Section in a Federal RFP

Section Compliance Checklist

RFP Paragraph	Compliance Requirement
L.21.2.2	Describe performance capabilities of aircraft per SOW C.3.2
L.21.2.2	Verify performance claims with data from actual flight, field testing, wind tunnel, or lab studies
L.21.2.2	Discuss performance factors: - Flight control & handling - Aerodynamic stability - Glider capability - Noise muffling - Adaptability to various environments & operating conditions
C.3.2.1	Carry 1 pilot, gross weight with radio and equipment up to 220lbs
C.3.2.2	Top speed at least 50 mph
C.3.2.3	Minimum cruise speed of 30 mph
C.3.2.4	Stall speed not more than 27 mph
C.3.2.5	Sea-level climb rate at least 400 fpm
C.3.2.6	Takeoff run not exceeding 150 ft
C.3.2.7	Landing roll not exceeding 150 ft

Section Outline (Based on Requirements of RFP)

Section Number	Section Title
2.2	Performance
2.2.1	Flight Control & Handling
2.2.2	Aerodynamic Stability
2.2.3	Glider Capability
2.2.4	Noise Muffling
2.2.5	Adaptability

예시 3. 참고자료: 해외 제안의 섹션기획서 (2/5)

To use all features of form, enable macros. See Word Help for instructions.
For context-specific help, press F1 (Windows) or Help or Command + / (Mac OS).

Relevant Proposal/Volume Strategies

Emphasize our proven performance over 20 years and extensive testing.

Defining Your Solution

Major Issues

Easy to use. Positive stability for self-corrective flying, enhancing ease of training and flying.
High glide ratio, extended range, and quiet operation for stealthy missions.
Operable in a variety of restrictive terrains and adverse conditions.

Approach(es) to Requirements and Issues

1. Offer off-the-shelf model UQ601 with added Total Quiet noise muffler. Capitalize on our extensive test data and experience in the ultralight marketplace.

2. Use Total Quiet muffler to deliver a near-stealth mode of flying. Use extensive data collected during testing for the Cascadia Timber contract to demonstrate low noise signature.

3. Propose pull-rope restart, emphasizing reliability and maintainability compared to electric start.

4. Propose existing landing configuration despite long rollout. Emphasize ground handling advantages of balloon tires to counter this specification exceedance.

Features and Benefits of Your Solution

Features	Benefits	Important?	Unique?
Positive stability	Forgiving nature for novice pilots	☐	☐
Extended range--135 miles	Greater reconnaissance capability	☐	☐
High glide ratio 8:1	More observation time, better reconn	☐	☐
Ballon tires	Greater adaptability in more terrain, greater pilot safety	☐	☐
Noise muffler (*Total Quiet*)	Low detectability, good communications	☐	☐

Copyright 2011 Shipley Associates.

예시 3. 참고자료: 해외 제안의 섹션기획서 (3/5)

To use all features of form, enable macros. See Word Help for instructions.
For context-specific help, press F1 (Windows) or Help or Command + / (Mac OS).

Features and Benefits of Your Solution

Features	Benefits	Important?	Unique?
Noise muffler (Total Quiet)	Low detectability, good communications	☐	☐
		☐	☐
		☐	☐
		☐	☐

Developing Your Section Messages

Section Discriminators

Us (Positives)	Them (Negatives)	Ghost?
135 - mile range	Electric start	☐
8:1 glide ratio	Higher altitude (12,000 ft)	☐
Balloon tires	Higher speed (65 mph)	☐
Total Quiet muffler	Shorter landing roll (100ft)	☐

Risk Management

Risk Element	Management Approach
Risk of long landing roll is moderate	We could add brakes at extra cost, extra weight. However, compensating balloon tires give more landing options and should provide acceptable risk.

Relevant Experience

Cascadia Timber contract delivered ultra-quiet aircraft for wilderness management

Past Performance

Our performance on Cascadia contract for ULA use in timber country near designated wilderness areas was excellent. Our track record should provide convincing evidence of cost control.

예시 3. 참고자료: 해외 제안의 섹션기획서 (4/5)

To use all features of form, enable macros. See Word Help for instructions.
For context-specific help, press F1 (Windows) or Help or Command + / (Mac OS).

Section Messages

Emphasize range, glide ratio, tires, and muffler. De-emphasize positive stability because others also have it

Section Theme Statement

The performance characteristics of the UQ601 meet or exceed essential design requirements for an effective and easy-to-operate reconnaissance platform. The aircraft's performance is substainated by 20 years of flight, field, wind tunnel, and lab test data.

예시 3. 참고자료: 해외 제안의 섹션기획서 (5/5)

Context-specific help is not available on this page
This page is unprotected to allow copying, pasting, and inserting.

Creating Key Visuals

To create visual, click in space below and use these options:
- **Copy** and **Paste** from another document
- **Insert illustration** (choose **Picture**, **Clip Art**, **Shapes**, or **Chart**) or **Object**
- **Insert Table** and edit with standard techniques
- Enable some features by **unprotecting** document first and **reprotecting** afterwards

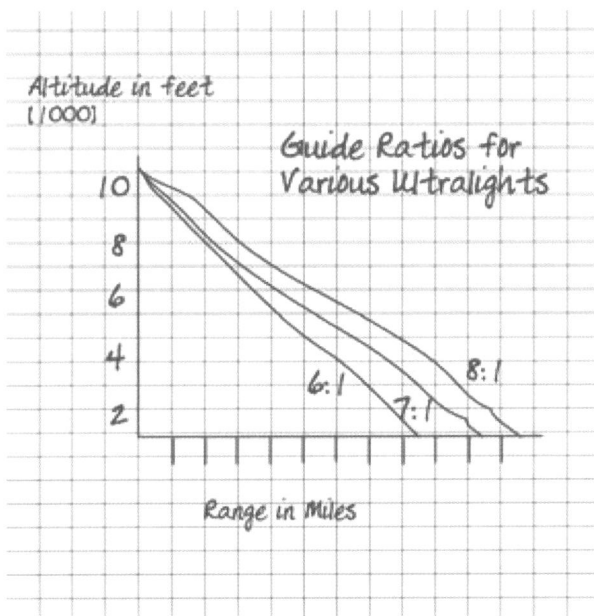

Action Caption

Figure Number	Figure Title
2.2-1	Superior Glide Ratio.

Caption
An 8:1 glide ratio gives the UQ601 longer unpowered range than other commercially available ultralights.

To add a new visual page **BEFORE** or **AFTER** this one, double-click the appropriate button: **Before** **After**

4.4
제안서 구조와 템플릿

제안하는 내용이 아무리 좋아도 제안서의 구조가 논리적이지 않다면 고객과 평가자가 핵심을 파악하기 어렵다. 헤드라인(Head-Line) 식으로 불리는 피라미드 구조는 제안서뿐만 아니라 대부분의 비즈니스 문서에서 활용된다.

4.4.1 제안서는 논문이나 소설이 아니다

제안서는 논문이나 소설과 다르다. 특히 작성 목적과 읽는 목적이 다르기 때문에 구조(Organization) 자체가 다르다. 소설을 읽는 사람은 결론을 찾아가는 여행의 과정을 즐긴다. 그래서 소설은 다양한 배경과 인물이 등장하면서 스토리가 전개된다. 논문 역시 결론을 지지하기 위한 많은 전제와 가정, 증명이 먼저 제시되어 아래 그림과 같은 역삼각형의 구조를 따른다.

그림 1. 소설의 전개 구조

```
소설은 엄청나게 많은 정보를 통해 배경, 인물의 캐릭터를 설명하고 또한
    사람들에게 어떤 일이 일어날 것인지 예측을 가능하게 하는 단서들을
            제공함으로써 시작되고, 이야기 전개를 위해
                좀더 중요한 정보를 제공하고 그 결과
                    소설은 계속 진행되어 점차
                        클라이맥스와 파국으로
                         치닫게 된다. 그리고
                            이것이 결론
                              이다
```

제안서 구조는 소설 혹은 논문과 어떻게 다른가? 제안서는 논리 전개 방식이 신문이나 잡지의 헤드라인과 매우 유사하다. 먼저 결론이 나오고 그 다음에 이를 증명하는 구체적인 증거가 제시된다.

그림 2. 제안서의 전개 구조

예,
우리는
제안서 상에
있는 귀사의 니즈를
충족시키고 비용 역시 절약
할 수 있습니다. 우리는 그것을
2009년 8월 1일 전에 끝낼 것입니다.
우리는 귀사가 잘 알고 있고 신뢰하는 직원들을
파견하겠습니다. 우리는 서비스 첫 해를 무료로 제공하여
3만 달러를 절약할 수 있도록 하겠습니다. 다음은 우리의 일정입니다.
신제안, 수주왕, 최강서, 이분들이 이 프로젝트를 진행하겠습니다. 우리의
12개월 서비스 지원은 다음을 포함합니다. 헬프라인, 2시간 이내의 고장 수리 조치,
우리는 ISO 9000인증서와 훌륭한 OHS 기록을 갖고 있습니다. 세부 내용은 첨부 참조.

CEO를 포함한 C-level의 매우 바쁜 사람은 신문을 어떻게 읽는가? 헤드라인만 본다! 제안서가 5페이지든지 5,000페이지든지 제안 요약(Executive Summary)이 중요한 이유가 여기에 있다. 역설적이게도 의사결정에서 중요한 의사결정자일수록 제안서를 자세히 읽을 시간적 여유가 적다. 피라미드 구조가 유용한 이유는 정보를 신문의 헤드라인처럼 구조화하기 때문이다. 헤드라인은 어떤 정보가 어디에 있는지를 제시하는 제안서의 '신호등' 역할을 한다.

> 줄거리를 전개하는 소설이나 논리를 전개하는 논문은 역삼각형의 구조를 갖지만 제안서는 신문 헤드라인과 유사한 피라미드의 논리구조를 갖는다.

표 1. 제안서의 구조는 신문 헤드라인과 유사하다

	소설	논문	제안서
작성 목적	즐거움 제공	주장 증명	판매
읽는 목적	즐거움	학습(이해)	선택(의사결정)
대상	일반대중	전문가	의사결정자
구조	미스터리 전개 ▼	논리 전개 ▼	신문 헤드라인 ▲

4.4.2 4-Box로 헤드라인 구조를 만들어라

제안서를 대학 교재처럼 쓰는 기존의 틀에서 벗어나야 한다. 구조에 변화를 주면 평가자가 혼란스러워하지 않을까 걱정할 필요가 없다. 구조 변화로 제안서가 훨씬 읽기 쉽고 평가가 쉬워지기 때문이다. 읽고 평가하기 쉬운 제안서가 가장 좋은 제안서이다.

좋은 제안서를 만드는 구조는 다음의 4가지 요소를 포함해야 한다.

Box 1 (주제문): 명확한 주제를 통해 당신의 목적을 시사한다.

전달하고자 하는 메시지의 본질을 요약하라. 평가자가 알길 원하고, 하길 원하며, 느끼길 원하는 바를 기술하라.

Box 2 (요약/소개): 섹션의 구조를 제시하라.

구매자에게 가장 큰 영향을 줄 포인트 중심으로 구조화하라.
Box 1과 2는 섹션 공간의 10% 정도를 할당한다.

Box 3 (본문): 평가자를 납득시킬 수 있는 자세한 근거나 사항을 제공한다.

Box 2에서 소개된 사항 순서대로 본문을 구조화하라.
Box 3에서는 섹션 페이지 수의 약 80%를 할애하게 된다.

Box 4 (재요약): 다시 한 번 요약하라.

구매자가 (당신이 원하는) 해야 하거나, 알아야 할 것, 느껴야 할 것들과
그 이유를 요약하라. 다음 단계에서 나올 내용을 명확히 제시하는 것으로 끝내야 한다.
마지막 10%는 Box 4에 할당된다.

예시 1. 4-Box 구조

BOX 1: 주제문	목적을 명확한 주제문으로 표현하라. 핵심 메시지를 요약하라. 고객이 했으면 하는 것 또는 알거나 느꼈으면 하는 것들을 기술하라.

BOX 2: 요약/소개	문서의 구조를 제시하라. 고객에게 가장 영향력 있는 포인트 중심으로 구조화하라.

하위 주제들

BOX 3 : 본문	고객에게 설득력 있는 세부 내용을 제공하라. Box 2에서 소개한 구조를 유지하라.

하위 주제

© Shipley Associates, Shipley Korea, All rights reserved

| BOX 3: 본문 | 고객에게 설득력 있는 세부내용을 제공하라. Box 2에서 소개한 구조를 유지하라. |

주제

주제

주제

| BOX 4: 재요약 | 고객이 했으면 하는 것, 알거나 느껴야 하는 것과 그 이유를 요약하라. 현실적이고 성취 가능한 다음 단계를 언급하면서 마무리하라. |

© Shipley Associates, Shipley Korea, All rights reserved

예시 2. 4-Box 적용 전

제목: 풀리쉬빌딩

저희 회사에 문제가 하나 발생했습니다. 저희는 개발을 위한 주요 공사 프로젝트를 진행 중인데,
계획을 실행하는 데 필요한 실험실 장비를 적치할 공간이 저희에게는 없습니다. 저희는 혹시 시에서
이 부분에 도움을 주실 수 있으실지 여쭤보고 싶습니다. 종로 5가에 있는 풀리쉬빌딩이
현재 시 소유로 되어 있는데, 이 건물을 시청 청사로 확장하여 사용할 것을 고려하고 계신 것으로
알고 있습니다. 시청 청사 용도의 건물은 근처 다른 장소에서 더 저렴하게 구할 수 있다고 생각됩니다.
저는 납세자의 한 사람으로서 이번 시청 청사 건물 사용에 부정적으로 생각합니다.
용도에 관계없이 저희는 이 건물이 면적 면에서나, 종로 4가에 있는 본사 건물과의 접근성 면에서나
여러모로 우리 회사에 편리함을 제공할 것이라 여겨집니다. 저희 공사 담당 직원들은 본사에 있는 실험실을
풀리쉬빌딩으로 신속하게 이전할 수 있습니다. 건물 사용과 관련해서는 예산이
충분히 확보되어 있으며 지속적으로 건물의 유지가 가능합니다. 이번 사안과 관련하여 가능한 한
이른 시일 내에 결정을 내려주신다면 매우 감사하겠습니다. 관련 질문이나 하실 말씀이 있으시다면
언제든지 연락 주시기 바랍니다.

한개발 부장
센추리개발회사

예시 3. 4-Box 적용 후

풀리쉬빌딩의 개발 제안

BOX 1
납세자의 부담 없이 역사적인 풀리쉬빌딩을 임대 및 개발하는 건을 검토해 주시기 바랍니다.
우리는 제안 내용이 시와 우리 회사에 상호 이익을 가져다 줄 것이라 생각합니다. 플리쉬빌딩의 개발을 통해 예상되는 효과는 다음과 같습니다.

BOX 2
- 사기업의 투자유치를 통한 역사적 건물의 재건
- 도심의 경기부양
- 지역 사회 투자 확대

BOX 3
사기업의 투자유치를 통한 역사적 건물의 재건
우리 회사는 유휴 건물을 임차하여 우리의 필요에 부합하는 주요 연구시설로 변경시킬 계획이 있습니다. 풀리쉬빌딩은 현재 재건축 건물로 예정되어 있습니다. 그러나 재건축의 경우 납세자가 갖게 되는 부담은 효용보다 더 클 것으로 예측됩니다.

도심의 경기 부양
우리가 계획 중인 연구시설은 경기 부양을 가져와 도심에 새로운 일자리를 많이 창출할 것입니다. 그뿐만 아니라 우리 회사의 다른 부가 사업은 추가 수익을 가져다 줄 것입니다.

지역 사회 투자 확대
저희 회사는 종로 4가에 본사를 두고 도심에 장기 투자를 해오고 있습니다. 이 지역의 경기 침체는 저희에게 고민거리가 아닐 수 없습니다. 우리는 이 지역의 부흥에 기여할 책임감을 느끼고 있습니다.

BOX 4
저희 제안에 관심을 가져주셔서 감사합니다. 저희는 시의 긍정적 회신을 통해 도심 내 경제 활성화뿐 아니라 납세자들의 세금 부담을 덜어줄 수 있다고 확신합니다. 다음 진행을 위해 6월 25일에 연락 드리겠습니다. 그전에 연락을 원하신다면 626-6633으로 해주시기 바랍니다.

감사합니다.
한개발 부장
센추리개발회사

4-Box 적용을 통해 효과적으로 메시지를 전달할 수 있다.
4-Box는 제안서뿐만 아니라 E-mail에도 적용할 수 있는 원리이다.

4.4.3 섹션의 목업(Mock-Up)을 구성하라

1. 목업(Mock-Up)이 중요하다

목업이란 템플릿 이후에 제안서의 페이지를 어떤 내용으로 채울지를 결정하는 것이다. 다시 말하면 페이지별로 제안 내용과 위치를 결정하는 것이다. 이를 통해서 자신이 작성하고자 하는 의도대로 제안서를 작성할 수 있다. 템플릿은 제안서를 총괄하는 사람이 결정하지만 목업은 섹션담당자가 직접 결정하는 것이므로 작성자의 제안서 작성 의도가 그대로 구현된다. 기존에 있는 제안서를 짜집기하려 하지 말고 먼저 목업을 통해 섹션 작성의도를 명확히 하라.

2. Mock Up 4단계 작성법

① 결정된 템플릿에서 시작한다. 할당된 페이지 수에 유념하라.

② 제목과 할당된 공간을 결정한다. 대체로 본문 내용이 80%, 제목 및 주제문이 10%, 결론 및 마무리가 10%를 차지할 것으로 가정하라.

③ 그래픽과 주제문을 배치한다. 그 내용은 섹션기획서에서 가져오면 된다.

④ 상세 내용이 아니라 포인트를 적으라.

예시 4. 목업(Mock-up) 작업 예시

2.2 성능

실제 비행으로 입증된 디자인을 통해 비용 절감이 가능하며 육군 임무 수행에 필요한
모든 사항을 만족시키는 성능을 검증받았습니다.

요약 단락

콜아웃

2.2 / 하위표제 비행 통제 & 조종

훌륭한 균형감, 무게 분산 및 완벽한 안정성을 통해
UA 277은 이상적인 통제 반응을 보여줍니다.

그래픽 스케치

액션 캡션

콜아웃

- 조종사의 체중과 엔진의 연관성 기술
- 엔진 위치 표현
- 완벽한 안정성 표현
- 스틱과 중량 전환에 따른 통제 반응 기술

콜아웃

완성된 목업(Mock-up)은 제안서 작성자 자신이 쓰고자 하는 것의 틀과 지침을 제시한다. 콜아웃(callouts)은 짧은 글 박스 형태로, 페이지 오른쪽 2/3를 본문 글 작성에 할애하고 나머지 왼쪽의 1/3 부분은 남겨두는 레이아웃에서 주로 사용된다. 여기에는 두 가지 이점이 있다. 1) 본문의 행 길이가 짧아지며 글의 가독성이 더 좋아진다.
2) 콜아웃 공간에 본문의 차별화 요소 및 주장의 근거를 작성해 강조할 수 있다.

4.4.4 섹션 레이아웃을 결정하라

1. 페이지-칼럼 레이아웃

> 섹션 레이아웃에서 결정해야 할 것은 페이지-칼럼 레이아웃, 폰트, 강조 방법, 비주얼 크기 및 위치이다.

영문 제안서는 페이지 칼럼의 개수를 다양하게 하는데 한글 제안서에서는 주로 하나의 칼럼을 이용한다. 쉬플리코리아가 추천하는 제안서 레이아웃 중 하나는 칼럼의 폭을 좁히고 왼쪽(혹은 양쪽 끝)에 콜아웃 공간을 두어 핵심 메시지를 전달하는 것이다.

2. 폰트 선택

> 제목에 적합한 폰트와 본문에 적합한 폰트를 분명히 구분하고, 템플릿에 따라 통일감 있게 사용한다.

〈표 2〉에 정리된, 본문에 적합한 세리프체와 표제에 적합한 산세리프체의 차이는 글자의 '삐침' 유무이다. 본문에는 '삐침'이 있는 세리프체가 가독력을 높이고, 제목에는 '삐침'이 없는 산세리프체가 강조 효과를 높인다.

표 2. 폰트 선택

	한글	영문
본문에 좋은 폰트: 세리프(Serif)	신명조	Times New Roman
	바탕체	Garamond
	궁서체	Palatino
제목에 좋은 폰트: 산세리프(San Serif)	돋움	Helvetica
	굴림	AvantGarde
	고딕	Arial

예시 5. 콜아웃을 활용한 레이아웃

| 고객 RFP : _____ | Proposal NO : _____ |

Shipley Associates　　　　　　　　　　　**Template**

| 콜아웃 | 본문 |

Page ____

© Shipley Associates, Shipley Korea. All rights reserved.

한국 제안서는 1단의 칼럼을 사용하되 끝쪽 공간(콜아웃 공간)을 확보하여 핵심 메시지를 강조하는 것이 효과적이다.

3. 강조 방법

강조하고 싶은 텍스트는 굵은 글자체를 사용하되 통일한다. 추가로 강조하고 싶은 부분은 다른 글자체를 적용한다(영어의 경우 이탤릭체, 한글의 경우 헤드라인체). 밑줄이나 영어의 대문자 사용 등은 가독성을 떨어뜨리므로 피한다.

1. 글씨 크기
2. **굵게 강조**
3. 색상 사용
4. *기울기 사용(이탤릭체)*
5. **글씨체 변경**
6. ALL CAPITAL(영어 대문자 사용)
7. 밑줄 긋기 사용

4. 비주얼 크기 및 위치

- 비주얼이 나오기 전에 본문에서 그 내용을 언급한다.
- 수직 계열적(위에서 아래로) 원칙을 지켜서 읽기 편하게 한다.
- 비주얼과 텍스트를 통합하여 메시지를 효과적으로 전달한다.
- 아래에 그림 설명문(Action Caption)을 붙여서 비주얼만 보고도 내용을 완전히 이해할 수 있도록 한다.
- 비주얼 사이즈가 클 때는 중간이 아니라 상단이나 하단에 위치시킨다.

그림 3. 영어 제안서 템플릿

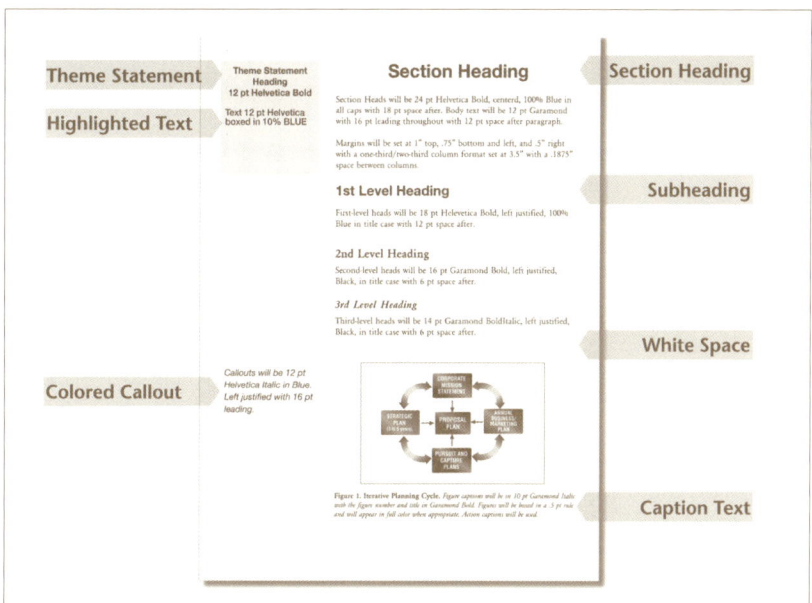

영어 제안서의 경우 위의 원칙을 적용하여 다음과 같은 템플릿을 완성할 수 있다.

비주얼을 해당 내용과 함께 배치시킨다. 텍스트 내용과 같은 페이지나 혹은 맞은편 페이지에 배치하여 넘겨보는 불편이 없도록 한다.

그림 4. 다양한 비주얼 배치 방법

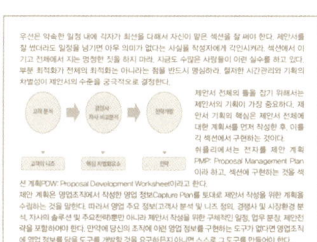

1단

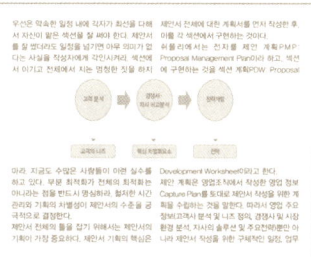

2단

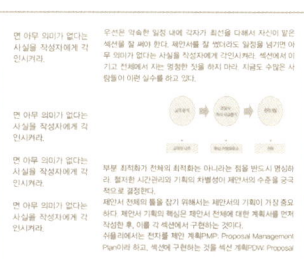

콜아웃 활용

1단

2단

콜아웃 활용

4.4.5 효과적인 문서디자인 원칙을 적용하라

1. 행의 길이를 제한하라

페이지 전체에 옆으로 퍼진 본문의 긴 행은 가독성이 떨어진다. 20단어 (영어 알파벳 60개)를 넘는 행은 읽는 사람으로 하여금 두 번 읽게 하거나 자기도 모르게 행을 반복해서 읽게 만든다. 쉬플리에서 제공하는 템플릿 중 양쪽 날개에 강조를 위한 빈 공간을 콜아웃 공간(Call-out Space)이라고 한다(앞 페이지 템플릿 참조). 이 공간을 두는 데는 두 가지 목적이 있다. 콜아웃 (Call-out)이라 함은 사람들의 시선을 끈다는 뜻이다. 원래 주제문(헤드라인)에 있을 내용을 이곳에 쓰면 여백을 활용하여 핵심 메시지를 효과적으로 강조한다. 부가적으로는 전체 본문의 행 길이를 줄임으로 가독성을 높인다. 물론 모든 제안서에 콜아웃 공간이 유리한 것은 아니다. 콜아웃 공간의 장점은 메시지 강조와 문장의 높은 가독성이지만 약점도 있는데, 제안서 분량이 제한되어 있을 때와 그림을 크게 그려야 할 때이다.

2. 폰트 크기는 경쟁자보다 작지 않게 하라

폰트가 경쟁자보다 더 작은 경우는 매우 위협적이다. 왜냐하면 한국의 평가위원을 현실적으로 고려해 보면 모두 중년 이상으로 글을 볼 때 글자가 클수록 선명하게 느껴지는 나이이기 때문이다. 그러나 현장에서 실제 제안서를 작성하는 실무자는 평가위원보다 훨씬 젊은 사람이 대다수라서 글자 크기의 중요성을 간과하기 쉽다. 더군다나 디자인 감각이 좋을수록, 나이가 젊을수록 글자 크기를 줄일려고 한다. 촌스럽게 느껴지기 때문이다. 그러나 제안 디자인에서 세련미를 추구하려고 메시지의 전달력을 포기하는 것은 주객이 전도된 꼴이다. 모든 템플릿과 디자인은 전달력 강화에 기여해야 한다.

3. 여백을 충분히 두라

단락 및 목록 사이를 충분히 띄우라. 그래픽 주위에는 많은 여백을 남겨놓으라. 연기자에게 스포트라이트를 비추는 것과 마찬가지로 여백은 본문을 더 강조한다. 그 대표적인 기법이 위에서 설명한 콜아웃이다. 원래 콜아웃은 주제문으로 본문의 첫 문장에 배치된 것을 여백이 있는 공간으로 빼거나 다시 한 번 강조할 목적으로 사용한다.

4. 일관성을 유지하라

제목, 요약, 시각 자료, 페이지 특징의 형식을 확정하고 모든 페이지에서 그 형식을 유지하라.

5. 너무 자주 강조하지 말라

너무 많은 시각자료와 강조는 오히려 효과를 떨어뜨린다. 읽는 사람은 그 '시각적 소음(Visual Noise)' 때문에 혼란스럽게 된다.

6. 제목은 굵은 활자를 사용하라

제목 주위에 많은 여백을 남겨 놓으라. 상위 제목을 더 크게 만드는 것이 원칙이지만 유연하게 적용하라. 특히 메시지가 하위 제목에 들어가 있다면 오히려 그것을 강조하는 것이 목적에 더 부합하는 편집이다. 쉬플리에서 메시지가 들어 있는 제목을 정보표제(Informative Heading)라고 하는데 내용 구분을 위한 제목보다는 정보표제를 강조하는 것이 효과적이다.

7. 양면으로 인쇄하라

전문적으로 간행된 문서는 보통 양면으로 인쇄된다. 똑같은 페이지일 때 훨씬 전문적으로 보이기 때문이다. 양면을 사용할 때는 내용과 연관된 그래픽을 펼쳐진 페이지에서 한번에 볼 수 있도록 하라. 특히 접이식(A3에 내용을 만들어서 반으로 접는 방식)은 주의하라. 짧은 시간에 평가해야 하는 평가자를 불편하게 한다. 그래서 통상 A3 내용을 한면에 볼 수 있게 배치한다(표준어는 아니나 현장에서는 '배갈이'라는 표현을 사용한다).

8. 그래픽을 효과적으로 사용하라

그래픽은 메시지를 본문보다 더 효과적으로 빠르게 전달할 수 있다. 본문 내용과 잘 어울리는 그래픽을 사용하고 그래픽에는 그래픽을 설명하는 액션캡션(Action Caption)을 붙이라. 특히 한국 기업은 대부분 그래픽으로 시선을 끄는 방법은 알고 있지만 메시지를 전달하는 데는 실패하고 있다.

> **Shipley Tip**

한국 제안서의 그래픽의 문제

한국은 전 세계에서 유일하게 너무 많은 그래픽을 사용해서 문제가 되는 제안서를 만들고 있다. 필자가 기원을 쭉 따라가 보니 모 컨설팅회사에서 보고용으로 사용했던 One Sentence, One Diagram 체제의 보고서가 IT 업계를 중심으로 표준 제안서 템플릿으로 굳어진 것이었다. 이것이 효과적이라고 가정했던 배경도 일리는 있다. 첫째는 짧은 제안서 작성 기간이다. 특히 2008년 금융위기 이후에 상당수 국가의 IT 프로젝트는 제안서 작성 기간을 RFP 이후 2주로 정했다. 이를 긴급발주라고 하는데 국가가 돈을 풀기 위한 정책적 배려였다. 그러니 기계적으로 작성되어 있는 제안서를 짜깁기하려면 이 양식의 템플릿이 편리한 것이다. 또한 평가시간도 짧기 때문에 어차피 자세히 볼 시간도 없다는 것을 가정하고 있다.

그러나 이 잘못된 제안서는 세계에서 최악의 제안서를 양산하고 있다. 더 심각한 것은 이런 템플릿의 제안서를 해외에서도 사용하는 기업이 있더라는 것이다. 해외 컨설턴트에게 한국 제안서를 보여주면 진지하지 않고(Not serious), 메시지의 전달력이 떨어진다(Not fully understood)고 평가한다.

불필요한 다이어그램은 오히려 텍스트를 리스트업해서 기술하는 것보다 내용을 왜곡하고, 너무 많은 다이어그램은 정작 핵심 메시지를 그래픽으로 강조해도 상호간섭(Visual Noise) 현상의 작용으로 그 효과를 떨어뜨린다.

CHAPTER 5
제안서 작성

5.1 좋은 제안서
5.2 제안서 작성의 핵심 원리
5.3 제안서 핵심 스킬
5.4 제안서 디자인
5.5 리뷰
5.6 수정

5.1
좋은 제안서

모든 제안서 작성에 POWeR 글쓰기 프로세스를 적용하면 명쾌하게 생각을 정리할 수 있게 되고 글을 빨리, 효과적으로 쓸 수 있게 된다.

5.1.1 좋은 제안서는 쉬운 제안서이다

뛰어난 솔루션과 보통 수준의 제안서, 좋은 솔루션과 뛰어난 제안서 중 어떤 제안서가 이길까?

고객은 솔루션의 객관적인 기술적, 기능적 우위보다 그 솔루션이 얼마나 자신에게 유용하느냐가 중요하다.

표 1. 객관적 가치와 인지 가치

S (Solution) 예) 판매자의 솔루션	×	C (Communication) 예) 영업, 제안서, PT 등	=	S' (고객이 인지하는 가치)

	S (Solution)	C (Communication)	S' (고객의 인지가치)
A 업체	9	5	45 (9×5)
B 업체	7	9	63 (7×9)

위의 표에서 보듯이 객관적인 기술력이나 생산 능력에서 우위에 있어도 고객의 니즈에 대응하지 못하는 제안은 수주에 실패한다. 필자는 이러한 상황을 수주 현장에서 매년 수 차례 접하고 있는데, 생각해 보면 그것은 너무도 당연한 일이다.

솔루션을 차별화하는 것만큼 제안서를 통한 고객과의 소통이 중요하다는 것, **솔루션만큼 고객과의 소통도 전문적인 일이라는 것을 이해해야 한다.**

그럼 어떤 제안서가 좋은 제안서일까? 이 질문의 가장 정확한 답은 우리가 아닌 평가자가 하는 답일 것이다. 제안서는 미스터리 소설이나 논문과는 달라야 한다. 특히 제안서가 논문과 달라야 하는 이유는 평가자가 비전문가이기 때문이다.

제안서는 논문과 어떻게 달라야 할까? 쉬워야 한다. 쉬운 제안서가 좋은 제안서이다. 쉽다는 말을 풀어서 설명하면 두 가지가 쉬워야 한다. 첫번째는 **찾기가 쉬워야 한다**. 두 번째는 **평가가 쉬워야 한다**. 평가가 쉬우려면 주장(Claim)이 분명하고, 그 주장의 근거(Proof)가 분명해야 한다. 이를 위해서는 반드시 헤드라인 구조가 필요하다.

따라서 이 헤드라인 구조를 구현하는 것이 모든 비즈니스 문서 작성에서는 필수이고, 특히 제안서에서는 더더욱 중요하다('4.4.2 4-Box로 헤드라인 구조를 만들어라' 참고).

5.1.2 제안서 평가의 7가지 기준을 이해하라

위에서 좋은 제안서의 원칙을 이해했다면 이제는 분석적으로 이기는 제안서가 되기 위해서 우리가 구체적으로 판단해야 할 기준을 생각해 보자. 그 기준은 다음 7가지이다.

1. 충실도(Compliance)
2. 반응도(Responsiveness)
3. 전략적 초점(Strategic focus)
4. 경쟁사 초점(Competitive focus)
5. 서술의 품질(Quality of writing)
6. 시각화(Visualization)
7. 페이지 & 문서 디자인(Page & Document Design)

1. 충실도(Compliance)

충실도란 '고객의 공식적 요구조건'의 대응도를 의미한다. 고객의 니즈 중에 공식적인 부분(빙산의 윗부분)을 충족하는 것으로, 이것의 별명은 '평가자의 무기(Weapon)'이다. 왜냐하면 평가자가 평가 시 가장 먼저 검토하는 것이 고객의 공식적 요구조건이기 때문이다. 평가자는 고객의 공식적 요구조건을 충족하지 못하는 제안서에는 평가할 필요성을 느끼지 않는다. 충실도는 '예선전'이며 '필요조건'이다. 전략에서 이겨도 충실도를 충족하지 못한 제안서는 수주하지 못한다. 따라서 전략보다 더 중요한 것이 충실도이다.

그림 1. 고객의 니즈

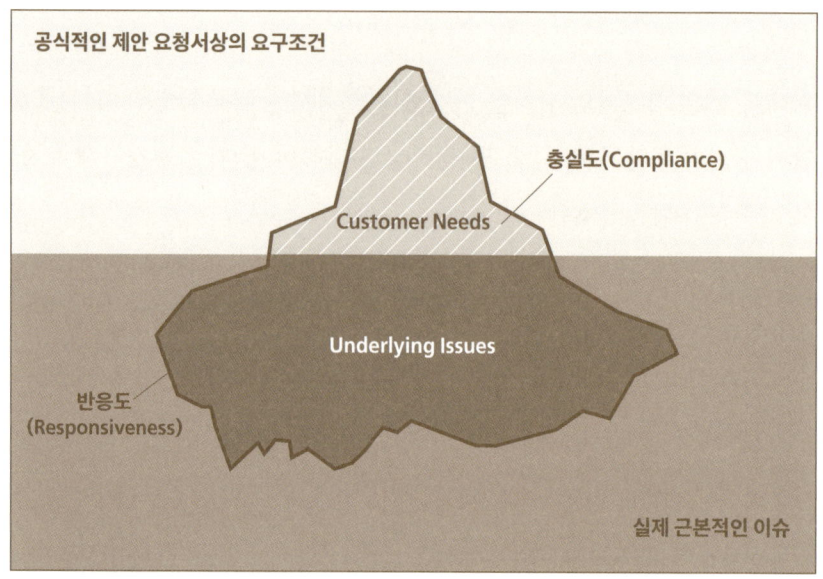

Shipley Tip

충실도 이야기

쉬플리 컨설턴트가 유엔 조달본부의 유력한 한국 여성과 면담한 적이 있다. 유엔 조달본부라는 곳은 볼펜부터 탱크까지 구매하는 곳으로 그 상징성과 지속성 측면에서 한국 기업이 고객으로 확보하면 의미있는 거래처가 될 수 있다. 이분의 안타까움은 '충실도(Compliance)' 이해의 부족으로 한국 기업 제안서의 2/3가 예선전에서 탈락하면서 본평가에 오르지도 못하더라는 것이다.

실제로 제안서 프로세스 중 한국 기업의 가장 미흡한 부분이 충실도 관리이다. 해외에서는 RFP가 나오면 고객의 요구사항을 빠트리지 않기 위해서 충실도 체크리스트(Compliance Checklist)를 작성하고 이것을 스토리보드(섹션기획서)로 작성자에게 분배한다. 제안서 작성자는 자신의 섹션에서 구현할 충실도와 전략이 기술된 섹션기획서를 받아서 구체적인 제안서 내용을 기획한다. PM(또는 Core Team)은 작성된 제안서를 검토할 때 섹션기획서로 충실도와 전략이 잘 구현되었는지를 검토한다(상세 내용은 '4부 제안서 기획' 참고).

2. 반응도(Responsiveness)

반응도란 '고객의 니즈에 대한 만족도'를 말한다. 이것은 빙산 위, 아래를 포함해서 전체를 대응하는 것을 의미한다. 즉, 고객의 공식적, 비공식적 니즈 모두에 대한 충족 정도를 말한다.

　반응도의 별명은 'Win Strategy'이다. 고객의 공식적, 비공식적 니즈(빙산 전체)에 대한 이해력과 대응력이 사업의 수주 여부를 결정하기 때문이다. 따라서 고객의 비공식적인 니즈를 전략적으로 파악하고 접근하려는 노력이 필요하다. 공식적인 요구 사항 외에 발주처나 경쟁사가 최근 민감하게 반응하거나 향후 비전을 위해 신경 쓰고 있는 이슈는 없는지 혹은 사용자(경영자, 운영자, 기술자, End-user) 관점에서 고려해 볼 이슈는 없는지, 기존 사업자의 업무 수행 시 발생했던 이슈 중 이번 사업에서 다루어 볼 이슈는 없는지 등 전략을 개발할 때 다양한 관점에서 고객의 니즈를 바라보고 정의할 필요가 있다. 이 과정에서 영업팀의 영업력과 제안팀의 자사 솔루션 이해도가 함께 할 때 더욱 완성도 높은 결과물이 도출된다.

3. 전략적 초점(Strategic focus)

첫 번째, 정의한 고객의 이슈별로 자사가 주장할 전략과 메시지가 분명하게 있는지, 개발된 전략 중에서 이번 사업을 수주할 결정타(Winning shot)가 있는지 여부이다. 두 번째는 개발된 전략이 주제문, 그래픽, 콜아웃 등에 구체적이고 효과적으로 표현되어 있는지 여부이다. 마지막으로 이러한 하부 전략(고객 이슈별 대응전략)의 상위 개념으로, 이번 사업에 자사의 제안 콘셉트와 메시지를 개발하고 그것을 전략적으로 표현하였는지 여부이다.

4. 경쟁사 초점(Competitive focus)

경쟁사의 이름을 밝히지 않으면서 경쟁사의 조직과 솔루션을 공략하는 '고스팅(Ghosting)' 방법 이나 '대안 비교' 등으로 경쟁사를 적극 공략하고 있는지, 유사 사업 수행 경험을 활용해 자사의 '성공스토리'를 개발하는 등 경쟁사의 강·약점을 고려하고 공략하는 관점이 있는지 여부이다.

5. 서술의 품질(Quality of writing)

제안서의 구조, 논리, 문장 수준을 고려하는 관점이다. 구조의 경우 섹션별로 작성 룰에 맞춰 일관된 구조를 보이는지, 목차와 본문제목(표제)의 위계와 성격이 일관성 있고 논리적으로 전개되는지, 본문제목(표제)과 본문이 적절한지, 문장의 전달력은 좋은지 등이다. 문장의 경우 사용하는 단어의 뜻이 쉽고(Clearly) 간결하며 불필요한 표현은 없는지(Concisely), 정확하게(Correctly) 전달되고 있는지를 평가한다.

6. 시각화(Visualization)

그래픽의 가독성과 전달력을 평가한다. 그래픽이 제안 내용에 맞는 의미로 시각화되었는지(병렬, 순환, 선후, 인과 등), 데이터의 경우 데이터에 가장 적합한 그래픽으로 시각화되었는지(표, 그래프, 이미지 등)를 평가하며 그래픽 내에 명확한 강조 표현이 있는지, 강조 표현이 제안서 전반에 걸쳐 일관성이 있는지 여부, 불필요한 그래픽 요소나 도식화를 사용해 제안서의 핵심 내용의 전달을 방해하지 않는지 등을 평가한다.

7. 페이지 & 문서 디자인(Page & Document Design)

제안서 템플릿이 전문적인 내용을 전달하기에 적절한지 평가한다. 개발된 템플릿이 제안 내용의 가독성을 해치지는 않는지, 제안요약·섹션요약·본문 등 제안서 전반적으로 디자인이 일관성 있는지 여부를 평가한다

〈그림 2〉의 A와 B 제안서를 평가하면 B 제안서가 이기는 제안서임을 알 수 있다. 왜 그런가?

첫째, 가장 먼저 봐야 할 것은 충실도의 점수이다. 충실도가 불완전한 제안서로는 수주할 수 없다.

둘째, 면적이 클수록 더 좋은 제안서이다. 7가지 영역의 점수 평균이 더 높다는 의미이기 때문이다.

셋째, A 제안서는 시각적으로만 잘 만들어진 제안서(Well packed Proposal)이며 B 제안서는 내용이 충실한 제안서이다.

자세히 보면 1~4번 항목(충실도, 반응도, 전략적 초점, 경쟁사 초점)은 내용의 평가이며 5~7번 항목(서술의 품질, 시각화, 페이지 및 문서디자인)은 내용의 전달을 위한 도구의 평가이다. 즉, 패키징(Packaging)에 관한 것이다.

그림 2. 7가지 기준 방사도표에 따른 제안서 평가

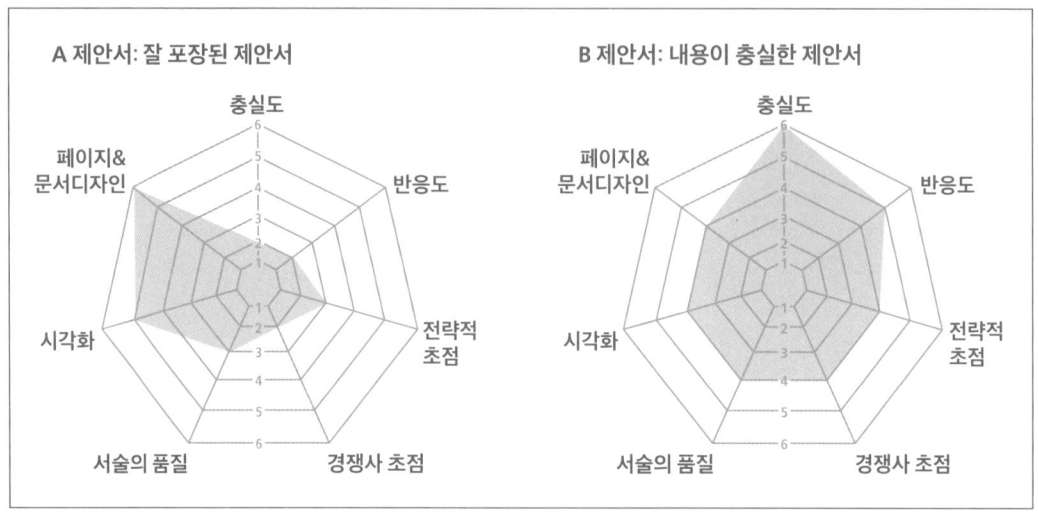

제안서의 경쟁력을 분석하기 위해 7가지 기준의 방사도표를 사용한다. 각 항목을 6점 척도로 좌표에 표시함으로써 제안서의 상대적인 품질을 직관적으로 비교할 수 있다(항목별 세부 평가항목은 393페이지 참조).

우리가 만든 제안서의 품질을 평가할 때 1번부터 7번까지 골고루 중요하다고 생각하는 것은 균형잡힌 관점이 아니다. 왜냐하면 **내용(1~4번)에서 졌는데 포장(5~7번)을 잘해서 경쟁자를 이기는 경우는 없기 때문이다.** 내용에서 지면 지는 것이다. 물론 현장에서 내용을 잘 개발해 놓고 전달 능력이 떨어져서 내용이 고객에게 전달되지 않는 경우도 많다. 그럴 때는 패키징(전달 능력)이 매우 중요한 제안서 개선 포인트가 된다.

그럼에도 불구하고 내용이 먼저고 패키징(전달 능력)이 나중이라는 점을 명심하라.

5.1.3 POWeR 프로세스를 적용하라

제안서를 작성할 때 POWeR 프로세스의 단계를 지키면 더 짧은 시간 안에 더 효과적으로 글을 쓸 수 있다.

- Planning(기획)
- Organizing(구조화)
- Writing(작성)
- examining(검토)
- Revising(수정)

POWeR 프로세스를 통해서 작성자는 무엇을 해야 할지 파악하는 데 걸리는 시간을 절약할 수 있고, 효과적인 메시지를 작성하는 데 그만큼의 시간을 확보할 수 있다.

대부분의 작성자는 아이디어나 기획을 전개해서 산출물로 도출하는 것에 어려움(Writer's Block)을 겪는다. POWeR 프로세스로 Writer's Block을 제거하거나 최소화할 수 있다.

POWeR라는 약어는 4개의 대문자와 e라는 1개의 소문자로 구성되어 있다. 4개의 대문자는 작성자가 통제할 수 있는 단계를 나타내며, 소문자 e는 다른 사람이 검토하는 단계를 나타낸다.

POWeR 프로세스는 어떤 종류의 제안서 작성에서도 적용이 가능하며 본서에 소개된 프로세스를 기본으로 한다.

각 단계에서 진행되는 세부 행동은 〈표 2〉에 정리되어 있다.

표 2. 제안서 작성의 효과적인 POWeR 프로세스

1. Planning 기획	• 작성의 목적을 결정한다. 　- 고객에게 정보를 전달하는 것인가? 　- 구매 행동을 촉구하는 것인가? 감동을 주는 것인가? • 제안서를 읽을 사람(평가자 또는 의사결정자)이 누구인지를 분석한다. • 내용을 결정한다. • 제안서 작성 소프트웨어를 선택한다. • 제안서에 담을 내용을 개발한다.
2. Organizing 구조화	• 고객의 요청이 있을 경우 먼저 그에 따라 목차를 구성한다. • 주장을 먼저 하고, 이를 증명한다. • 4Box 도구를 활용하여 헤드라인식 구조를 만든다. • 무엇을 강조할 것인지 결정한다.
3. Writing 작성	• 초안을 작성한다. • 강조 기법을 활용한다(제안 요약, 섹션 요약, 주제문, 콜아웃, 그래픽, 그래픽 설명문을 활용하여 강조).
4. examining(외부)검토	• 초안을 정교화한다. • 외부 검토를 받는다(동료 검토, 매니저 검토, 고객 검토).
5. Revising 수정	• 메시지를 분명하게(Clearly) 한다. • 메시지를 간명하게(Concisely) 한다. • 메시지를 정확하게(Correctly) 한다.

5.2
제안서 작성의 핵심 원리

현대 비즈니스에서는 좋은 제안서가 아니면 수주가 불가능하다.
이 경향은 산업에 상관없이 전 세계적으로 진행되고 있다.
또한 이 트렌드는 사업의 규모가 클수록, 그리고
글로벌 사업일수록 절대적이다. 그러므로 제안서 작성의
핵심 원리를 잘 이해하여 좋은 제안서에
한층 더 가까워지도록 노력하라.

5.2.1 4-Box 구조를 활용하라

제안서를 작성할 때는 앞서 나왔던 4-Box 구조를 통해서 피라미드식 논리구조를 구현해야 한다. 핵심 원리는 다음과 같다.

- 주장(Claim): 의사결정자 관점을 고려해 주제문(헤드라인)에서 결론을 제시한다.
- 근거(Proof): 그래픽 또는 텍스트로 주장을 뒷받침한다.
- 고객의 이슈와 우리의 핵심 차별화요소를 연결한다.

그림 1. 논문식 논리구조와 피라미드식 논리구조

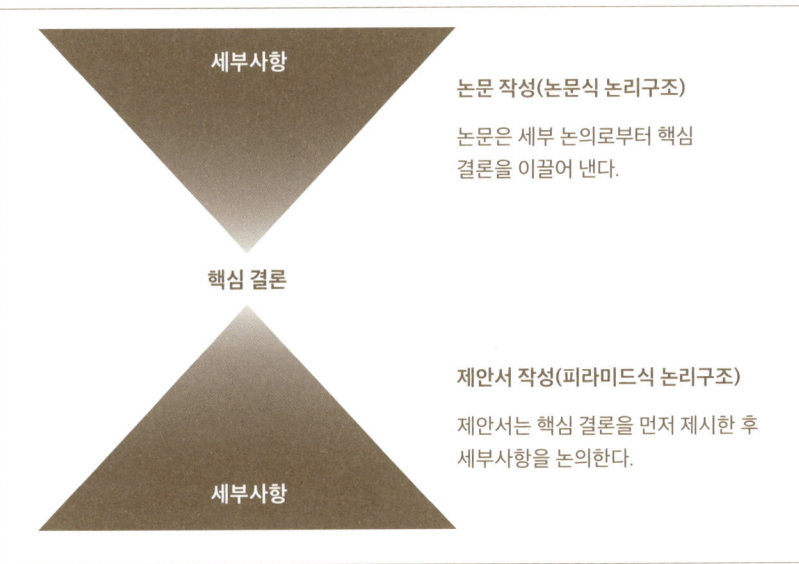

제안서 작성은 결론을 앞에 배치함으로써 의사결정자가 쉽게 판단할 수 있도록 돕는다. 본문은 앞의 결론을 효과적으로 뒷받침한다.

5.2.2 초안을 빠르게 작성하라

완벽하게 작성하고자 하는 욕심이야말로 작성자의 가장 큰 장애물이다. 지금 필요한 것은 완성된 제안서가 아니라 초안이라는 사실을 기억하라. 고치는 것은 여러분이 핵심 아이디어를 얻은 다음에 해도 된다. 글쓰기가 잘 진행되지 않을 때는 다음과 같은 지침을 활용한다.

- 목차를 재검토한다.
- 편안한 마음으로 잘 안 되는 곳은 빼놓고 꾸준하게 작성한다.
- 문제점은 제안 PM이나 동료와 토의한다.
- 작업환경에 변화를 준다.
- 섹션요약과 본문의 주제문을 먼저 작성하여 방향을 명확히 한다.

5.2.3 단락을 효과적으로 사용하라

각 단락에서는 하나의 핵심 아이디어만 제시하고 그 핵심 아이디어를 서술하는 문장으로 시작한다.

- 일반적인 것에서 특정 부분으로, 효용에서 특징으로, 익숙한 것에서 생소한 것 순으로 정보를 구조화한다.
- 단락 중간에 세부 정보를 삽입한다.
- 반드시 논지의 일관성을 유지하도록 한다(서로 논리적으로 연결되게 한다).

5.2.4 주장을 구체화하라

근거 없는 주장은 의미가 없을 뿐만 아니라 고객으로부터 신뢰를 잃는다. 주장의 근거를 제시함으로써 고객을 설득하라.

5.2.5 약점을 다루라

스스로 약점을 다루지 않는다면 경쟁사가 그 부분을 먼저 공격하게 된다. 그렇게 될 경우, 평가자는 경쟁사 말만 듣고 편향적인 시각으로 평가하게 될 위험이 있다.

'3.2.2 전략기술서에 전략의 핵심을 담으라'의 4가지 방법을 참고하라.

5.2.6 제목을 효과적으로 활용하라

제목은 내용을 구조화하고 구별해서 알리는 역할이다. 특히 평가자가 본인이 읽고 싶은 내용을 쉽게 찾는 것을 잘 도와줘야 하고, 전체 맥락을 잘 이해할 수 있도록 해야 한다. 제목에는 간결 표제와 정보 표제가 있다.

- 간결 표제: 고압 산소실 디자인
- 정보 표제: 30%의 비용이 절감되는 고압 산소실 디자인

간결 표제는 내용을 구별해 주는 기능을 한다. 정보 표제는 내용 구별 기능뿐만 아니라 구체적인 정보를 제공한다. 정보 표제는 한국 제안서에서 여러분의 경쟁자 대부분이 익숙하지 않은 기법으로, 이를 효과적으로 사용할

수록 제안서의 경쟁력을 높여준다('5.3.4 제목은 평가를 돕는다' 참고).

5.2.7 목록을 사용하여 핵심 메시지를 강조하라

목록은 정보를 전달하는 훌륭한 방법이다. 특히 복잡하고 중요한 정보는 목록을 사용하면 다음과 같은 편리함이 있다.

- 주요 메시지와 핵심 사항을 평가자가 한눈에 볼 수 있다.
- 복잡해 보이는 여러 아이디어를 구분한다.
- 아이디어를 명확히 전달한다.
- 아이디어를 짧은 문장으로 표현한다.

5.2.8 섹션요약을 적극적으로 사용하라

섹션의 첫 페이지에서는 핵심 내용을 요약한다. 이를 섹션요약(Section summary)이라고 한다. 솔루션의 핵심 특징과 그 결과로 얻게 되는 고객의 효용을 포함해야 한다.

평가자들은 언제든지 중간에 읽기를 그만둘 수 있기 때문에 섹션요약은 중요하다. 시간이 없더라도 섹션요약은 적극적으로 사용하라.

예시 1. 4-Box 구조를 적용한 섹션요약 예시

2. 인력, 장비, 시설 보유현황

BOX 1 주제문

2.2 사업참여 인력의 전문성

업계 최다 경력을 보유한 제안사는 전문성 있는 연구개발을 위해 10년 이상 및 고급 이상 기술자 00명을 이번 프로젝트에 투입하겠습니다.

BOX 2 요약

SUMMARY
- 업계 최다 경력인 10년 이상 경력의 전문인력 00명 투입
- 본 프로젝트 투입 인력 중 14% 이상을 고급 등급 이상 전문인력으로 배치
- 투입 인력 100% 유사 사업 경험 인력 투입

BOX 3 본문

● 업계 최다 경력 인원 투입: 경력 10년 이상 전문인력 00명 투입

○ 0본부 0연구소 00팀
  - 경영관리본부 O개팀
  - 민수사업본부 O개팀
  - 특수사업본부 O개팀
  - 전자통신사업본부 O개팀

○ 총 인원
  - 관리직: 000명
  - 기능직: 000명

○ 경력 및 전문성
  - 고급 이상 기술자: 00%
  - 경력 10년 이상: 00%

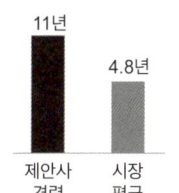
[유사 사업 경력 비율]
11년 (제안사 경력) / 4.8년 (시장 평균)

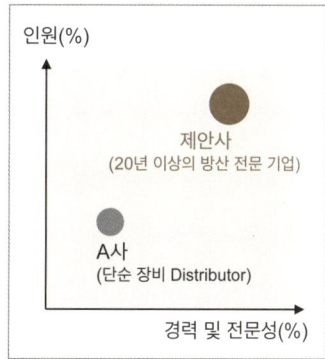

● 인원 배치: 14%의 고급 등급 이상 기술자 배치   단위:명

○ 고급 이상 기술자 인원 비율 14%

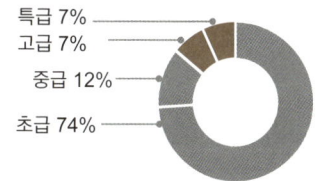
- 특급 7%
- 고급 7%
- 중급 12%
- 초급 74%

구분	인원	구성비
초급	50	74%
중급	8	12%
고급	5	7%
특급	5	7%
합계	68	100%

투입 인력의 전문성 기술 등급: 제안사는 연구개발 사업의 전문적 수행을 위해 전체 인력 중 14%를 고급 등급 이상의 기술자로 투입하겠습니다.

BOX 4 하위섹션 소개

본 섹션은 다음과 같이 진행됩니다.
2.2.1 분야별 전문인력 보유 현황   2.2.3 사업 수행조직 및 책임과 역할
2.2.2 사업관리자(PM)의 책임 및 권한   2.2.4 분야별 투입 인원의 전문성 및 적절성

5.3 제안서 핵심 스킬

대부분의 비즈니스 문서에서 요구하는 작성 스킬 외에
제안 요약(Executive Summary), 표제, 주제문,
성공스토리 등 제안서를 효과적으로 드러내기 위한
특별한 작성 스킬이 요구된다.

5.3.1 제안 요약에서 승부하라

제안 요약은 Executive Summary 혹은 Management Summary라고도 부른다. 이렇게 부르는 이유는 이 제안 요약이 의사결정자를 위한 제안서의 요약(Summary for the Executive)이기 때문이다. 한국에서도 사기업 고객을 위한 제안서에서는 점점 Executive Summary라는 말을 일반명사로 사용하는 경우가 늘고 있고, 공공조직 고객 제안서에서는 제안 요약이라는 표현을 사용하는데 그 의미는 동일하다.

제안 요약(Executive Summary)은 제안서에서 가장 중요한 부분이다. 왜냐하면 대체로 바쁜 의사결정자(또는 짧은 시간에 평가를 해야 하는 평가자)가 이 부분만 읽고도 평가를 할 수 있어야 하기 때문이다.

의사결정자(또는 평가자)는 요약만 읽고도 우리가 제공하는 솔루션과 이를 통해 얻게 되는 효용이 무엇인지, 경쟁사에 비해 우리 솔루션의 어떤 점이 더 좋은지를 명확히 인식할 수 있어야 한다.

또한 아직은 우리에게 낯선 이야기이지만 이 제안 요약은 조직의 내부적인 도구로서 다음과 같은 목적으로도 활용된다.

> 이 장에서 다루는 제안 요약은 제안서를 다 작성한 후에 주요 내용을 요약하는 것이 아니라 제안서보다 먼저 개발한다는 점에 유념하라.

- 제안전략을 집약적으로 표현하는 공간
- 평가자와의 커뮤니케이션 수단
- 모든 내부 관련자에게 전략을 설명하는 도구
- 제안서 본론 내용개발의 가이드
- 최종 완성본 제안서의 사전 모델

제안 요약을 내부의 커뮤니케이션 도구로 활용하기 위해서는 영업조직에서 핵심 고객 정보와 세일즈 전략에 기반을 두고 제안서 작성 이전에 초안을 작성하고 이를 제안팀에 제공할 수 있어야 한다.

1. 항상 제안 요약을 제안서에 포함시키라

제안서를 제출할 때 고객사가 공식적으로 요구하지 않더라도 요약본을 함께 제출하는 것이 좋다. 제안서 제출 관련 지침이 엄격한 경우에는 고객의 지침을 준수하면서 제안 요약을 포함하는 방법으로, 별책으로 분리해서 넣거나 제안서 권별로 앞부분에 넣을 수 있다. 주의할 점은 페이지 제한이 있는 경우에는 제안 요청서의 내용을 명확히 확인해서 같은 내용의 페이지가 반복 삽입되지 않도록 하는 것이다.

평가위원이 권별로 평가하는 경우와 통합 평가하는 경우가 있다. 2012년 5월 이후의 무기체계 평가지침에는 통합 평가를 원칙으로 하고 있다.

Shipley Tip

평가가 권별로 이루어지는 경우에는 제안서 권별로 제안 요약을 삽입하는 것이 효과적이다. 가장 전형적인 국방사업의 경우 왜 그래야 하는지를 살펴보자.

① (평가지침에 따라 상이하지만)권별로 평가위원이 다른 경우가 있다.
② 평가위원은 분야별 전문가이기 때문에 전체 프로젝트의 이해가 부족하다.
③ 전체 사업과 제안 요약을 보여주면 우리가 제시한 솔루션을 훨씬 더 잘 이해하게 되어 높은 평가점수를 얻게 된다.

그런데 국방사업의 경우는 제안 요약을 1권에 작성하도록 명시되어 있어서 권별로 제안 요약이 들어가기 어렵다. 이 경우에 효과적인 대안은 '작전운용도', '사업의 이해', '사업 전략' 정도를 정리해서 간단히 권별로 앞장에 제시하는 것이다. 특히 이 부분은 고객이 제안 요청서에 요청하지 않은 목차이므로 '0'으로 번호를 매겨서 평가에 혼돈이 없도록 해야 한다.

2. 세일즈 프로세스와 전략을 기반으로 작성하라

제안 요약은 별도의 문서가 아니라 세일즈 활동의 결과물로, 세일즈의 프로세스 및 전략의 연장선상에서 영업대표가 작성해야 한다.

　이렇게 세일즈 전략을 담는 그릇을 쉬플리에서는 영업 정보(Capture Plan)라 하고, 여기에 제안서 작성 일정 및 업무분담이 추가되면 이를 제안 계획서(PMP: Proposal Management Plan)라고 한다.

> **Shipley Tip**
>
> 한국에서 제안 요약은 제안서가 모두 완성된 이후에 작성된다. 그러나 제안 요약은 다음과 같이 바뀌어야 한다.
>
> ① **제안 요약을 먼저 작성하라.**
>   제안 요약은 제안서 작성 이후가 아니라 그전에 작성되어 완성된 제안서의 사전 모델이 되어야 한다.
> ② **제안 요약의 초안은 제안팀이 아니라 영업조직에서 나와야 한다.**
>   제안 요약은 솔루션 전문가인 제안팀(혹은 수행조직)이 아니라 고객 전문가인 영업조직에서 작성해야 한다.
> ③ **비용, 위험관리 등 다루기 어려운 이슈를 가급적 적극적으로 다루라.**
>   고객이 제한하지 않는다면 더 적극적으로 다루어야 한다. 왜냐하면 의사결정자는 비용과 위험관리 부분을 체크하지 않고서는 의사결정을 할 수 없기 때문이다.

사실 이러한 주장은 한국에서 매우 비현실적인 주장으로 받아들여진다. 그 이유부터 살펴보자.

① 영업대표는 문서작성 훈련을 받지 못했다. 그래서 아무리 고객을 잘 알아도 이것을 제안 요약 형태로 담아 내는 것이 불가능하다.

② 영업 정보(Capture Plan) 같은 표준화된 도구를 기반으로 체계적인 제안 요약 초안이 나와야 하는데 이런 도구가 없으므로 고객, 경쟁자, 자사 솔루션 정보의 정리가 체계적으로 안 되어 있다.

그러나 이미 많은 글로벌 기업에서는 영업조직에서 요약본을 작성하는 것이 일반화되어 있다. 만약에 훈련된 영업조직이 표준화된 도구를 사용하여 제안 요약을 먼저 작성할 수 있다면 이것은 근본적인 차별화 요소가 될 것이다.

3. 콘텐츠를 명확하고 설득력 있게 구조화하라

개발하고 요약한 콘텐츠를 4-Box 형태로 정리한다. 4-Box 구조는 설득을 목적으로 고객 관점에서 작성하는 비즈니스 문서의 기본이다. 4-Box 양식을 이용하여 구조화된 제안 요약을 작성한다. 또한 세일즈 문서나 프레젠테이션을 준비할 때에도 이 양식을 활용한다.

> **Shipley Tip**
>
> **제안 요약은 고객의 핵심 이슈 중심으로 구조화**
>
> 제안 요약을 작성할 때는 고객의 핵심 이슈를 중심으로 구조화해야 한다. 앞부분에서 고객의 핵심 이슈를 정리하고, 본문(Box 3)에서 이슈별로 솔루션의 효용을 연결하여 보여줌으로써 우리가 얼마나 차별화되었는가를 전달하고 설득해야 한다. 일반적인 제안서는 고객의 니즈보다 솔루션의 장점을 나열한다.

예시 1. 4-Box 구조를 적용한 H 공공기관 DBMS 솔루션 판매 제안 사례

Box 1(주제 요약)	고객의 비전·니즈 요약, 솔루션 제시
Box 2(요약/소개)	고객의 핵심 이슈 언급
Box 3(본문)	고객의 핵심 이슈에 대한 솔루션 제시
Box 4(재요약)	니즈와 솔루션 요약, 다음 단계 제시

Box 1 (주제 요약)	**주제문 Theme Statement** H 공공기관은 급증하는 고객 정보 처리를 검증된 Mixed Workload 관리(WLM)를 통해 신속하고 안정적으로 운영할 수 있습니다. **고객의 비전과 연결** 21세기의 정확하고 신속한 정보를 국민에게 제공함으로써 국민 편의와 국가 발전에 기여하는 기관으로 거듭나겠습니다. -H 공공기관 장- H 공공기관은 다양한 업무 처리과정에 안정적이고 신속한 2BM 정보 관리 솔루션을 통해 70% 향상된 성능으로 지연 없는 업무 처리와 향후 5년간 20% 저렴한 TCO를 보장할 수 있습니다.
Box 2 (요약/소개)	우리는 H 공공기관 IT 시스템 지원팀과의 업무 협의를 통하여 다음과 같은 결론을 얻었습니다. 1. 안정적이고 신속한 시스템 성능 유지 2. 타사 대비 저렴한 TCO 보장 3. 다수의 reference 통한 솔루션 검증 필요 4. 자동화된 시스템 관리를 통한 시스템 운영 인력 유지비 절감
Box 3 (본문)	1. 안정적이고 신속한 시스템 성능 유지 L사는 기존 시스템 성능 저하로 고객 불만이 급증하여 차세대 프로젝트를 하게 되었습니다. 3개의 정보관리 솔루션을 면밀하게 평가하였습니다. (BMT 수행에서 성능과 고가용성에 중점) 우리는 기존 시스템 대비 150%의 성능 향상과 타사 솔루션 대비 35%의 성능 우위를 보였습니다. (생략)
Box 4 (재요약)	H 공공기관은 저렴한 TCO와 인력운영유지비용으로 최적의 검증된 시스템을 운영할 수 있습니다.

4. 고객과의 커뮤니케이션을 위해 4-Box에서 정의된 프로세스를 따르라

4-Box는 피라미드 논리구조를 구현하는 도구이다. Box 1에서는 가장 강조하고 싶은 차별화요소를 간단히 이야기한다(Box 1에서 반드시 포괄할 필요는 없다). Box 2에서는 본문을 소개한다. 이 소개는 반드시 본문을 포괄해야 한다. Box 3는 Box 2에서 소개한 순서와 정확히 일치하게 본문을 전개한다. Box 4는 전체 내용을 요약하거나 한 단계 하위섹션을 소개하거나 생략할 수 있다.

- 고객의 비전, 이 구매의 니즈, 솔루션의 가장 차별화되는 측면을 기술한다 (Box 1).
- 고객의 핵심 이슈를 정의한다(Box 2).
- 적어도 하나 이상의 핵심 이슈에 모든 주요 요구사항을 충족시키고 주요 솔루션, 핵심 차별화요소를 빠짐없이 제시한다(Box 3).
- 가격과 솔루션을 요약한다(Box 4).

만약에 프레젠테이션 기회가 주어지면 제안 요약을 기초자료로 활용한다. 그래픽과 내용을 바탕으로 비주얼을 작성하고 순서대로 제시하며 요약본을 자료로 제공한다.

- **Box 1은 내가 가장 강조하고 싶은 승부수(Silver Bullet)를 던지는 곳이다.** 구조는 주제문(Theme Statement), 비전기술문(Vision Statement), 연계기술문(Linking Statement)으로 이루어져 있다. 주제문에서는 우리 솔루션의 특징(특히 차별화요소)이 주는 고객의 효용을 기술한다. 비전기술문에서는 고객조직의 비전을 기술한다. 연계기술문에서는 이번 사업이 고객조직의 비전에 어떻게 얼마큼 기여하는지를 보여준다.

- **Box 2는 요약(Summary)이다.** 요약은 본문의 내용을 요약한다. 내용을 요약하는 방법은 두 가지이다. 하나는 고객의 핵심 이슈를 중심으로 글을 구조화하는 방법, 다른 또 하나는 우리가 제공하는 솔루션의 가치를 중심으로 구조화하는 방법이다.

표 1. 내용 구조화 방안

핵심 이슈 중심의 구조화	솔루션 가치 중심의 구조화
- 비용 절감 - 핵심 사업 집중 - 인원 감축 - 서비스 품질	귀하의 비용을 300억 원 절감해 드립니다. - 인건비 절감 210억 원 - 자산 매각 50억 원 - 운영 유지비 절감 40억 원

핵심이슈가 되었든, 솔루션의 가치가 되었든 나열할 때는 중요한 것부터 나열한다. 고객은 끝까지 읽지 않을 가능성이 있고, 가장 앞에 나오는 것이 가장 중요하다고 심리적으로 가정하기 때문이다.

- **Box 3은 본문이다.** 본문은 Box 2를 풀어 쓴다. Box 2에서 고객의 핵심 이슈를 나열했으면 그 이슈 해결을 위한 우리의 솔루션을 제시한다. Box 2에서 우리 솔루션의 가치를 나열했으면 이곳에서는 그 증거를 제시한다.
- **Box 4는 재요약이다.** 이곳에서는 본문의 내용을 간단히 요약할 수 있고, 고객의 구매행동을 촉구할 수 있으며, 필요한 경우는 제안서 본문을 소개한다.

제안 요약을 작성할 때 가장 중요한 것은 이것은 제안서와는 완전히 독립적인 간단한 제안서(Short version Proposal)라는 점이다. 왜냐하면 의사결정자가 이 부분만 보고도 의사결정을 할 수 있어야 하기 때문이다.

5. 검증된 베스트 프랙티스에 기초해서 제안 요약을 개발하라

- 제안서 킥오프 미팅 이전에 세일즈 조직에서 초안을 작성한다.
- 제안 매니저와 지원부서는 초안을 검토하여 솔루션과 관련된 세부사항을 보충한다. 제안 PM은 완성된 요약본을 세일즈 조직이나 경영진이 충분히 검토하여 의견을 제시할 수 있도록 기회를 제공한다.
- 가능한 경우라면 고객 조직의 협력자와 함께 요약본을 검토한다.
- 고객의 편에서 얼마나 읽을 것인가를 판단하여 요약본의 양을 조절하되 제안서의 10%가 넘지 않도록 한다.
- 제안서의 본문보다 더 많은 시각화 자료를 활용한다.
- 요약본을 최종 프레젠테이션 슬라이드 작성 시 자료로 활용한다. 필요하면 업데이트하고 그 내용을 고객에게 마지막에 정리해서 나누어줄 수 있다.
- 고객 관점을 끝까지 유지한다.

6. 쉬플리가 제시하는 제안요약 작성 가이드라인을 따르라

- 요약본을 20쪽 이내의 약식 제안서가 아닌 독립된 하나의 문서로 취급한다.
- 기술 부문의 의사결정자가 아니라 최상위 직급자를 대상으로 작성한다.
- 간단하되 쉽게 작성한다.
- 미팅할 때 고객이 우리의 솔루션과 제안의 사전 지식을 갖고 있을 것이라고 가정하지 않는다.
- 제안의 포인트와 그 효용을 분명하게 설명한다.
- 주장의 근거를 명확히 제시한다.
- 고객의 이슈 관련 차별화요소를 분명하게 제시한다.

7. 4-Box 구조를 제안서 초안으로 확장하라

4-Box 구조는 여러분이 고객 관점으로 핵심 판매 포인트(Selling Points)를 찾도록 도와준다.

- 비주얼을 개발한다.
- 비주얼의 그림설명문(Action Caption)을 작성한다.
- 비주얼과 연관된 본문 내용을 작성한다.
- 솔루션을 제시하는 본문 내용을 작성한다.
- 구매자가 허락하면 가격을 요약한다.
- 마지막에 제안서의 구조를 안내한다.

예시 2. 4box 적용한 Executive Summary

Proposal to Provide Ultralight Aircraft to Cascadia Timber   Cascadia Timber

Executive Summary

Box 1

> In 10 years of flying the Endeavor for Special Forces, we have been impressed with the durability and portability of the aircraft after successive airdrops in difficult terrain. Jenair's enthusiastic support was superb.
> — Mal, Buck Rogers

Cascadia Timber can reduce the cost of forest management in remote, roadless areas by selecting a partner to supply 20 versatile ultralight aircraft that also offers proven long-term support.

Cascadia Timber is ranked as the No.1 company in the world by Forester's Monthly for low cost, innovative forest management, **Cascadia Timber Chairman Woody X**. Pine set the following strategic direction:

We have to do everything better, more efficiently from a cost point of view, more effectively from an impact point of view.

Cascadia Timber Annual Report, 200X

Cascadia Timber's Forest Management Division helps improve efficiency and effectiveness by adopting innovative forest management practices.

Box 2

In support of Cascadia Timber's strategic direction, the Forest Management Division verbally requested proposals for 20 ultralight aircraft to be used as a forest management tool. In our meetings with Forest Management and purchasing, you cited four primary needs:

1. Affordable, portable, and easily transportable
2. All-conditions observation and communication platform
3. Safe and easy to fly
4. Easy to assemble and maintain in the field

Box 3
Affordable, portable, and easily transportable

Cascadia Timber can purchase 20 Endeavor ultralights from Jenair for $9500 each, less than one-half the cost of 3/4 ton 4-wheel drive trucks. The Endeavor offers a unique combination of features:

- For portability, the wings, tail assembly, fuselage, and down tubes are oriented along a slim axis and secured in a rugged transport case.
- Transportable by three people by design, not modification. Two carry the 196-1b, fuselage crate, one carries the 45-1b, engine crate.

Jenair Sports, Inc.
1400 Airport Road
Boulder, CO 80150
970.359.1000
970.359.1431 (FAX)
www.jenair.com

Figure 1. Proven In use. *While no forest management group currently uses any type of ultralight, the Endeavor has been proven in similar operations with Special Forces personnel since 1984.*

Proposal to Provide Ultralight Aircraft to Cascadia Timber — Cascadia Timber

		BOX 3
All-conditions observation and communication platform	To ensure accurate and safe observation in all conditions, the Endeavor offers positive stability, the ideal control response. During level flight, the pilot can concentrate on observation, knowing the aircraft tends to fly itself. For stable observation during turns, the aircraft maintains the uniform attitude the pilot commands, instead of seeking to return to a flat attitude.	
Safe and easy to fly	For versatility, the Endeavor can be equipped to land on land, water, and snow. Air to ground communication is improved by the rear engine which minimizes pilot noise when compared with front engine models.	
JENAUR PILOT TRAINING NAMED INDUSTRY'S BEST The Ultralight Pilot's Association named Jenair's pilot training program as best in their annual competition. — Small Aircraft News, July 10, 200X	Safe and easy operation requires good design and excellent pilot training. Endeavor's design offers clear benefits : | Feature	Benefit
---	---
Trailing landing gear and control-stick steering	Excellent ground control
Landing gear with built-in shock absorbers	Smooth ground ride
Survived 16 airdrops without damage	Rugged
Award-Winning training program	Safe, effective training		
Easy to assemble and maintain in the field	Cascadia foresters can focus on forest management because the Endeavor is easily maintained. Routine checks of cables, snap-lock bolts, fittings, and simple preflight tests are sufficient for safe operation. Weekly checks of engine fluids, landing gear and the prop are required. Annual engine overhauls and in-depth checks of the prop is required and can be done at Cascadia's convenience by Jenair personnel. Reliable, rugged flight instruments, proven in 10 years of use, require only annual calibration.	
Special Forces tests demonstrated assembly in 10 minutes. Inexperienced personnel complete a first assembly/ disassembly in 40 minutes.	To ensure fast, accurate assembly, nondestructible instructions are permanently attached beneath the instrument panel. To ensure assembly tools are always available, they are also connected by a steel cable and attached to the aircraft.	
		BOX 4
	Cascadia Timber has kept on the leading edge of innovative forest management techniques. Jenair Sports welcomes the opportunity to supply 20 Endeavor aircraft, flight and maintenance training, and long term maintenance and inspection support.	
Proposal Outline 1. Executive Summary 2. Aircraft Description 3. Program Overview 4. Management Approach	While many ultralights are used for recreation, the Endeavor's unique 10-year use by Special Forces personnel over similar terrain and more difficult conditions reduces the risk of use in continuous operation. Our proposal mirrors the issues discussed in our meetings. Should your requirements change, we welcome the opportunity to discuss further enhancements.	

5.3.2 고객 중심으로 제안 요약을 작성하라

제안 요약을 작성할 때 '고객 관점'으로 해야 한다는 것은 누구나 알고 있고 그래야 한다고 주장하지만 정작 실천하는 사람은 많지 않다. 그러나 누군가가 "당신은 고객 관점에서 일을 하고 있습니까?"라고 질문한다면 대부분의 비즈니스맨은 "당연하죠!"라고 대답할 것이다.

필자가 몸담고 있는 쉬플리에서는 글로벌 차원에서 '진정한 고객 관점(Customer Focus)의 커뮤니케이션은 무엇일까?'를 제안서 중심으로 연구하는 프로젝트를 수행하였다. 이 글은 그 결과물로서 고객 중심의 제안 요약 원리를 쉬플리코리아가 한국 시장에 맞게 검증한 내용이다.

고객 관점의 제안 요약은 일반문서와 어떻게 다를까? 문화적 배경이나 산업·환경의 차이에 따라 개인은 고객 관점을 어떻게 다르게 받아들일까?

쉬플리는 이 질문에 대답하기 위해서 세계 각국의 비즈니스맨에게 고객 관점에 따라 5개의 제안 요약(Executive Summary)의 순위를 매겨 보도록 했다. 2페이지 분량의 5개 제안 요약 문서에 담긴 콘텐츠와 양식 등은 동일한 반면 문장을 기술하는 방식과 구조만 달랐다. 물론 5개의 제안 요약은 동일한 제품과 서비스를 동일한 고객에게 동일한 판매자가 판매한다는 가정하에서 작성되었다.

북미(미국·캐나다), 유럽(영국·스웨덴), 남미(브라질·멕시코), 아시아 등 6개 대륙, 50개 국가의 5,000명을 대상으로 실험했고, 놀랍게도 문화와 상관없이 동일한 결과가 나왔다.

- 참가자 70%가 동일한 문서를 최고의 고객 관점으로 선정했다.
- 점수의 순위는 지역·문화적 차이에 상관없이 일관성을 가졌다.
- 최저 점수를 받은 문서 선정에서도 참가자 중 70%가 동일한 답을 내렸다.
- 참가자 중 절반가량은 그들이 순위를 매긴 이유로 제안 요약의 내용보다는 제안 요약 작성의 구조나 형식 같은 기계적 측면을 언급했다.

쉬플리는 이 대단위 연구를 통해서 고객 관점의 제안 요약이 지니는 '8가지 특징'을 정의하였다.

고객 중심 제안 요약의 8가지 특징
① 고객 조직의 비전을 언급한다.
② 고객의 비전과 이번 구매 건을 연계시킨다.
③ 고객의 핵심 이슈를 중심으로 제안한다.
④ 핵심 이슈가 고객으로부터 나왔음을 명확히 한다.
⑤ 서론의 목록 순서대로 고객의 핵심 이슈를 본론의 제목으로 사용한다.
⑥ 판매자보다 고객을 주어로 사용한다.
⑦ 판매자보다 고객을 더 많이, 더 자주 언급한다.
⑧ 특징보다 효용을 중심으로 기술한다.

1. 고객 조직의 비전을 언급하라

대부분의 제안 요약은 제안 요청서(RFP)의 몇 단락을 복사하는 수준에서 고객을 이해하고 있음을 보여주려 한다. 그러나 고객의 비전을 명확히 언급하는 것이 고객의 니즈를 이해하고 있음을 보여주는 훨씬 근본적인 방법이다. B2B 구매와 관련한 연구에 따르면 대부분의 세일즈팀이 기술적 측면에서는 고객의 요구조건을 만족하고 있으나 그중에서 진정으로 이기는 제안을 하는 세일즈팀은 '고객의 비즈니스를 가장 잘 이해하는' 조직이었다. 그들은 제안 요청서상의 공식적인 요구조건(Stated Requirements)뿐만 아니라 고객이 말하지 못하는 니즈(Unstated Requirement)를 포함하여 고객의 근본적인 니즈(Underlying Needs)까지 충족시키려고 노력하기 때문이다. 고객의 비전을 명확히 언급하는 것은 고객의 비즈니스 이해도를 보여주는 가장 확실한 방법이다. 다음은 실제 제안 요약의 일부 문장을 비전을 언급한 문장으로 수정한 사례이다.

> 2013년 근로장려 세제제도(EITC)가 시행됩니다.
>
> 2013년부터 국세청은 **근로자의 실질소득 상승과 빈곤층의 실업률 감소를 목표로** 근로장려 세제제도(EITC)를 시행합니다.

이 제안을 국세청장이 받는다면 어떤 문장에 설득이 될까? 국세청장의 관심은 제도와 시스템이 아니다. 그가 갖는 관심은 '어떻게 근로자의 실질소득을 상승시키고 빈곤층의 실업률을 감소시킬 것인가' 이다. 이처럼 고객의 비전을 언급하는 것이 중요하고, 그전에 고객의 비전을 정확히 파악하는 것이 중요하다.

2. 고객의 비전과 이번 구매 건을 연계시키라

이번 구매 건이 고객의 비전을 달성하는 데 어떻게 기여하는지를 보여주어야 한다. 이는 고객이 우리를 선택하는 데도 영향을 미치지만, 구매 결정 후에 조직 내에서 여러 프로젝트 중 실행의 우선순위를 결정하는 데에도 유리하게 영향을 미쳐서 조직 내 프로젝트의 실행력을 높여줄 것이다.

> 소득 파악 시스템의 목표는 소득 관련 자료의 정확한 수집 및 구축입니다.
>
>
>
> 소득 파악 시스템을 통해 소득 파악률이 향상되어 **추가재원을 확보하게 되므로 근로층의 실질소득 증가와 빈곤층 감소에 기여**하게 됩니다.

고객에게 비전은 비즈니스 이슈이기도 하다. 예를 들어 RFP에 '000테라의 서버'를 요청한 고객은 그 서버를 통해 반드시 해결해야 할 비즈니스 이슈가 있으므로 우리 솔루션을 통해 해당 이슈를 해결할 수 있음을 확신시켜야 한다.

3. 고객의 핵심 이슈를 중심으로 제안하라

대부분의 제안은 고객의 핵심 이슈가 아니라 자신의 솔루션이 얼마나 좋은지 그 장점(Advantages)을 중심으로 기술된다. 하지만 고객의 핵심 이슈를 중심으로 제안하면 '판매자(우리)의 솔루션'이 아니라 '구매자(고객)의 니즈'에 초점을 맞출 수 있다.

고객의 핵심 이슈를 언급하기 위한 방법은 다음과 같다.

- 알고 있는 고객의 모든 이슈를 나열한다.
- 2~4개의 그룹으로 묶는다(더 많이 나올 수도 있으나 가급적 최소화한다).
- 핵심 이슈를 고객의 언어로 다시 진술한다.

> 가산삼림은 구두로 삼림 관리를 위한 경비행기 20대를 요청하였습니다.
> 지난 7월 14일 미팅에서 삼림관리팀과 구매팀의 담당자는 다음과 같은 구체적인 니즈를 말씀하였습니다.
>
> - 운반 및 이동이 가능해야 함
> - 관측과 커뮤니케이션 조건을 모두 갖춘 플랫폼
> - 운행이 간편하고 안전해야 함
> - 야외에서 조립과 유지보수가 가능해야 함

고객의 핵심 이슈는 중요한 순서대로 제시해야 한다. 고객은 먼저 나온 것이 더 중요하다고 심리적으로 가정하고, 때로는 끝까지 읽지 않을 수 있기 때문이다.

4. 핵심 이슈가 고객으로부터 나왔음을 명확히 하라

대부분의 제안 요약은 고객의 이슈가 무엇인지를 막연히 기술한다. 하지만 고객의 이슈를 가장 효과적으로 기술하는 방법은 바로 그 이슈를 고객 스스로 제기했다고 이야기하는 것이다.

> **(일반적인 방법)**
> 이상적인 항공기는 다음 4가지 요건을 충족해야 합니다.
>
>
>
> **(효과적인 방법)**
> 지난 7월 14일 미팅에서 삼림관리팀장과 구매팀장이 제기한 주요 니즈는 다음과 같습니다.

5. 서론의 목록에 나열된 순서대로 고객의 핵심 이슈를 본론의 제목으로 사용하라

서론에서 고객의 핵심 이슈를 중요한 순서대로 나열하고, 본론에서는 나열한 핵심 이슈를 하위 제목으로 사용한다. 이때 사용하는 단어나 문장에서 서론의 목차와 본론의 하위 제목이 정확히 일치하여야 한다. 이는 제안 요약을 이해하기 쉽게 할 뿐 아니라 고객에게 판매자의 신뢰도를 높여준다.

그림 1. 서론과 본론의 구성

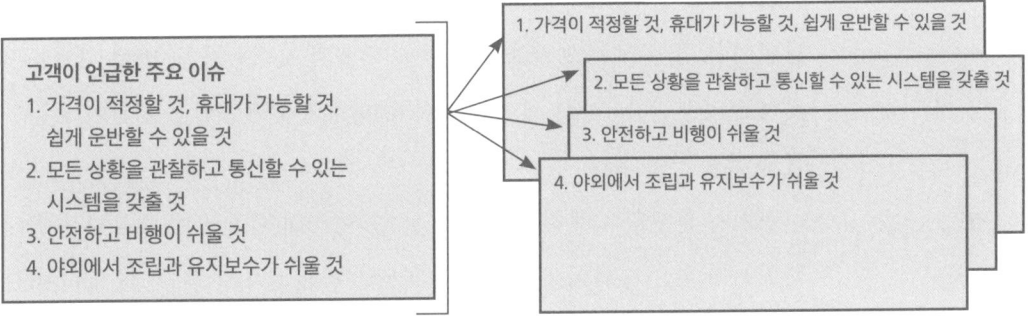

서론에서 고객의 이슈를 4가지로 언급했다면, 본론에서도 그 용어를 그대로 하위 제목으로
사용하여 4가지를 동일한 순서로 이야기해야 한다.

6. 판매자보다 고객을 주어로 사용하라

당신이 작성한 제안 요약의 문장 속 주어는 주로 누구인가? 필자가 컨설팅을 통해서 검토한 대부분의 제안 요약은 판매자가 문장의 주어로 되어 있다. 사실 제안 요약은 본질적으로 판매자가 구매자에게 제안을 하는 것이므로 자연스러운 일이기도 하다.

그러나 의식적으로 고객을 주어로 두는 노력이 필요하다. 판매자가 주어가 되면 판매자의 솔루션과 특징을 중심으로 이야기하지만 고객이 주어가 되면 자연스럽게 고객의 '니즈'와 고객이 솔루션을 통해 얻게 될 '효용'을 중심으로 이야기하게 되기 때문이다.

> 우리 회사의 솔루션은 국내 최초로 도입된 비용 절감 프로그램입니다.
>
> 귀사는 우리의 솔루션을 통해 20% 비용을 절감할 수 있습니다.

7. 판매자보다 고객을 더 많이, 자주 언급하라

당신이 작성한 제안 요약을 놓고 우리 회사와 고객사가 몇 번씩 나오는지 세어 보자. 이는 작성한 제안 요약이 얼마나 판매자 중심으로 되어 있는가를 보여줄 것이다.

필자가 컨설팅을 통해서 분석해 본 결과, 국내 제안 요약 대부분은 판매자의 장점을 언급하기에 바빠서 고객보다 판매자가 더 자주, 더 많이 언급되고 있다. 다음은 하나의 사례이다.

> • 글로벌 IT회사   판매자: 28회 언급
>   고객: 41회 언급
>
> • 국내 일류 시스템 통합(SI) 회사   판매자: 27회 언급
>   고객: 2회 언급

판매자인 제안사보다 구매자인 고객을 많이 언급할수록 고객이 솔루션을 통해 얻게 될 효용을 이야기하게 되므로 훨씬 효과적이다.

8. 특징보다 효용을 중심으로 기술하라

고객이 알고 싶은 것은 우리가 어떤 회사인지, 우리가 무엇을 파는지, 우리 솔루션이 어떤 특징을 가지고 있는지가 아니다. 고객은 우리 솔루션의 특징보다 그 특징을 통해 자신이 어떤 효용을 얻을 수 있는지에 더 큰 관심을 가진다. 고객은 상품·서비스를 사는 것이 아니라 그 상품·서비스가 제공하는 효용을 산다는 사실을 결코 잊어서는 안 된다.

솔루션 특징 중심
우리 콜센터 아웃소싱 시스템은 최대 용량과 최첨단 아키텍처를 적용하였습니다.

특징과 효용의 연계
고객사는 우리 콜센터 아웃소싱 시스템의 최대 용량과 최첨단 아키텍처를 통해 20% 비용 절감이 가능합니다.

그림 2. 제안요약의 패러다임 변화

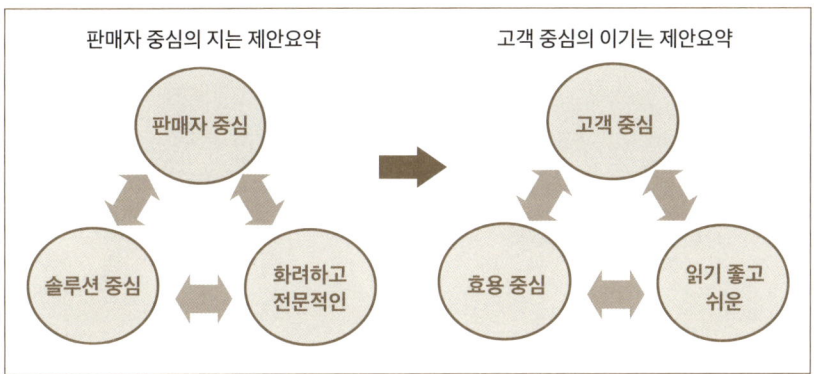

독자들이 6번에서 8번까지의 과정이 서로 연관되어 있다는 사실을 통찰하였으면 좋겠다. 특히 고객이 주어가 되어야 효용이 강조된다는 점에 주목하라. 만약에 판매자를 주어로 한다면 판매자에 관련한 내용이 주를 이루어 어쩔 수 없이 판매자의 솔루션을 강조하게 될 것이다.

판매자의 솔루션이 전문용어가 섞인 특징(Feature) 중심으로 어렵게 쓰여 있다면 이것은 대체로 지는 제안 요약이다. 이기는 제안 요약은 평가 위원에게 좋은 점수를 받아야 하는데 좋은 점수를 받기 위해서는 고객의 이슈가 우리의 솔루션을 통해 해결된다는 고객의 효용을 알기 쉽고, 평가하기 쉽게 제시해야 한다.

이기는 제안 요약과 지는 제안 요약이 있다. 여러분의 제안 요약은 어디에 속하는가?

5.3.3 평가자를 위하여 섹션 요약을 작성하라

제안 요약은 의사결정자를 위한 요약이라면 섹션 요약은 평가자를 위한 요약이다. 즉, 제안서 전체를 보는 통합적 평가자(의사결정자)에게는 제안요약이 중요하듯이 섹션별로 분석적인 평가를 해야 하는 분석적 평가자에게는 섹션 요약이 중요하다.

섹션 요약은 실무적으로 평가를 도와야 한다. 만약 레벨 2(1.1)에서 평가를 하도록 평가표가 되어 있는데 레벨 3(1.1.1 ~1.1.9)의 섹션 요약이 없다면 어떤 일이 벌어질까? 평가자는 레벨 3(1.1.1 ~1.1.9)을 모두 검토해야 레벨 2(1.1)의 평가가 가능하다. 그러나 현실적으로 현장에서 이런 식의 평가는 불가능하다. 그래서 이를 한눈에 볼 수 있는 레벨 2(1.1)의 요약이 필요하다.

여기에서 가장 중요한 판단은 몇 레벨까지 섹션 요약을 붙여야 할 것인가이다.

그림 3. 섹션 요약과 본문의 구조

섹션 요약	1.1 구조 (1.1.1~1.1.9를 요약하는 섹션 요약)
섹션 본문	1.1.1 소프트웨어 구조
섹션 요약	1.1.2 하드웨어 구조
섹션 본문	.
섹션 요약	.
섹션 본문	1.1.9 부가 장치의 구조

첫째, RFP에 나오는 평가표의 평가단위에는 반드시 섹션 요약을 삽입한다.

둘째, 가급적 RFP 평가단위의 한 단계 아래도 섹션 요약을 넣는다.

예를 들어 RFP의 평가항목이 레벨 2(Ex 1.1)로 되어 있다면 여기는 반드시 섹션 요약을 삽입하되 가능하면 레벨 3(Ex 1.1.1)에도 섹션 요약을 삽입하는 것이 좋다.

왜 그런가? 필자가 공공조직의 다양한 평가에 참여해 보면 대부분 평가는 RFP에 있는 평가표를 그대로 평가위원에게 제공한다. 그런데 가끔 사업 규모가 크거나 중요할 때는 RFP 평가표보다 한 단계 더 세분화된 평가표가 나올 때가 있기 때문이다.

섹션 요약은 4-Box 구조를 따르며, 작성 방법과 형태는 다음과 같다.

작성 방법

① 하위 내용을 모두 포함한다(하위 목차에 따라)

하위 목차가 비논리적이거나 혹은 하위 목차가 너무 많아도 하위 내용을 모두 포함한다.

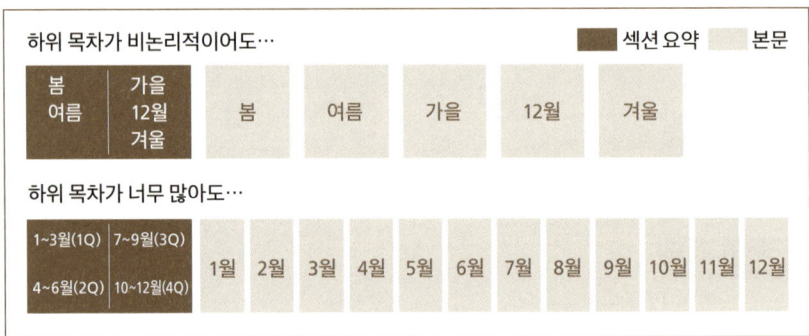

② 하위 목차에 없는 새로운 내용을 만들지 않는다.

기본적으로 섹션 요약은 하위 섹션을 요약하는 장이다. 하위 목차에 없는 새로운 내용은 뜬금없게 느껴지고 제안서의 흐름을 해친다. 하위 목차에 없는 새로운 내용을 섹션 요약에 넣고 싶다면, 그 이전에 PM과 상의하여 하위 목차를 개발할 수 있다.

작성 형태

크게 3가지 형태가 있다. 하위 목차의 중요 내용을 요약하는 형태, 요약과 제안의 핵심차별화요소를 함께 구성하는 형태 혹은 목차에 따라 큰 그림과 요약을 함께 구성하는 형태가 있다. 이때 주의해야 할 점은 섹션별로 작성 형태를 통일하여 일관성을 가지는 것이다.

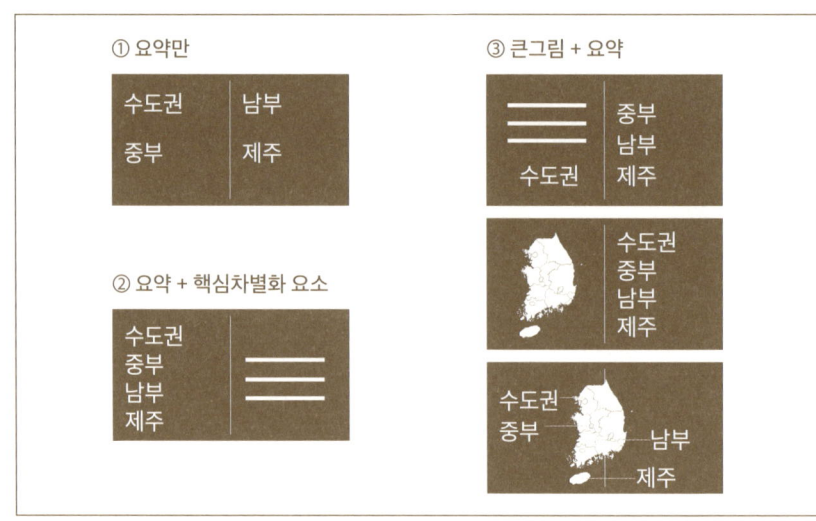

제안 요약 작성 원리와 동일하게 섹션 요약 역시 4-Box 원리를 따른다.

- Box 1 주제문
- Box 2 요약
- Box 3 본문
- Box 4 재요약 & 하위 섹션 소개

Box 1 주제문

이 섹션에 해당하는 솔루션의 특징(Feature)이 주는 고객의 효용(Benefit)을 설명한다. 특히 경쟁자에게는 없고, 고객이 중요하게 생각하는데 자사만 보유하고 있는 경험이나 솔루션이 있다면 이것을 핵심 차별화요소(Discriminator)라고 부른다. 주제문을 작성할 때 가장 주의해야 할 사항은 평가자가 단숨에 읽을 수 있게 만들어야 한다는 점이다. 요령은 다음과 같다.

- 이곳에서는 본문을 요약하려 하지 않는다. 우리 솔루션의 특징(또는 차별화 요소)이 주는 고객의 효용만 쓴다.
- 두 줄이 넘지 않게 단문으로 작성한다.

Box 2 요약

이 섹션에서 고객에게 말할 내용(본문)을 요약한다. 고객이 이 섹션에서 요구하는 사항(Requirement)의 답(Response)을 제시한다.

Box 3 본문(Body)

Box 2 내용의 증거를 제시한다. Box 2에서 나열한 항목을 이곳의 제목으로 사용하여 순서대로 나열한다.

Box 4 재요약 & 하위 섹션 소개

Box 3를 구체적으로 뒷받침할 하위 섹션을 소개한다.

    4-Box는 위로 올라갈수록(Box 4 → Box 1) 주장(Claim)을 하고 있고, 아래로 내려갈수록(Box 1→ Box 4) 세부 근거(Proof)를 제시하는 것이 기본 원리이다.

예시 3. 4-Box 실제 사례(적용 전)

1. 비용 및 일정관리 계획

본 사업은 탐색·체계 개발을 동시에 진행하는 과제로 개발 일정이 촉박하고 비용 초과 위험이 충분한 사업입니다. 하지만 제안업체는 탐색 개발에 해당하는 자체 선행연구를 수행했으며, 풍부한 유사사업 경험도 보유하고 있습니다. 이러한 경험과 자산을 바탕으로 효율적인 관리기법을 적용하여 일정과 비용을 감소시키겠습니다.

- **일정 단축 및 비용 절감을 고려한 계획 수립**
  제안사는 RFP상의 일정과 비용 목표를 달성하기 위해서 다음과 같은 방안을 종합적으로 고려하여 계획을 수립했습니다.
  - ○○사업 개발결과의 재사용으로 설계, 제작기간 단축
  - 제안사 자체 선행연구 결과 재사용으로 요구사항 분석 및 조립·시험기간 단축

- **짧은 기간 내 개발성공을 위한 효율적 통계를 위한 관리기법 적용**
  수립된 계획을 효율적으로 통제해 나가기 위해서 다음과 같은 관리기법을 적용하겠습니다.
  - 비용·일정을 통제하기 위한 사업성과 관리 시스템(EVMS) 적용
  - 양산가 추정 및 관리를 위한 목표비용 관리(CAIV)기법 적용

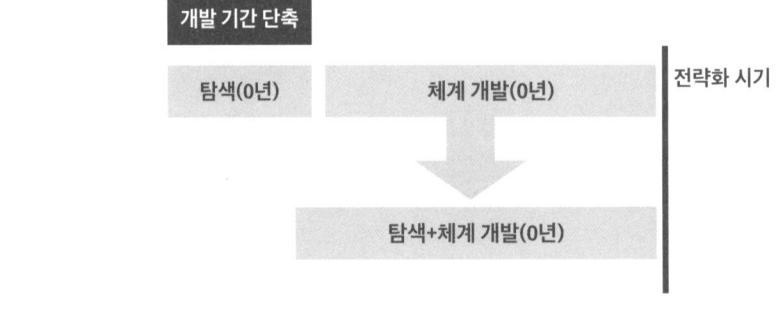

4-Box 실제 사례(적용 후)

1. 비용 및 일정 관리 계획
방위사업청은 짧은 개발 일정과 비용 초과 위험을 제안사의 자체 선행개발을 통하여 일정을 6개월 단축하고 비용을 10% 절감할 수 있습니다.

- EVMS14/CAIV를 통한 비용 및 일정 관리 계획 수립
- ○○ 기술의 선행 연구로 개발원가 절감
- 공학적 분석을 통한 양산비·운영유지비 산정

전문관리도구 및 자체 선행개발을 통한 일정 6개월 단축/비용 10% 절감

○○사업의 10% 비용 절감 실적

사업수행 기간
00.01~04.12

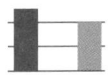

비용절감 결과

일정 관리 계획
- ○○사업 수행 경험의 EVMS 전담 조직 구성
- WBS, OBS, RAM, CA 설정
- 정기/비정기 보고계획 수립
- EVMS와 연계한 원가 정산

비용 관리 계획
- CAIV 수행 전담 조직 구성
- 비용 분배를 통한 추진계획 수립
- 정기/비정기 보고계획 수립
- 성능 대 비용 절충 분석

원가절감 계획
- ○○기술의 선행 연구로 개발 원가 절감
- ○○사업 수행시의 설비/장비 적극 활용
- 전사적 투자계획 수립

양산비/운영유지비 산정
- ○○사업 경험을 통한 양산비/운영유지비 산정
- 공학적 분석을 통한 비용산정
- PRICE H를 통한 양산비 분석
- PRICE HL을 통한 운영유지비 분석

그림 1-1. 관리기법을 적용한 비용 및 일정관리계획 수립. EVMS, CAIV, 공학적 분석의 전문 관리 기법을 활용하여 비용 및 일정관리의 신뢰성을 보장하겠습니다.

1.1 일정 관리 계획
1.2 비용 관리 계획
1.3 원가 절감 계획
1.4 양산비/운영유지비 산정

5.3.4 제목은 평가를 돕는다

표제(제목, Headings)가 중요한 이유는 평가자가 찾고자 하는 답을 빨리 찾도록 가이드 역할을 해주기 때문이다. 표제는 제안서를 평가하기 쉽게 하므로 표제가 잘된 제안서는 동일한 내용이라도 높은 평가 점수를 받기 쉽다.

> **Shipley Tip**
> **표제가 중요한 이유**
>
> 실제 평가위원으로 활동한 사람을 인터뷰해 보면 평가하는 것은 상당히 스트레스가 심한 일이라고 한다. 특히, 우리나라 공공조직의 평가는 '짧은 시간'에 공정하게 해야 하기 때문에 그 스트레스가 더하다. 따라서 동일한 내용이라도 평가자가 요구하는 답을 쉽게 찾을 수 있게 해주는 제안서에 더 좋은 점수를 줄 수밖에 없다는 것이 공통된 의견이었다.

쉬플리가 제시하는 표제 사용법 중 가장 중요한 것은 정보 표제(Informative Heading)이다. 정보 표제는 전달하고자 하는 핵심 포인트를 제목에 바로 표현하는 최상의 메시지 전달 방법이다. 왜냐하면 평가자가 주제문(Theme Statement, 한국에서는 통상 헤드라인이라고 함)은 읽지 않는 경우도 종종 있지만 제목은 항상 읽을 수밖에 없기 때문이다.

표제의 기능은 평가자가 평가표에 있는 질문의 답을 빨리 찾을 수 있도록 해주는 것이다. 특정 주제의 내용을 보고 싶어하는 평가자에게 표제는 그들이 관심을 가지고 있는 내용을 수월하게 찾을 수 있도록 한다. 도표와 여백처럼 문서를 지루하지 않게 만들며 여러분의 제안을 평가자들이 좀 더 잘 읽을 수 있도록 한다.

표제를 사용하는 기본 원리는 다음과 같다.

1. 제안 요청서에 지시된 대로 표제를 사용하라

고객으로부터 요청된 표제 나열 방법이나 단어를 임의로 바꾸지 않는다.
- 고객이 Project Management라고 표현했다면 같은 의미라 하더라도 Program Management로 바꾸지 말고 그대로 사용

2. 간결 표제는 주요 섹션을 표시하는 데 사용하라

간결 표제는 섹션을 구분하는 내용 정도만 담으면 된다. 제안 요청서에서 주요 섹션을 구분하는 간결 표제를 제시하면 그대로 사용하고, 따로 제시하지 않는 경우에는 평가기준표 등을 참고하여 개발하라.
- 'Executive Summary', '가격 부문', '참조'

3. 정보 표제를 적극 사용하라

간결 표제와 정보 표제 모두 내용에서 주제의 변화가 있음을 표현한다. 다음 주제를 이야기할 것이라는 것을 가이드하는 것이다.

정보 표제는 주제 가이드뿐만 아니라 주제와 관련한 구체적인 정보를 제공하여 핵심 메시지를 강조하는 좋은 방법이다.

행동을 촉구할 때는 동사형 표제, 목적을 알리고자 할 때는 명사형 표제를 사용하라.
- 동사형 정보 표제: 계약유지로 입회비를 면제받으십시오.
- 명사형 정보 표제: 220V에서 운영되는 모든 시스템

표 2. 간결 표제와 정보 표제

간결 표제	정보 표제
서론	네트워크 터미널의 속도가 느림
토의	Q4 터미널에서 43% 이상 사용함
결과	피크 타임 때 서버가 다운됨
제언	서버 업그레이드로 터미널 속도 25% 개선
개요	평가를 쉽게 하는 제안서 구조
조직	간접비용을 획기적으로 줄이는 수평조직

Shipley Tip

적극적으로 정보 표제 사용하기

정보 표제가 한국의 제안서에서는 자주 사용되지 않아서 제안서를 차별화하는 좋은 방법이 될 수 있다. 한국형 제안서에서 실제 정보 표제를 사용하는 간편한 방법은 가장 하위 제목(The Last Heading)을 정보 표제로 통일하는 것이다. 정보 표제를 만드는 핵심은 주제문을 만드는 방법과 동일하다.

공식: 고객의 효용(Benefit) + 우리 솔루션의 차별화요소(Feature, Discriminator) 고객이 우리 솔루션의 어떤 차별화된 특징(Feature) 때문에 얻게 되는 효용(Benefit)을 보여주는 것이다. 그리고 이 솔루션의 특징이 경쟁자가 갖고 있지 않은 것(Discriminator)이면 가장 좋다.

고객의 간결 표제를 정보 표제로 바꾼 실제 사례

간결 표제	정보 표제
연구개발 조직	개발 신뢰성 향상을 위한 1차 연구개발 조직의 100% 투입
국산화 목표	00건의 핵심기술 보유로 국산화율 95% 달성
비용 관리 방안	00시스템의 실시간 비용 관리로 00억 원 절감 효과
장애 관제업무 효율화 방안	실시간 장애 관제를 위한 전산센터 운영
품질보증 절차	업계 최초 CMMI 레벨 5 인증의 품질보증 절차 적용

4. 제안 요청서에 명시된 경우가 아니라면 목차 번호는 4단계를 넘지 않도록 하라

제안서의 목차 번호 체계가 복잡할수록 그에 맞게 작성하기가 어렵다. 또한 평가자가 제안서의 앞 3페이지 정도에서 목차 번호 체계에 적응해야 하기 때문에 가급적 3단계를 넘지 않도록 구성한다. 하지만 규모가 크고 복잡한 사업의 경우 4단계 이상으로 목차 번호가 진행되는 경우도 있다.

- 4.2.3.1.1(X), 4.2.3.1(O)

5. 도입부에서 제시한 표제 목록과 실제 섹션별 하부 표제를 동일하게 하라

표 3. 표제 목록과 섹션 표제의 통일

표제 목록	섹션 표제
1. 정확성	1. 정확성: 정확성 테스트는 98%에서 99.9%로 증가함
2. 활용가능성	2. 활용가능성: 지난 2년간의 임상실험을 통해 95%로 검증됨
3. 저비용	3. 저비용: 베타버전 사용자는 6개월 만에 투입자본을 회수함

6 배열 위치, 폰트, 글자체, 섹션 넘버 등을 통해 표제의 수준을 표시하라

- 표제의 위치에 따라: 왼쪽, 오른쪽, 가운데 맞춤
- 표제의 폰트에 따라: 12, 24, 36pt 등
- 기타: 강조, 색깔, 기울임체, 밑줄 등

5.3.5 주제문에서 차별화된 솔루션을 제시하라

주제문(Theme Statement)은 헤드라인이라고도 하는데 고객의 효용을 우리의 차별화된 솔루션과 연결하여 평가자에게 왜 그들이 우리를 선택해야 하는지 이야기하는 것이 목적이다. 가장 강력한 주제문은 고객이 원하지만 경쟁자 그 누구도 제공할 수 없는 우리만의 핵심 차별화요소(Discriminator)를 포함한 경우이다.

섹션 주제문, 하위 섹션 주제문 등은 모두 일관된 위치와 스타일로 배치되어 그 부분에서 전달할 핵심 내용을 보여주어야 한다.

영업조직에서는 '전략'과 '주제'를 혼동하는 경우가 많다. '전략'은 우리가 '구사해야 할 무엇'이고, '주제'는 '말해야 할 무엇'이다. 전략과 주제를 혼용하면 고객뿐만 아니라 우리 내부 조직의 구성원도 혼란을 느낄 수 있다는 점에 유념하라.

1. 주제문 개발을 위한 논리적 프로세스를 활용하라

주제문은 원래 영업전략 혹은 제안전략에서 나오지만 그러한 과정이 따로 없다면 다음과 같은 순서로 개발한다.

① 고객의 이슈를 나열한다.

② 각 이슈를 가급적 구체적으로 정의한다.

③ 각 이슈에 해당하는 여러분 솔루션의 특징을 나열한다.

④ 우리가 가지고 있는 유사한 성공스토리를 가급적 계량화하여 정의한다.

⑤ 고객의 계량화된 효용 및 이를 위한 솔루션을 제시하고, 제안서에서는 이를 뒷받침하는 증거를 제시한다.

이를 위해서 〈표 4〉와 같은 솔루션 워크시트를 활용할 수 있다.

표 4. 솔루션 워크시트

		1	2	3	4
고객의 이슈(Hot Buttons)		시스템 성능 개선			
우리의 솔루션		2시간 내 반응시간			
경쟁사의 예상 솔루션		3시간 내 반응시간			
차별화요소		50% 단축된 반응시간			
증거	경험(Experience)	반응시간 실제 Data			
	성공스토리(Performance)	A사 적용 후 매니저 인터뷰			

2. 주제문을 일관되게 사용하라

모든 주요 섹션, 하위 섹션, 요약에 주제문을 일관되게 사용한다. 삽입 수준이나 방법, 형식에도 일관성을 유지하여 평가위원이 주제문 중심으로 평가를 빠르게 진행할 수 있게 한다.

3. 고객의 효용을 솔루션의 특징에 연결시키되 가급적 효용을 강조하라

우리 회사의 Easy Link 소프트웨어는 당신의 비용을 절감해 줄 것입니다.

이해하기 쉽고 그래픽화된 Easy Link 소프트웨어는 **훈련시간을 4시간에서 1시간으로 줄입니다.**

> **Shipley Tip**
>
> 영어 제안서에서의 효과적인 주제문
>
> 영어 제안서를 쓸 때는 고객의 효용을 우리 솔루션의 특징보다 먼저 언급하여야 한다.
>
> **Poor Example**
> Our Easy Link software will reduce your cost.
>
> **Better Example**
> The intuitive, graphical user interface of our Easy Link software can reduce your training time from 4 hours to 1 hours.
>
> **Best Example**
> Reduce your training time from our four hours to one hour due to the intuitive, graphical user interface of our Easy Link software.
>
> 마지막 사례에서는 고객의 효용을 먼저 보여주어 고객이 "How so?"라는 질문을 하게 하고, 이에 바로 답을 하고 있는 형태를 취하고 있다. 영어 제안서의 주제문에서 가장 효과적인 구조이다.

4. 가능하다면(고객의) 효용을 계량화하라

주장에 대한 가장 확실한 근거는 계량화된 숫자를 제시하는 것이다. 만약 근거를 제시할 수 없다면 주제문을 수정하여야 한다. 주제문에서 주장을 했으면 반드시 근거가 제시되어야 한다.

> 계량화되지 않은 경우: e-Entry 소프트웨어를 설치하여 발주비용을 줄이십시오.
>
>
>
> 계량화된 경우: e-Entry 소프트웨어를 설치하면 발주비용이 30% 절약됩니다.

5. 주제문은 단문으로 만들라

문장이 길어질수록 읽을 가능성은 줄어든다. 짧고 간결하면서 효용과 특징만 정리된 문장이 더 설득적이다.

만약 효용(Benefit)만을 말하면 고객은 "How so(어떻게)?"라고 질문하고, 특징(Feature)만을 말하면 "So What(그래서)?"이라고 질문할 것이다.

> **Shipley Tip**
>
> **실제 사례**
>
> 고객의 효용과 솔루션의 특징을 짧게 보여준다.
>
> **좋지 않은 사례**
>
> 본 사업은 탐색·체계 개발을 동시에 진행하는 과제로 개발 일정이 촉박하고, 비용 초과 위험이 충분한 사업입니다. 제안업체는 탐색개발에 해당하는 자체 선행연구를 수행했으며, 풍부한 유사사업 경험도 보유하고 있습니다. 이러한 경험과 자산을 바탕으로 효율적인 관리기법을 적용하여 일정과 비용을 감소시키겠습니다.
>
> **좋은 사례**
>
> 00사업의 EVMS/CAIV 수행 경험 및 자체 선행개발을 통하여 일정을 6개월 단축하고 비용을 10% 절감하겠습니다.

쉬플리의 경험에 따르면 우리나라같이 짧은 시간에 많은 양의 제안서를 소화해야 하는 평가 여건에서 한 호흡으로 읽을 수 없는 문장은 이미 주제문으로서의 가치를 유지하기가 힘들다. 리뷰할 때 소리 내어 주제문을 읽어본 후 문장을 다듬으라.

6. 각 섹션에서 주제문과 요약을 구별하라

요약은 모든 효용과 특징을 두세 개의 문장으로 구성된 하나의 단락으로 말하는 것이다. 주제문은 많은 효용과 특징 중에서 가장 중요한 것 하나만을 말하되 단문(Simple Sentence)으로 구성한다.

섹션 요약	경기도 수원에 위치한 저희 회사 직원 75명이 쓰레기 청소 서비스에 참여할 것입니다. 풀리쉬는 3년간 귀사와 체결한 22건의 청소 용역을 약속한 시간 및 책정한 예산 이하로 수행해 오면서 성공적인 경영 성과를 일궈냈습니다. 저희 직원들은 모든 입찰 요청 작업을 수행할 수 있는 자격을 갖추고 있습니다.
섹션 주제문	22건의 청소 용역을 약속한 시간 및 책정한 예산 이하로 수행한 유일한 업체로서, 풀리쉬 직원들은 요청하신 부분을 안심하고 맡겨주셔도 문제가 없도록 노력할 것입니다.

요약은 하나의 단락. 주제문은 하나의 문장이다.

7. 장점(Advantage)을 넘어서서 효용(Benefit)을 확실히 말하라

장점은 잠재적 효용이다. 그 잠재적 효용을 고객이 중요하다고 인식하고 수용할 때 비로소 효용이 되는 것이다. 화상통화·인터넷 전송이 되는 스마트폰이 있지만 사용 방법을 모르거나 니즈가 없는 할아버지께는 그러한 기능이 차별화 포인트가 아니므로 효용이 못 된다. 예를 들면 스마트 통신 시스템을 구축할 때 제안서가 설명하는 특징의 80%는 고객이 사용하지 않는 것들이다. 그럼에도 불구하고 기능을 지나치게 세분화하거나 전문화함으로써 솔루션을 복잡하게 할 뿐 아니라 원가도 높이고 있다. 광범위하게 솔루션의 장점을 자랑하는 것은 오히려 고객이 우리 솔루션에 무관심하게 만드는 계기가 된다.

8. 주제문의 구조와 접근 방법을 고객사의 산업과 시장의 평가 프로세스에 맞추어서 수정하라

주제문의 구조와 접근 방법은 다음과 같이 다양하다.

- 각각의 섹션이 시작하는 곳에 주제문 배치
- 가장 중요한 차별화요소가 논의되는 부근에 콜아웃 배치
- 주요 섹션이 시작할 때 하나의 상자에 하위 섹션의 여러 주제문 기술
- 페이지마다 상단에 주제문 배치

접근 방법 중 앞의 두 방법은 일반적으로 사기업의 제안서에 적절하고, 전체를 대략 훑어보는 의사결정자에게는 세 번째 방법까지도 유용하다. 네 번째 방법은 효과가 떨어지는데 그 이유는 평가자가 그것을 주제문이 아니라 페이지마다 형식적으로 나오는 제목 정도로 인식하기 때문이다.

그러므로 위의 세 가지 방법 중 때에 따라 적절히 활용하라.

Shipley Tip

주제문이 죽어 있는 제안서

주제문의 배치 방법 중 가장 효과가 낮은 것은 페이지마다 주제문이 나오는 경우이다. 불행히도 한국 제안서의 대부분은 이 경우에 해당된다.
이 경우의 문제점은 다음과 같다.

- 페이지별로 주제문이 나오면 벌써 이들 주제문이 형식적인 것이라고 자연스럽게 인식하게 된다.
- 작성자가 내용을 기준으로 주제문을 작성하는 것이 아니라 페이지를 기준으로 작성하다 보니 핵심 내용이 없거나 너무 많아 주제문의 작성 수준을 균등하게 하기 어렵다.

- 페이지별로 주제문이 나온다는 것은 페이지별로 제목이 할당된다는 의미이다. 그러나 내용은 반드시 페이지의 분량과 일치하지 않으므로 페이지별로 어떤 내용은 양이 너무 많거나 적은 문제가 발생한다. 페이지에 따라서 내용을 재단하다 보니 내용이 충실하지 않은 형식적인 제안서가 나온다.

가급적 제목과 주제문을 페이지별로 할당하여 맨 위에만 위치하게 하는 템플릿을 피하고, 제목과 주제문이 각 섹션에서 나올 수 있게 한다. 하위 섹션의 경우에는 중간에도 나올 수 있도록 템플릿을 제공한다.

9. 주제문 리트머스 테스트로 주제문의 영향력을 높이라

화학자들이 산과 알칼리를 빠르게 구별하기 위해 리트머스 종이를 사용하듯이 제안서 작성자는 주제문이 영향력이 있는지 없는지를 판단하기 위해 '주제문 리트머스 테스트'를 사용할 수 있다.

그림 4. 주제문 리트머스 테스트

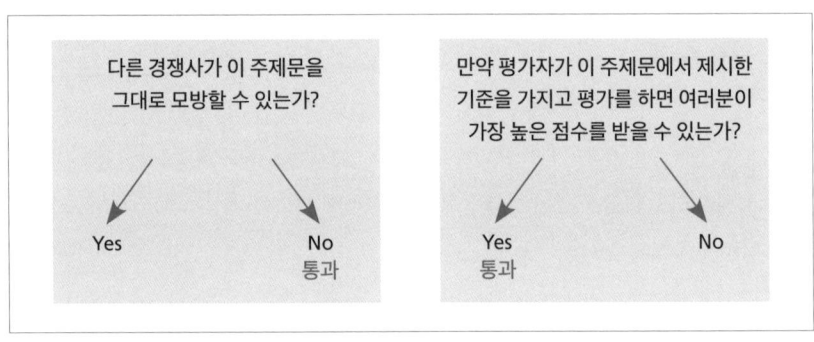

테스트를 통과하지 못했다면 주제문을 더욱 구체화하고 효용을 정확하게 다시 계량화해서 수정한다.

> 마스터건설은 귀사의 프로젝트를 수행할 수 있는 역량이 검증되었습니다.
>
>
>
> 이 교량을 성공적으로 건설하기 위해서 우리는 동일한 유형과 길이의 프로젝트를 주어진 예산 범위와 기간 내에 수행했던 관리자와 현장감독자를 배치합니다.

5.3.6 성공스토리로 인상적인 메시지를 전하라

일방적인 자기 주장으로만 가득 채워진 제안서 중에 성공스토리를 통해 자신의 주장을 뒷받침하는 제안서가 있다면 이는 확연히 차별화될 것이다. 성공스토리가 하나의 증거가 될 수 있기 때문이다.

제안서를 제출한 회사 중에서 A사의 주장은 성공스토리를 통해 입증되고 B사에는 그런 사례가 없다면 B사의 주장은 다른 경쟁사의 주장에 비해 차별화되기 어렵다. 본질적으로 유사한 솔루션을 제시한다면 성공스토리를 사용하는 것이 평가자에게 더 높은 신뢰를 받을 수 있는 것이다.

성공스토리를 사용하여 아래에 나열된 것처럼 체계적으로 단계를 밟으라. 주장을 일관성 있고 믿을 수 있게 고객 관점에서 작성하자.

- 그래픽을 선택하여 삽입한다. 그래픽이 꼭 주장을 입증하는것은 아니지만 신뢰성을 높이고 주의를 집중시킨다.
- 과거 고객의 니즈를 기술한다.
- 과거 고객이 여러분의 조직을 선정했던 근거나 이유를 기술한다.
- 여러분이 제공한 솔루션과 그것을 사용한 결과로 생긴 효용을 가능한 한 정량화하여 기술한다.

그림 5 . 그래픽을 사용하여 주장을 뒷받침하라

그림설명문을
고객 관점에서
작성한다. 고객의 니즈,
여러분이 선정된 이유와
결과를 보여주며,
내용을 충분히
전달한다.

우리는 정해진 기한과 예산 범위 안에서 여러분의 프로젝트를 완성할 것입니다.

그림 13. 공정 조기 달성으로 2억 원 사례금 획득.
Global Manufacturing은 혹한의 기상 조건 속에서 조기에
주요 공장을 확장해야 했습니다. 6개의 설계-시공업자들을 면밀하게
평가한 후, Global은 쉬플리 건설과 계약을 체결했습니다.
우리는 정해진 예산 내에서 예정일보다 23일 앞당겨 완공하여,
2억 원의 사례금을 받았습니다.

5.4
제안서 디자인

대부분의 제안서가 내용은 직접 작성하되 디자인은 주로 외주로 처리한다. 그런데 디자이너는 내용보다 디자인 면에서 접근하기 때문에 제안서 내용이 디자인 요소에 가려져 정확히 전달되지 않는 경우도 있다. 그러므로 작성자는 고객과 평가자를 고려한 디자인 개념을 명확히 이해하고, 이를 디자이너에게 적절히 요구해야 한다.

5.4.1 잘 만들어진 그래픽은 내용을 더 명확히 설명한다

그래픽은 고객에게 전달하고 싶은 중요한 메시지를 전달하는 효과적인 방법 중 하나이다. 왜냐하면 텍스트와 달리 설득의 두 가지 중요한 측면(감성과 사실)을 동시에 전달하기 때문이다.

그래픽의 중요성을 이해하기 위해서는 평가의 역설을 먼저 알아야 한다. 제안서를 자세히 보는 실무자(공공발주 시 발주처 간사)는 평가의 영향력이 적고 제안서를 자세히 볼 시간이 없는 의사결정자(공공발주시 평가 위원)는 제안 요약, 그래픽, 그림설명문(Action Caption), 제목, 강조 문구, 제안 요약 정도만을 보고 의사결정을 한다.

제안서 평가자가 되면 제안 요청서상의 질문과 요청을 제안서에서 확인하면서 'OOO 분야(본인의 관심주제)는 어느 섹션에서 다루는가?', '어떤 업체의 제안에 가장 좋은 점수를 주어야 하는가?'라는 두 질문을 함께 던진다. 효과적인 그래픽은 전체적으로 긍정적인 인상을 주면서 평가자가 이러한 질문에 답을 쉽게 찾도록 돕는다.

그림 1. 평가의 역설

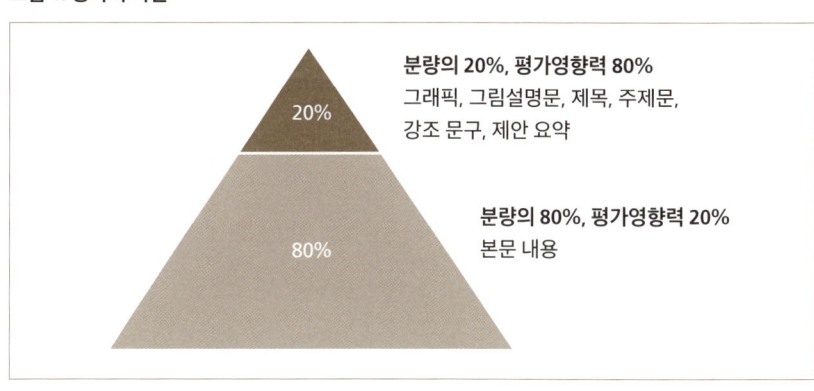

2 대 8법칙으로 알려진 파레토의 법칙(Pareto's Rule)은 제안서 작성에도 적용된다. 제안서 전체 분량으로 보면 20% 미만을 차지하는 그래픽, 그림설명문, 제목, 주제문, 강조 문구, 제안 요약이 평가에 미치는 영향력은 80% 이상을 차지한다.

평가자의 기억을 오래 유지시키려면 정보를 다양한 방법(문자와 이미지)으로 전달하면 된다.

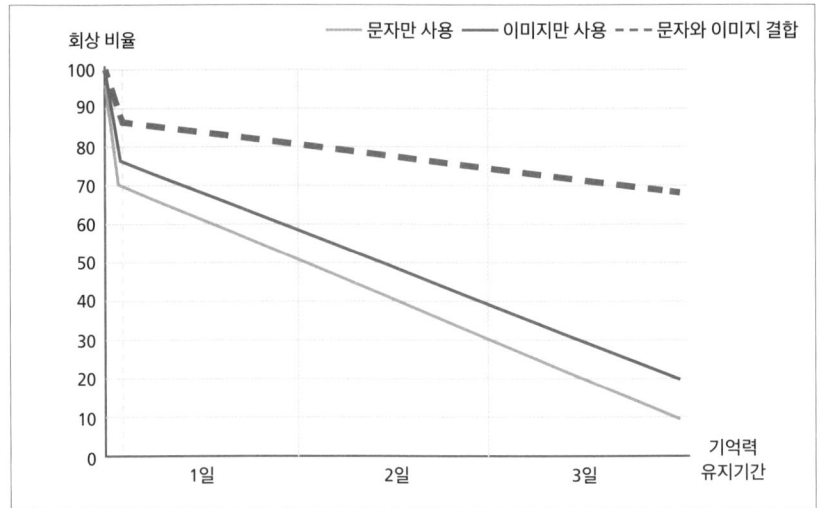

그림 2. 기억을 오래 유지시키는 방법

출처: 'The Ebbinghaus Forgetting Curve' 1885 in Memory : A Contribution to Experimental Psychology.

〈그림 2〉의 기억력에 관한 연구에서 보듯이 사람들은 문자만 사용했을 때보다 이미지만 사용했을 때 더 많이 기억했다. 또한 이미지와 문자를 함께 봤을 때는 문자만 봤을 때보다 무려 7배나 더 많이 기억했다. 기억을 유지시키는 핵심 요소는 반복(Repetition)과 정보 습득의 다중성(Dual modes of acquisition, 문자와 이미지 등)이기 때문이다.

왜 제안서에서 기억력 유지가 중요할까?

제안서를 보는 동시에 평가까지 하는 것은 대부분 불가능하다. 그래서 제안서에서 다루는 정보 하나하나를 확인하면서 평가하는 경우도 있지만 제안서의 인상적인 정보만으로 평가하는 경우도 많다. 이럴 경우에는 기억에 남아 있는 정보가 어느 정도이고, 얼마큼 핵심적인 내용인지가 매우 중요하다.

효과적인 제안서는 볼거리로 시선을 사로잡고 왜 자신이 선정되어야 하는지 정확히 설명한다. 상당수의 제안 작성자는 그래픽의 중요성을 모르고, 오히려 평가자가 그래픽 때문에 제안서에 흥미를 잃는다고 생각한다. "우리의 평가자는 과학자, 엔지니어, 회계부서 직원이므로 그들은 사실만을 원한다"고 말하며 자신들의 그래픽이 부족한 이유를 합리화한다.

하지만 잘 만들어진 그래픽은 사실을 더 명확하게 보여준다. 명심해야 할 것은 오늘날의 평가자는 비즈니스 문서, 잡지, 신문, TV, 영화 등에서 일상적으로 화려한 그래픽을 접하고 있기 때문에 형편없고 부적절한 그래픽이 아니라 수준 높고 완성도 있는 그래픽을 제안서에서 보길 원한다는 것이다.

높은 수준의 그래픽, 그래픽 소프트웨어, 컬러프린터 등을 통해 만들어진 전문적인 그래픽은 고객의 눈길을 끌고 제안서 내용을 더욱 잘 설명한다.

효과적인 제안조직은 비슷한 그래픽을 재사용함으로써 시간을 절약한다. 만들기 어렵고 시간도 많이 걸리지만 일단 만들어 놓으면 세일즈 프레젠테이션, 백서, 제안 요약, 제안서, 최종 브리핑에서 계속 재사용할 수 있다. 상황과 매체에 따라 적절하게 옮기기만 하면 된다.

5.4.2 고객사를 잘 알고 있다는 것을 시각적으로 보이라

고객사를 이해하고 있다는 것을 보여주는 가장 좋은 방법은 솔루션이 선택되었을 때 어떻게 되는지를 시각적으로 보여주는 것이다. 솔루션이 복잡할수록 자세한 문장으로 설명하기보다 그림으로 보여주는 것이 더욱 효과적이다.

차별화요소를 시각화하는 가장 효과적인 방법은 비교 대상을 나란히 대조하는 것이다.

- 현재 프로세스 vs 제안된 프로세스
- 복잡한 프로세스 vs 단순한 프로세스
- 과거 제품 vs 신제품
- 나란히 비교되는 그래프, 바 차트, 파이 차트

Shipley Tip

그래픽은 핵심 메시지를 효과적으로 전달할 수 있어야 한다

- 무분별한 개념도(Conceptual Diagram) 사용을 지양한다. 개념도가 페이지마다 나오면 고객은 계속 읽지 않는다. 그래픽으로 50% 이상을 채우지 말라.
- 장식용 그래픽, 꾸밈을 위한 컬러 사용을 금지한다. 그래픽과 컬러는 강조 효과가 있어 지나친 사용은 오히려 핵심 메시지의 전달을 방해한다.

5.4.3 그래픽을 먼저, 텍스트를 나중에 작성하라

텍스트를 작성하기 전에 어떤 그래픽을 사용할 것인지를 먼저 결정한다. 어떤 그래픽을 선택하느냐에 따라 평가자에게 미치는 영향력이 달라질 수 있기 때문이다. 그리고 이 순서대로 작성하면 텍스트 작성 시간을 3분의 1 정도 절약할 수 있다.

기술적이고 전문적인 내용일수록 문장으로 작성될 때 읽기가 더 어려우므로 적절한 그래픽을 선택하여 효율적인 제안서를 만들라.

> **Shipley Tip**
>
> **무절제한 그래픽 사용이 제안서를 망친다**
>
> 한국 제안서의 문제점 중 가장 큰 것 하나를 꼽으라고 한다면 그래픽의 무절제한 사용이다. 내용과 무관한 개념도의 남발은 제안서 전체의 핵심을 가려 수준을 낮춘다.
>
> 이런 현상의 원인은 첫째로 짧은 제안기간과 짧은 평가기간, 그리고 제안서 개발 프로세스의 부재에 있다. 한국의 조달청을 중심으로 한 공공부문의 발주는 대체로 그 제안기간이 짧다. 특히 2008년 금융위기 이후에 불황을 염려한 정부는 그 발주기간을 더 짧게 했다. 통상 시스템통합(SI) 관련 프로젝트에는 2주에서 3주 정도의 제안서 작성기간이 주어진다. 이런 조달시스템에 훈련된 업체는 제안서의 내용이 개념도 형태로 들어간 템플릿(템플릿에 내용이 전부 들어가 있는 경우가 많음)을 짜깁기하는 식으로 완성할 수밖에 없다고 생각하고 달리 문제의식을 갖지 않는다.
>
> 둘째 평가시간이 짧다. 업체는 평가시간이 짧을수록 제안서의 내용보다는 인상이 중요하다는 생각에서 좋은 인상을 주기 위해서는 멋지고 화려한 그래픽이 많을수록 유리하다고 말한다. 이 말은 사실 매우 타당한 면이 있다. 짧은 시간 평가

자의 시선을 잡는 데는 그림이 확실히 유리하기 때문이다. 그러나 '핵심 메시지'가 아닌 내용을 그림으로 표현하면 오히려 핵심 메시지가 방해를 받아서 전달이 잘 안 된다는 점이 문제이다.

이 문제를 해결할 대안은 다음과 같다.

첫째, 그래픽은 많아도 50%를 넘지 않도록 한다. 평가위원이 제안서를 읽을 수 있게 하라는 것이다.
둘째, 어떤 그래픽을 선택할 것인지를 사전에 결정한다. 이는 핵심 메시지가 무엇이고, 그것이 어떻게 그래픽으로 표현되는지를 '기획'하게 한다.
셋째, 개념도는 최소화하고, 다양한 그래픽(차트, 사진, 삽화, 도표) 기법을 사용하여 메시지 전달의 효율성을 높인다.
넷째, 그림을 설명하는 설명문(액션 캡션)을 적극적으로 사용하여 메시지 전달의 완성도를 높인다.

5.4.4 메시지를 가장 잘 뒷받침할 수 있는 그래픽을 선택하라

차트는 항목 간 관계나 흐름을 보여준다. 그 때문에 구별점이나 차이점이 명확할 때 사용하는 것이 좋다. 또한 변수를 사용해 표현하는 경우 분류는 6개 이하로 제한하여 인지나 이해를 쉽게 하는 것이 중요하다.

그림 3. 차트 사용 예시

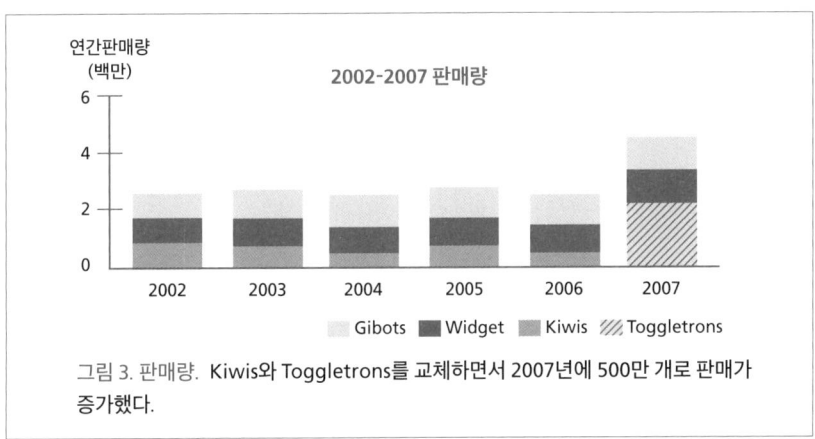

그림 3. 판매량. Kiwis와 Toggletrons를 교체하면서 2007년에 500만 개로 판매가 증가했다.

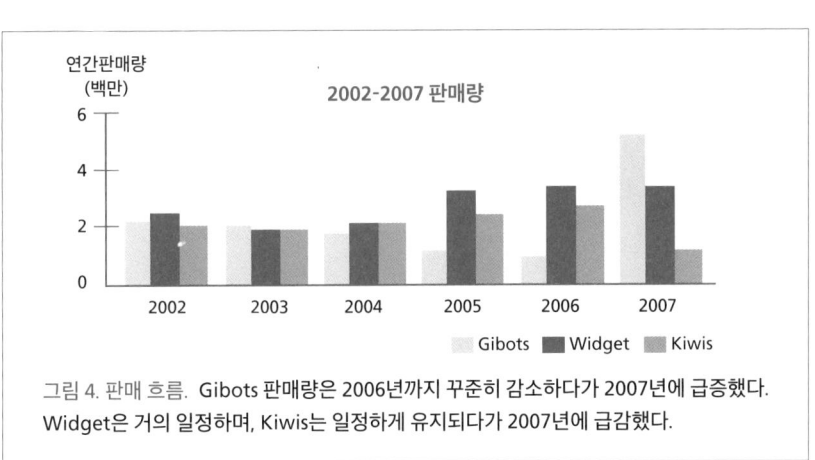

그림 4. 판매 흐름. Gibots 판매량은 2006년까지 꾸준히 감소하다가 2007년에 급증했다. Widget은 거의 일정하며, Kiwis는 일정하게 유지되다가 2007년에 급감했다.

그래프는 상호관계, 트렌드, 비교에 사용할 수 있다.

그림 4. 그래프 사용 예시

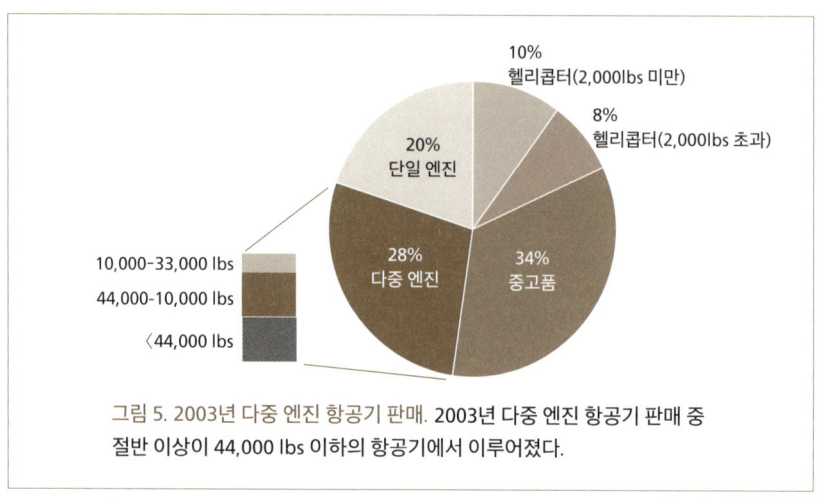

그림 5. 2003년 다중 엔진 항공기 판매. 2003년 다중 엔진 항공기 판매 중 절반 이상이 44,000 lbs 이하의 항공기에서 이루어졌다.

사진으로 실제 제품과 서비스를 직접 보여준다.

그림 5. 사진 사용 예시

그림 6. 편리한 접근. 제안사의 레이더 송신기와 전자 조립식 도어를 통해 장치의 주기적인 검사와 유지 보수가 가능합니다.

표는 실제 숫자를 정리해서 보여준다. 또한 표는 원자료(Raw data)를 보여주는 형식이므로 표에서 전달하고자 하는 정보와 메시지를 명확히 표현하는 것이 중요하다.

그림 6. 표 사용 예시

성별 및 나이	자전거	에어로빅	조깅	수영	걷기
전체: 20세 이상	10.9	13.5	4.8	11.8	33.8
20~44세	16.1	17.3	7.3	16.9	33.8
45~64세	6.5	10.8	2.7	6.0	32.9
65세 이상	2.9	8.1	1.2	2.6	35.7
남자: 20세 이상	10.8	13.5	7.2	13.3	32.5
20~44세	14.9	17.5	10.8	18.8	31.4
45~64세	6.7	10.1	3.8	8.1	31.4
65세 이상	4.3	5.9	2.1	4.1	39.4
여자: 20세 이상	11.1	13.5	2.7	10.5	35.0
20~44세	17.2	17.1	4.1	15.0	36.0
45~64세	6.4	11.4	1.6	7.8	34.2
65세 이상	1.8	6.3	0.8	1.9	33.0

표 1. 연령별 운동 현황. 걷기는 모든 연령층의 남녀가 가장 많이 하는 운동이다.

삽화는 복잡한 세부내용을 생략하고 제품의 특징 위주로 간단히 보여줄 때 효과적이다.

그림 7. 삽화 사용 예시

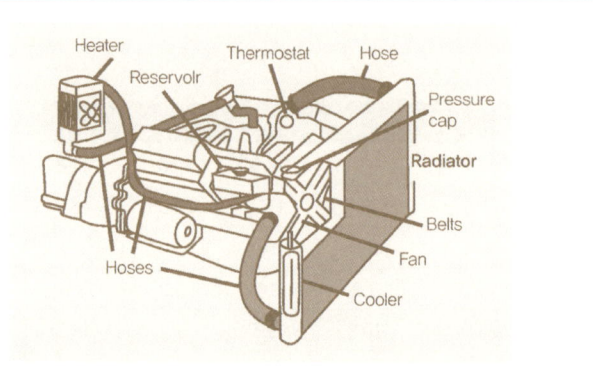

그림 7. 냉각 시스템의 내부. 최신 자동 냉각 시스템으로 높은 신뢰성과 최소한의 유지 보수가 가능합니다. 엔진이 최적의 작동 온도에 도달하면 서모스탯이 열리고 뜨거운 냉각수가 엔진 블록 및 라디에이터를 통해 흐르게 됩니다. 상대적으로 차가운 외부 공기는 엔진으로 순환하기 전에 냉각수 온도를 낮추며, 히터는 자동차 내부의 공기에 열을 방출하는 또 다른 소형 라디에이터 역할을 합니다.

> 제안 요약에 들어가는 그래픽은 다른 섹션보다 비전문가도 더 쉽고 빠르게 이해할 수 있도록 만들어져야 한다.

제안서에 사용되는 그래픽은 비전문가도 쉽고 빠르게 이해할 수 있도록 만들어져야 한다. 왜냐하면 전문적인 기술을 너무 많이 그래픽화하면 내용 이해가 어려울 뿐 아니라 전문가의 오만으로 여겨 평가자가 좋아하지 않는다.

5.4.5 그래픽은 단순화하여 한 가지 내용만 넣으라

10초 룰을 명심하라. 10초 안에 이해할 수 없다면 좋은 그래픽이 아니다. 이를 위해 질문을 하라.

- 내가 말하고자 하는 주요 메시지는?
- 고객에게 전달해야 하는 가장 중요한 아이디어는?
- 핵심 개념이 무엇인가?
- 우리 솔루션의 독특하고, 바람직하고, 효과적인 측면은 무엇인가?

그림 8. 10초 룰 적용 전과 후

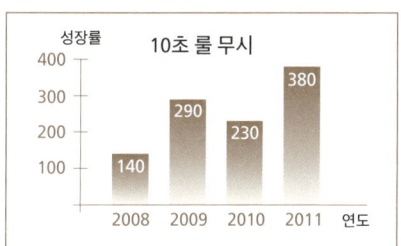 

단순한 연도별 수치가 아니라 주요 메시지인 '성장률'이 10초 안에 이해되도록 그래픽을 만들라.

5.4.6 그래픽이 나오기 전에 내용을 먼저 소개하라

제안서에서 내용 설명 없이 그래픽이 먼저 나오면 평가자가 혼란스러워 한다. 그러므로 구체적인 정보를 제공하며 본문에서 그래픽을 미리 소개해야 한다.

혹은 그래픽은 관련 내용이 있는 페이지나 맞은 편에 배치해야 한다. 그래야 내용을 읽으면서 바로 해당 그래프를 보며 참고할 수 있다. 그래프를 보기 위해 페이지를 넘기지 않도록 하라.

5.4.7 그래픽을 왼쪽에서 오른쪽으로, 위에서 아래로 읽도록 하라

그래픽을 왼쪽에서 오른쪽으로, 위에서 아래로(Reading Gravity Rule: 시선 중력의 법칙) 읽게 한다.

눈을 아래에서 위로, 오른쪽에서 왼쪽으로, 혹은 회전하게 하는 것은 평가자(Reader)를 불편하게 만든다. 컨설팅 과정에서 이 법칙을 어기는 그림을 많이 접한다.

왜 우리는 이렇게 중력의 법칙을 어긴 부자연스러운 그래픽을 많이 사용할까? 이같은 그래픽은 강조 기능이 있기 때문이다. 자연스러운 시선의 흐름을 거스르는 그림은 평가자를 불편하게 만들어 다시 한 번 그림에 집중하도록 한다. 그래서 특별한 강조를 위해 예외적으로 중력의 법칙을 어기는 그림을 사용할 수도 있다. 그러나 그런 그림이 많으면 절대로 안 된다. 평가자가 읽기를 포기하면 메시지의 전달력은 텍스트로 기술한 것보다도 더 떨어지기 때문이다.

그림 9. 시선 중력의 법칙의 잘못된 사례와 개선사례

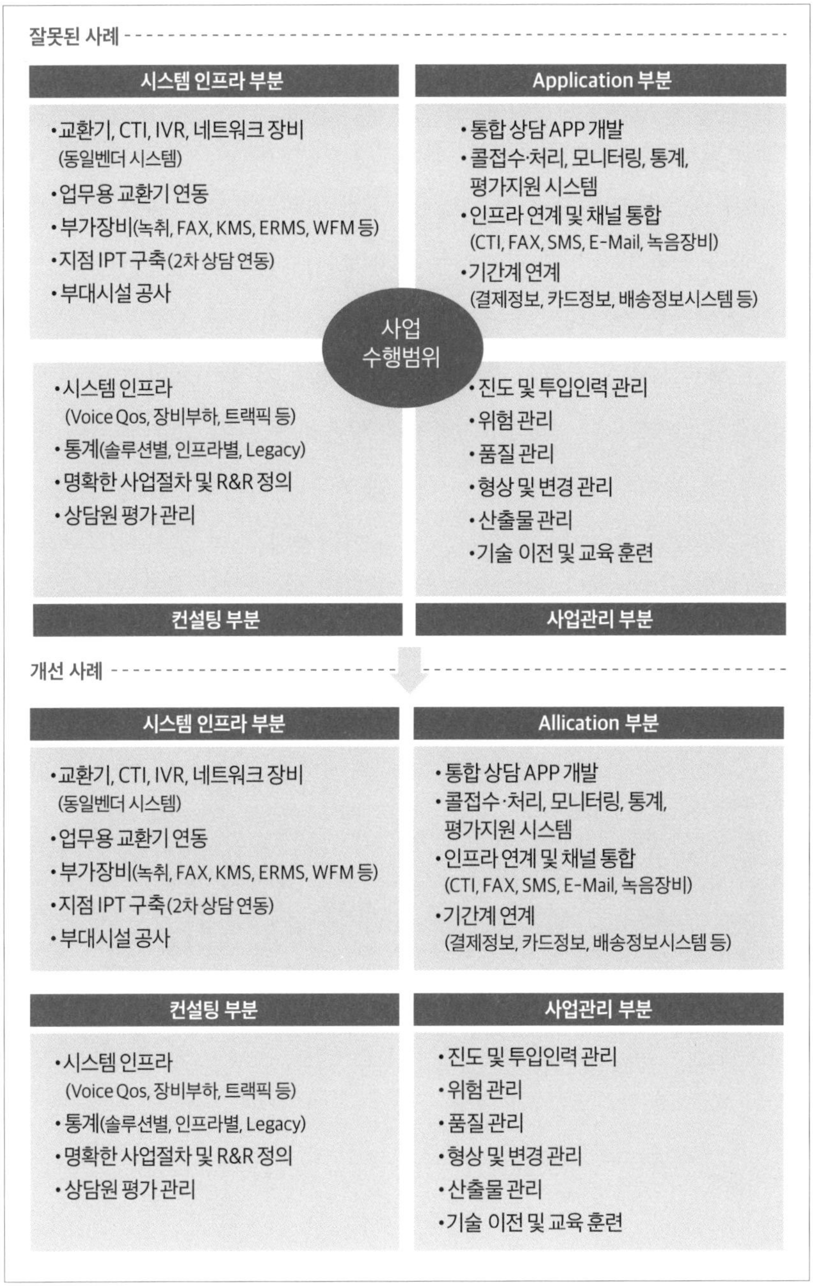

잘못된 사례

시스템 인프라 부분
- 교환기, CTI, IVR, 네트워크 장비 (동일벤더 시스템)
- 업무용 교환기 연동
- 부가장비(녹취, FAX, KMS, ERMS, WFM 등)
- 지점 IPT 구축(2차 상담 연동)
- 부대시설 공사

Application 부분
- 통합 상담 APP 개발
- 콜접수·처리, 모니터링, 통계, 평가지원 시스템
- 인프라 연계 및 채널 통합 (CTI, FAX, SMS, E-Mail, 녹음장비)
- 기간계 연계 (결제정보, 카드정보, 배송정보시스템 등)

사업 수행범위

- 시스템 인프라 (Voice Qos, 장비부하, 트래픽 등)
- 통계(솔루션별, 인프라별, Legacy)
- 명확한 사업절차 및 R&R 정의
- 상담원 평가 관리

- 진도 및 투입인력 관리
- 위험 관리
- 품질 관리
- 형상 및 변경 관리
- 산출물 관리
- 기술 이전 및 교육 훈련

컨설팅 부분　　　　　　　　　**사업관리 부분**

개선 사례

시스템 인프라 부분
- 교환기, CTI, IVR, 네트워크 장비 (동일벤더 시스템)
- 업무용 교환기 연동
- 부가장비(녹취, FAX, KMS, ERMS, WFM 등)
- 지점 IPT 구축(2차 상담 연동)
- 부대시설 공사

Allication 부분
- 통합 상담 APP 개발
- 콜접수·처리, 모니터링, 통계, 평가지원 시스템
- 인프라 연계 및 채널 통합 (CTI, FAX, SMS, E-Mail, 녹음장비)
- 기간계 연계 (결제정보, 카드정보, 배송정보시스템 등)

컨설팅 부분
- 시스템 인프라 (Voice Qos, 장비부하, 트래픽 등)
- 통계(솔루션별, 인프라별, Legacy)
- 명확한 사업절차 및 R&R 정의
- 상담원 평가 관리

사업관리 부분
- 진도 및 투입인력 관리
- 위험 관리
- 품질 관리
- 형상 및 변경 관리
- 산출물 관리
- 기술 이전 및 교육 훈련

사람의 시선은 위에서 아래로, 왼쪽에서 오른쪽으로 흐르게 된다(시선 중력의 법칙: Reading Gravity Rule). 이러한 일반적인 원칙을 어긴 그래픽은 사람들의 시선을 불편하게 만든다. 하지만 계속 원칙을 따르는 그래픽 속에서 Reading Gravity Rule을 어기는 그래픽은 강조의 효과를 가져오기도 한다.

5.4.8 귀찮은 접이 방식 페이지 그래픽을 최소화하라

접이 방식 페이지란 A4가 표준인 제안서에서 A3를 사용해서 안으로 접는 방식을 말한다. 중력의 법칙처럼 접이 방식 페이지(A4가 표준인 제안서에서 A3를 사용해서 안으로 접는 방식) 또한 예외적으로 사용할 수 있지만 이를 자주 사용하게 되면 평가자는 펴서 보는 것을 포기하게 된다. 평가자는 항상 상당한 스트레스 속에서 평가를 한다는 점을 명심하자.

프로젝트 성격상 회로도, 시스템 체계도처럼 자세히 표현해야 할 때가 많은데 이런 경우에는 '배갈이' 방법을 활용하는 것이 좋다. 배갈이 방법이란 A3를 접어서 사용하는 것이 아니라 짝수 페이지와 홀수페이지를 A3로 취급하여 한 페이지로 활용하는 것을 의미한다.

그림 10. A3 접이식 페이지와 배갈이 페이지

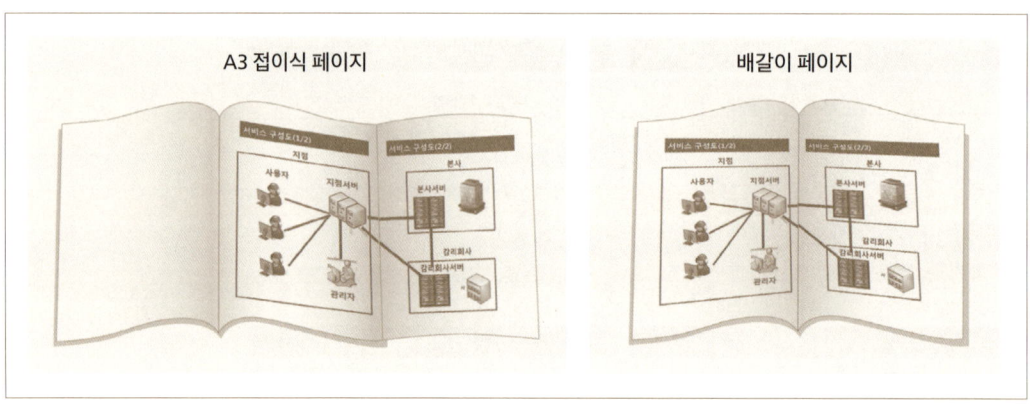

5.4.9 그래픽 자체에 글자를 넣지 말고 그림설명문에서 자세히 설명하라

그림설명문을 액션 캡션(Action Caption)이라고 한다. 고객의 구매행동을 촉구하는 설명문이기 때문이다. 그림설명문은 중요한 기법이다. 그림 자체로는 메시지 전달에서 완결성을 갖기 힘들기 때문이다. 가급적이면 그림 안에 글자를 삽입하지 말고, 설명이 필요한 내용은 캡션에서 충분히 설명한다.

그림설명문은 번호, 표제(간결표제, 정보표제), 설명문(효용과 특징을 설명)으로 구성된 통문장으로 만든다. 그림설명문의 위치는 '시선중력의 법칙'에 따라서 반드시 그림 아래에 위치하여야 한다. 그림이 평가자의 시선을 끌어 핵심 메시지를 전달하고, 평가자가 추가 정보를 원할 때 본문으로 다시 거슬러 올라가지 않고 자연스럽게 그림 아래에 있는 그림설명문을 통해서 메시지를 100%로 이해할 수 있다.

> **Shipley Tip**
>
> **그림설명문(Action Caption) 사용하기**
>
> 한국 제안서에서 그림설명문은 더더욱 중요하다. 대부분의 기업이 이 기법을 사용하지 못하고 있기 때문이다. 많은 작성자가 자신이 제시한 그래픽이 평가자에게 쉽게 이해될 것으로 믿기 때문에 그림설명문의 중요성을 잘 모른다. 하지만 실제 평가자 위치에서 리뷰해 보면 명확한 그림에 친절한 설명까지 붙은 그림과, 설명도 없고 그림의 메시지가 애매한 제안서는 크게 비교된다. 또한 훈련되지 않은 제안서 작성자는 그림설명문 작성을 어려워한다. 그림설명문은 표제(간결표제, 정보표제) + 주제문(솔루션의 특징과 고객의 효용을 연결함) 작성의 기본원리를 활용하는 것이므로 정보 표제와 주제문을 만들 수 있어야 잘 만들 수 있다.

그림 11. 방위산업 그림설명문 사용 예시

전문적인 기술내용이 주로 나오는 방위산업의 제안서에서는 그림설명문의 활용과 그에 따른 효과가 매우 뛰어나다. 상대적으로 내용상 비전문가인 평가자를 위해 어려운 기술적인 내용의 그래픽을 그림설명문에서 상세히 설명해주기 때문이다.

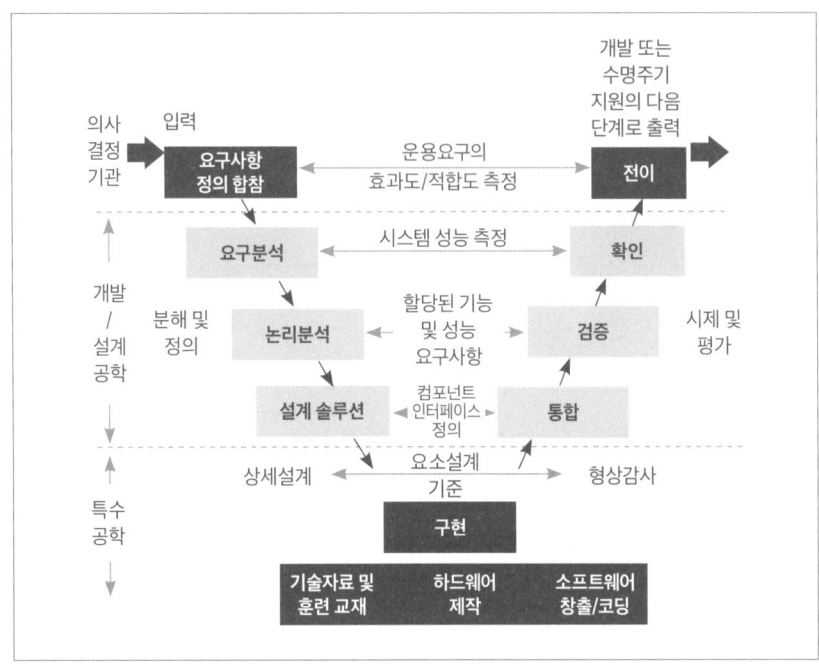

그림 1.7.1-1 V-model 체계공학(SE) 절차를 적용한 체계통합.
제안사는 00체계 개발사업 과정에서 습득한 V-model 체계공학(SE) 절차를 본 사업에 적용하여 안정적인 체계통합을 수행하겠습니다.

그림 12. 고객의 핵심 이슈와 우리의 차별화요소를 강조한 사례

- 방위사업청의 '국산화 대상 품목선정 기준' 준수
- 수출이 중요한 본 사업 특성을 고려하여 국산화 대상 품목의 선정 기준 보완 수립
- 국산화 대상 품목 선정 프로세스 적용
  ① 소요 품목 식별
  ② 핵심 품목 선정
  ③ 해외 도입 품목 식별
  ④ 국산화 가능 품목 선정

→

- ○○분야 국산화 대상 품목 ○○등 ○○종
- XX분야 국산화 대상 품목 XX등 XX종
- MM분야 국산화 대상 품목 MM등 MM종
- AA분야 국산화 대상 품목 AA등 AA종
- ○○등 ○○종 선정.

그림 2.1-1 핵심 국산화 품목 선정 방안 제안사는 양산 후 수출이 중요한 본 사업의 특징을 반영하여 핵심 품목으로 XX품목을 선정하고 A사업 개발 실적을 활용하여 반드시 국산화하겠습니다.

그래픽에서 강조되어야 하는 사항을 그림설명문에서 고객의 핵심 이슈와 우리의 차별화요소를 연결하여 부가 설명함으로써 고객에게 전달하고자 하는 내용을 좀더 강조할 수 있다.

5.4.10 큰 섹션에 맞춰 그래픽에 번호를 부여하라

체계적으로 제안서를 작성하는 제안팀은 제안서 작성 전에 작성 룰을 정하고 시작할 것이다. 제안팀마다 혹은 같은 제안팀일지라도 사업마다 적용하는 작성 룰은 달라질 수 있다. 그래픽 번호도 같은 차원의 이야기이다. 그래픽에 번호를 어떤 방식으로 부여할 것인지 작성 룰을 정할 때 경우의 수는 다양하다

세부 섹션번호를 임의로 붙이는 방법(1부. 1.2.3-1)이 있을 수 있으며, 2레벨 기준으로 섹션 내에서 순번을 기입하는 경우(1.1의 경우 하위 섹션에서 그림 1, 그림 2…/1.2에서 하위 섹션에서 다시 그림 1, 그림 2…) 등 다양한 경우가 있다.

또한, 사업에 따라서 그래픽에 번호를 부여하는 것이 제안서에 크게 의미가 없다고 판단되는 경우는 번호 없이 그림제목과 설명으로만 구성하는 경우도 있다.

5.5
리뷰

리뷰는 제안서 작성자에게 많은 부담을 준다. 결과적으로 제안서 작성자를 혼내고 닦달하는 것이 리뷰의 목적이 되기 때문이다. 하지만 리뷰는 고객 관점의 제안서를 완성하기 위해 개선할 부분을 같이 고민하는 과정이다. 단계별로 리뷰 계획을 세우고 리뷰의 관점을 달리하면서 제안서 작성자가 고객 관점의 제안서를 만들 수 있도록 도와야 한다.

빔 프로젝터로 여러 사람이 함께 제안서를 보면서 몇 페이지를 넘기지 못하는 경우, 리뷰인지 논쟁인지 알 수 없는 회의, 혼내는 것인지 리더십 리뷰인지 모르는 분위기. 제안서를 써 본 사람들은 대부분 리뷰 회의(Milestone Review)에 이와 같은 회의적인 시각을 가지고 있다.

그럼에도 불구하고 제안서 리뷰는 제안의 규모가 클수록, 제안서 작성에 관여하는 사람이 많을수록 더 중요하고 꼭 필요하다. 작성자는 최선을 다해서 제안서를 작성하느라 스스로 리뷰하기 힘들기 때문에 단계별 리뷰를 정확히 해야 제안서의 품질이 개선된다. 리뷰가 중요한 또 하나의 이유는 잘못된 리뷰가 제안서 개발을 혼돈에 빠트리는 경우가 많기 때문이다.

5.5.1 제안서의 표준 리뷰시스템을 수립하라

주요 리뷰는 공통된 전략하에 각 개인이 경쟁자가 할 수 없는 차별화된 제안서를 개발하게 한다. 비즈니스 규모나 성격에 따라 리뷰의 시기와 횟수는 다르겠지만 모든 조직은 반드시 의사결정 주요 시점, 형태 및 검토의 기준을 결정해서 리뷰를 실행해야 한다.

1. 일관된 리뷰 프로세스를 따르라
리뷰의 종류에 상관없이 동일한 프로세스를 사용하여야 한다. 리뷰의 표준 프로세스는 준비 → 실행 → 피드백 제공이다.

그림 1. 리뷰 프로세스

제안서 리뷰는 단계에 상관없이 반드시 준비, 실행, 피드백 제공의 정해진 절차를 따라야 한다.

- **리뷰 준비**

제안팀과 리뷰팀에 어떤 결과가 나와야 하며 어떻게 진행해야 하는지를 준비시킨다. 또한 어떻게 해야 생산적인 리뷰가 될 수 있는지를 주지시킨다.

리뷰팀에 반드시 요청해야 할 것은 '무엇이 잘못되었는가?'가 아니라 '어떻게 개선할 것인가?'에 대한 의견이다.

- **리뷰 실행/피드백 제공**

생산적인 리뷰는 매우 중요하다. 대체로 말로만 문제점을 지적하는 의견은 별반 도움이 되지 않는다. 도움이 되는 의견은 문서화된 대안을 제시하는 리뷰이다(쉬플리는 정해진 기준에 따라 문서화된 리뷰시트를 제공하고 있다). 말로 때우는 대안 없는 '지적질'은 대충 무시해도 된다.

2. 각 검토자에게 명확한 역할을 분담하고 업무 분량의 균형을 유지하라

만약 리뷰할 양을 분담해주지 않는다면 대부분은 '1. 제안요약 2. 기술부문 요약 3. 개인적 관심분야' 순으로 보게 되어 어떤 부분은 여러 명이 보고 어떤 부분은 검토가 안 되는 일이 발생한다. 따라서 전체 리뷰팀이 제안서를 골고루 볼 수 있도록 범위를 적절히 배분해야 한다.

내용이 90% 이상 새로운 제안서의 경우 하루 40쪽 기준으로 배분하는 것이 효과적이다. 늘 사용하는 재사용 콘텐츠일 경우 80쪽까지도 가능하다. 물론 업종의 특수성이나 내용의 전문성에 따라 제안서마다 다를 수 있다.

3. 섹션 간/섹션 내부에서 일관성을 검증하라

제안서 전체에 걸쳐서 기술된 내용은 일관되어야 한다. 특히 반드시 검증해야 할 부분은 비용과 일정이다. 많은 공공입찰의 경우 비용전문가가 투입되어 실제 제안된 내용과 그 비용의 일치성을 검토한다. 사기업 고객 혹은 글로벌 비즈니스에서 일치성 검토는 더욱 필요한 부분이다.

일정 역시 '기술계획'과 '관리계획'이 정확히 일치하여 고객의 신뢰감을 확보해야 한다.

4. 모든 섹션을 훑어볼 '간사' 검토자를 배치하라

각자가 제안서를 나누어 보다 보면 제안서 전체의 일관성을 검토할 기회가 없어진다. 그래서 제안서를 한 장씩 보는 것(Vertical Review)만큼 중요한 것이 하나의 관점에서 일관되게 제안서 전체를 보는 것(Horizontal Review)이다. 이 역할을 하는 사람을 간사(gadfly: 잔소리꾼이라는 뜻)라고 한다. 제안서 전체에 걸쳐 각 주제문과 그림의 일치 여부만을 보는 것이 그 대표적인 예이다.

5. 각 분야의 전문가를 리뷰팀 멤버로 선발하라

다양한 전문성을 가진 멤버가 리뷰에 많이 참여할수록 제안서 품질은 큰 폭으로 개선된다. 적어도 다음의 사람들이 참여할 수 있도록 노력한다.

- 고객의 비즈니스와 니즈를 이해하는 사람
- 자사 및 경쟁사의 솔루션 전문가
- 자사 및 경쟁사의 관리 분야 전문가
- 자사 및 경쟁사의 비용 분야 전문가
- 제안 및 PT 전문가

5.5.2 표준 핵심 단계와 리뷰를 결정하라

① 전략 리뷰(블루팀 리뷰): 개발된 전략을 검토하고 승인

② 섹션기획서 리뷰(핑크팀 리뷰): 섹션기획서(Storyboard) 검토를 통해서 전략과 고객의 요구사항이 제안서에 모두 구현되었는지 확인

③ 제안서 리뷰(레드팀 리뷰): 제안서 검토를 통해서 평가위원에게 받을 점수를 예측하여 품질을 개선

④ 최종 리뷰(골드팀 리뷰): 최종 제안서를 비용과 리스크 관리 면에서 리더가 승인하게 함

표 1. 제안서 주요 리뷰 프로세스

프로세스	주요 활동	의사결정 (Milestone)
전략 리뷰 (Blue Team Review)	영업 정보(Capture Plan) 검토와 제안 전략 승인	전략 승인
섹션기획서 리뷰 (Pink Team Review)	섹션기획서에 고객의 요구조건 및 개발된 전략의 반영 여부를 섹션별로 확인	제안서 전략 반영 여부 피드백
제안서 리뷰 (Red Team Review)	템플릿, 제목, 주제문, 요약, 비주얼 검토	제안서 품질 검토
최종 승인 (Gold Team Review)	제안의 비용·리스크 관리 관점에서 최종 입찰가 결정	최종 승인

모든 리뷰는 준비, 실행, 피드백의 3단계로 이뤄지는데, 각 단계에는 분명한 목적이 있어야 하며, 각 리뷰에서 좋은 결과를 얻기 위해서는 적절한 시간에 적절한 리뷰를 하는 것이 필요하다.

5.5.3 세부 단계별 해야 할 일을 분명히 수행하라

1. 전략 리뷰(블루팀 리뷰)

블루팀 리뷰의 목적은 영업 정보(Capture Plan) 검토를 통해서 제안 전략과 자사 솔루션의 타당성을 검토하는 것이다. 리뷰를 통해 고객이 선호하는 포지션을 위해서 앞으로 우리가 어떤 일을 해야 할 것인가를 결정해야 한다.

2. 섹션기획서 리뷰(핑크팀 리뷰)

핑크팀 리뷰는 초안이 나오기 전에 완성된 섹션기획서(Storyboard or Mock-up)를 검토하는 것으로서, 전략과 고객의 요구 조건이 섹션의 내용에 실제로 구현되었는지 확인하기 위해 필요하다. 당연히 핑크팀 리뷰 멤버도 제안서 팀과는 별도의 인원으로 이뤄져야 하지만, 종종 팀 멤버 중에서 선발하기도 한다. 단, 이들은 자신이 작성한 이외의 부분을 검토해야 한다. 핑크팀 멤버는 고객의 요구사항을 포함한 RFP, 자사의 전략 등 기본적인 사항을 명확히 알고 있어야 한다.

3. 제안서 리뷰(레드팀 리뷰)

레드팀은 제안 승인과 제출 전 수행하는 마지막 리뷰이다. 레드팀 리뷰에는 두 가지 주요 목적이 있다. 고객의 평가 요소에 부여할 점수를 예견하는 것, 제안 품질을 가늠하는 것이 그것이다. 레드팀 리뷰 멤버는 블루팀 멤버와 중복되어도 괜찮다. 효과적인 리뷰를 위해서 이들은 고객, 경쟁사, 우리 조직의 현황, 기술 및 전략에 능통해야 한다. 시기적으로는 제안서가 3분의 2 정도 완성됐을 때 진행하는 것이 효과적이다. 너무 초기에 진행하면 제안서 전체 그림을 볼 수 없고, 너무 늦게 진행하면 제안서에 리뷰 결과를 반영할 시기를 놓칠 수 있기 때문이다. 레드팀 운영 시 만약 의견이 다르다면 끝까지 팀 내부에서 논의를 거쳐 단일한 의견을 도출하고, 이를 반드시 문서로 제시하여야 한다.

이 시기에는 레드팀의 피드백 결과를 각 작성자가 다시 반영하기보다는 한 사람 혹은 소수 인원이 일괄 반영하는 것이 더 효과적이다.

4. 최종 승인(골드팀 리뷰)

골드팀 리뷰는 수익과 리스크 면에서 제안서가 내부적으로 수용 가능한지를 확인하기 위해 필요하다. 골드팀 리뷰 멤버는 제안이나 실행과 관련해 직접적으로 연관이 있는 상위 리더이다. 이들은 제안의 수익성과 리스크를 주로 살펴본다.

Shipley Tip

리더 리뷰

실제 대부분의 제안서는 리더 중심으로 리뷰가 진행되는데 리더의 역할에 따라 성패가 좌우될 때가 많다. 리뷰 시 리더가 의무적으로 해야 할 두 가지 사항이 있다.

- **서면 피드백(Written Feedback)**
  말로 하는 것은 도움이 안 된다. 하지 말라.

- **통일된 견해**
  리더 간에 이견을 보여서는 안 된다. 논쟁이 있더라도 제안 PM에게는 통일된 견해를 제시한다.

체크리스트를 통해서 세부 단계별 목적을 달성한다.

표 2. 리뷰 단계별 해야 할 일과 체크리스트

세부 단계	해야 할 일	체크리스트
블루팀 리뷰	영업정보 (Capture Plan) 검토를 통한 제안 전략 승인	• 개발된 전략이 경쟁사를 압도할 수 있는 승부수로 충분한가? • 고객의 니즈와 요구조건을 충족하는 전략이 개발되었는가? • 전략이 제안 내용으로 충분한가?
핑크팀 리뷰	섹션기획서 리뷰	• 미리 섹션기획서를 준비한다. • 각 리뷰팀 멤버에게 맡을 섹션을 할당한다. • 간단한 미팅을 통해 리뷰계획을 공유하고, 리뷰팀 멤버가 맡은 섹션을 확인한다. • 리뷰팀은 멤버의 의견을 문서화한다. • 리뷰 의견을 제안팀에게 제공하고 설명한다.
레드팀 리뷰	제안서 리뷰	• 계획을 철저히 수립한다. • 리뷰팀 리더를 결정한다. • 레드팀 멤버는 초기에 결정하여 킥오프 미팅과 핑크팀 리뷰에 참여시킨다. • 적어도 리뷰 3일 전에 리뷰할 제안서를 전달한다. • 고객의 RFP 및 평가기준을 아는 사람으로 레드팀 멤버를 구성한다. • 고객의 RFP에 기초하여 구조화된 평가표를 활용한다. • 정량평가, 정성평가를 모두 한다. • 제안팀에 공식적인 피드백을 제공하는 시간을 마련한다. • 제안팀이 납득할 수 있는 대답을 준비한다.
골드팀 리뷰	최종 입찰가 결정	• 고객의 이슈와 요구조건을 명확히 이해했는지 검증한다. • 제안된 솔루션이 기술적으로 충분한 경쟁력이 있는지 판단한다. • 제안할 가격이 효과적인 가격(Price-to-win) 전략인지 검증한다. • '관리계획'에서 논의한 접근방법이 실현 가능한 것인지 검증한다. • 차별화요소의 유효성을 최종 검증한다.

> **Shipley Tip**

블랙햇 리뷰(경쟁사 분석 리뷰)

블랙햇 리뷰는 경쟁사가 구사할 것으로 예상되는 전략 및 솔루션을 검토하고 제안팀의 제안전략을 피드백하기 위해 필요하며 제안서 작성 기간 수시로 진행할수록 좋다. 이들 멤버는 제안서팀과는 별도의 인원인 고객과 경쟁사 관련 전문가로 구성되어야 한다.

해야 할 일: 전략 리뷰

체크리스트
- 경쟁구도를 어떻게 형성할 것인가?
- 경쟁사의 예상 솔루션은?
- 경쟁사에 대응하기 위해서 준비해야 하는 기술, 가격, 위험, 실적은?
- 경쟁사 공략(Ghost)의 포인트는 무엇인가?
- 고객은 경쟁사와 우리 중 누구를 선호하는가?
- 경쟁사가 기존 공급자일 경우 그 위치를 어떻게 흔들 것인가?
- 자사가 기존 공급자일 경우 어떻게 그 위치를 사수할 것인가?
- 어떻게 유력한 후보가 될 것인가?
- 경쟁사의 광고와 프로모션에 어떻게 대응할 것인가?

> **Shipley Tip**

Lesson Learned 리뷰

Lesson Learned 리뷰는 현재 완성된 제안서 작업을 통해 얻은 시사점을 가지고 향후 제안 프로세스, 전략, 인력 운용이 어떻게 개선될 수 있을지를 검토하기 위해 필요하다. 이 리뷰의 멤버는 사전 영업조직과 제안서 작성팀 멤버이다. 제안서가 완성된 후 가능한 한 빠른 시간 내에 하는 것이 효율적이다.

해야 할 일: 시사점 정리

체크리스트
- 우리의 전략은 얼마나 '정확'했는가?
- 고객과 경쟁사 정보는 정확하고 유용했는가?
- 우리의 비용은 고객의 예산에 부합했는가?
- 우리는 초기에 의사결정자의 지원을 이끌어 냈는가?
- 권별로 제안서는 일관되는가?
- 고객의 요구사항은 빠짐없이 만족시키고 있는가?
- 제안서는 제안의 승리·패배에 어떻게 영향을 끼쳤는가?

5.6
수정

평가자가 읽기 쉽고, 평가하기 쉬운 제안서가 좋은 제안서이다.
제안서를 효율적으로 수정하는 비결은 평가자에게 중요한 부분과
평가자의 눈길이 가장 먼저 가는 부분에 집중하는 것이다.
제안서 평가 체크리스트를 활용하여 당신의 제안서를
객관적으로 평가하고, 좋은 제안서로 수정하라.

효율적으로 제안서를 수정하는 비결은 평가자에게 중요한(Valuable) 부분과 보이는(Visible) 부분에 집중하는 것이다. 평가자는 제안서를 소설처럼 앞부분부터 차근차근 읽지 않는다. 처음부터 읽기 시작하더라도 제목, 주제문, 그래픽, 그림설명문(그래픽의 부가 설명), 요약, 서론, 목록에 관심을 둔 채 눈길이 가는 곳으로 건너뛰면서 답을 찾는다. 답을 찾으면 그만 읽고, 답을 찾기가 어려우면 읽기를 그만둔다. 그래서 수정하는 노력의 80~90%를 이 부분에 집중해야 한다.

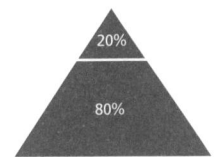

파레토의 법칙(2:8의 법칙)을 따르라. 20%의 내용이 80%의 의사결정력을 가진다.

5.6.1 평가자의 기준에 주목하라

"보기 좋은 떡이 먹기도 좋다?" 이 말은 제안서 작성 경험이 풍부한 사람일수록 흔히 하는 말이다. 그러나 이 말은 제안서를 외부 치장(화려한 컬러, 현란한 디자인)에 승부를 걸게 함으로써 전달하고자 하는 메시지의 초점을 흐리고 오히려 평가자가 원하는 대답을 찾는 데 어려움을 겪게 하는 역효과를 초래할 수도 있다.

"읽기 편한 제안서가 좋은 제안서이다." 그러므로 좋은 제안서는 단 두 가지의 조건만 만족하면 된다.

- 평가자가 평가하기 쉽다(Easy to Evaluate)
- 제안 요청에 적극적으로 대응한다(Responsive)

아래 〈그림 1〉을 보자. 두 개의 그림은 제안서를 7가지 기준으로 평가한

그림 1. 좋은 제안서의 조건

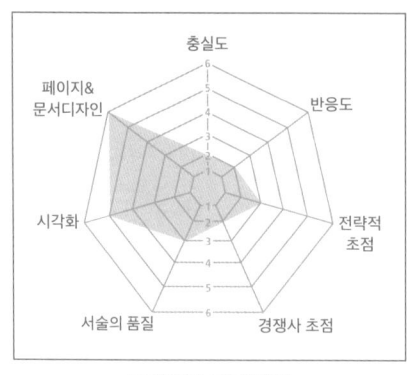
포장이 잘 된 제안서

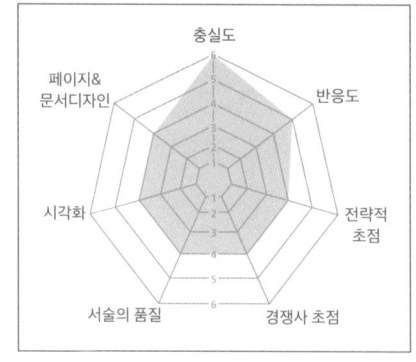
내용이 충실한 제안서

결과를 방사도표에 정리한 결과이다. 이를 자세히 보면 어떤 제안서가 좋은 제안서인지 쉽게 알 수 있다.

〈그림 1〉의 사례 중 왼쪽 그림을 보면 시각적인 면(페이지와 문서 디자인, 시각화)에서는 좋은 점수를 받았지만 내용과 논리구조에서는 매우 저조한 점수를 받았다는 것을 알 수 있다. 다시 말하면 겉은 번지르르 하지만 알맹이가 없는 제안서이다. 이에 비해 오른쪽에 있는 제안서는 오히려 시각화나 페이지 및 문서 디자인에서는 중간 점수를 받았지만 충실도(제안 요청서상의 고객 요구조건 충족도), 반응도(비공식적인 요청까지를 포함한 고객의 니즈) 등에서 높은 점수를 받았다.

좋은 제안서란 단순히 겉만 번지르르한 제안서를 말하는 것이 아니다. 그러므로 지금부터는 문장 서술의 품질, 시각화, 페이지 및 문서 디자인 등 외형상의 조건뿐만 아니라 '고객의 요구조건에 충실'하고 '니즈에 적극적으로 대응'하고 '솔루션의 전략적 초점이 분명'하고 '경쟁사 대비 우위 포인트가 분명'하여 균형감을 갖춘 제안서가 잘된 제안서라고 말해야 한다.

다시 말하지만 좋은 제안서는 고객의 요구를 잘 충족시켜 주고 고객이 쉽게 평가할 수 있도록 도와준다.

실제 제안서 작성자인 각 섹션 담당자는 좋은 제안서를 만들기 위해서 전체 제안서의 계획과 일치한 섹션 계획을 수립하고, 고객이 요청한 대로 순서를 정하고, 자기가 맡은 부분을 헤드라인식 구조로 설계해야 한다. 구조가 설계되면 빠르게 작성한 후 이를 재검토하여 품질을 개선한다.

5.6.2 평가 기준을 점검하라

1. 충실도(Compliance): 고객의 공식적 요구조건 충족도. 제안 요청서의 요구사항을 모두 서술하고 지시사항을 명확히 따랐는가? 이 충실도는 반드시 만점을 받아야 한다. 만점을 받지 못할 경우 예선탈락이므로 제안을 포기(No Bid)하라.

2. 반응도(Responsiveness): 고객의 근원적 니즈(비공식적 요구 포함) 만족도. 고객의 비공식적·공식적 요구사항에 얼마큼 잘 대응했는가? 이 점수가 높을수록 이길 가능성이 높아지므로 이 반응도의 별명은 승부수(Winning Shot)이다.

3. 전략적 초점(Strategic Focus): 우리가 강조하고자 하는 내용이 제안서에 잘 표현되었는가?

4. 경쟁자 초점(Competitive Focus): 경쟁자의 이름을 직접 밝히지 않으면서 적극적이고 효과적으로 공략하고 있는가?

5. 서술의 품질(Quality of Writing): 고객이 평가하기 쉽게 질의에 명확히 응답하고 충분한 증거를 제시하였는가? 평가를 쉽게 할 수 있는 구조이고 문장과 단어가 명확, 간결한가?

6. 시각화(Visualization): 그래픽이 핵심 메시지를 잘 전달하고, 설명문이 그래픽 메시지를 잘 설명하고 있는가?

7. 페이지 및 문서 디자인(Page & Document Design): 핵심 내용이 돋보이고 그래픽과 텍스트가 균형 잡혀 있어 읽기가 쉬운가?

양식 1. 제안서 평가 체크리스트(1/4)

제안서 평가 체크리스트

ShipleyKorea

제안서 이름 _____

검토자 _____

등급 1. 문제가 심각함 2. 매우 미흡 3. 미흡 4. 보통 5. 우수함 6. 뛰어남

기준/체크리스트 항목	심각함 뛰어남 1 2 3 4 5 6
충실도-전반적 평가 제안 요청서의 지시사항을 충실히 따랐으며, 모든 요구사항을 기술했는가?	☐ ☐ ☐ ☐ ☐ ☐
제안서 구성 및 형식에 대한 고객의 지시사항을 분명하게 따랐는가?	☐ ☐ ☐ ☐ ☐ ☐
주요 섹션 제목과 하위 표제가 제안 요청서에서 요구하거나 사용된 이름 및 번호와 일치하는가?	☐ ☐ ☐ ☐ ☐ ☐
제안서 평가자가 원하는 답을 찾기 쉽게 조견표나 상호참조표를 포함하고 있는가?	☐ ☐ ☐ ☐ ☐ ☐
반응도-전반적 평가 고객의 니즈를 명확하고 직접적으로 다루었는가?	☐ ☐ ☐ ☐ ☐ ☐
고객의 요구사항과 니즈를 명확하게 정의하였는가?	☐ ☐ ☐ ☐ ☐ ☐
제안요약과 섹션요약에서 고객의 니즈와 제안하려는 솔루션을 연결시켜서 보여주었는가?	☐ ☐ ☐ ☐ ☐ ☐
주요 섹션의 제안이 고객의 니즈와 요구사항을 충족시킨다는 분명한 진술로 시작하는가?	☐ ☐ ☐ ☐ ☐ ☐
요구사항을 어떻게 충족시킬 것인지 구체적인 방안을 기술했는가?	☐ ☐ ☐ ☐ ☐ ☐
주요 섹션의 특징(features)과 효용(benefits)은 고객의 요구사항과 니즈에 부합하는가?	☐ ☐ ☐ ☐ ☐ ☐
단어 사용이 고객의 단어와 일치하는가?	☐ ☐ ☐ ☐ ☐ ☐

© Shipley Associates, Shipley Korea, All rights reserved

양식 1. 제안서 평가 체크리스트(2/4)

기준/체크리스트 항목	심각함 1 2 3 4 5 6 뛰어남

의견:

전략적 초점—전반적 평가 **우리의 제안을 선택해야 하는 이유가 분명한가?**	☐☐☐☐☐☐
자사의 제안 전략과 메시지가 명확한가? 그것이 고객에게 설득적인가?	☐☐☐☐☐☐
제안 솔루션의 강점을 충분히 강조하고 약점을 최소화하고 있는가?	☐☐☐☐☐☐
주제문이 구체적이고, 사실적이며 가능한 한 정량화되어 있는가?	☐☐☐☐☐☐
고객의 가치가 강조되고 정량화되고 실증되었는가?	☐☐☐☐☐☐
제안서가 효용을 명확하고 일관되게 표현하였는가?	☐☐☐☐☐☐
제안 전략과 메시지가 주제문, 정보 표제, 액션캡션 등에 전략적으로 반영되었는가?	☐☐☐☐☐☐
위험성 평가 및 관리 방법이 제안서 전체에서 논의되었는가?	☐☐☐☐☐☐

의견:

경쟁사 초점—전반적 평가 **우리의 제안이 왜 경쟁사의 제안보다 나은지 명백한가?**	☐☐☐☐☐☐
핵심 차별화요소가 주제문, 캡션, 요약 등에서 뚜렷이 표현되었는가?	☐☐☐☐☐☐
경쟁사의 강점을 최소화하고 있으며, 약점을 극대화 하고 있는가? 경쟁사가 제안한 제품·서비스를 "유명무실"한 것으로 공략하고 있는가?	☐☐☐☐☐☐
경쟁사의 이름을 밝히지 않으면서 그들의 접근 방법을 적극적으로 공략하였는가?	☐☐☐☐☐☐
대안비교나 자사의 성공스토리 등을 적극적으로 개발하였는가?	☐☐☐☐☐☐

© Shipley Associates, Shipley Korea, All rights reserved

양식 1. 제안서 평가 체크리스트(3/4)

기준/체크리스트 항목	심각함 1	2	3	4	5	뛰어남 6

의견:

서술의 품질—전반적 평가
제안서의 구성과 서술이 고객 관점이며, 명확하고 정확한가? ☐☐☐☐☐☐

섹션별 작성 룰이 있어 제안서가 일관된 구조를 보이는가? ☐☐☐☐☐☐

목차와 본문 제목(표제)의 위계와 성격이 일관되며 논리적인가? ☐☐☐☐☐☐

요약과 도입이 적절히 사용되는가? ☐☐☐☐☐☐

'4-Box'를 사용한 헤드라인식 논리 구조인가? ☐☐☐☐☐☐

섹션의 하위 표제와 내용이 섹션 소개와 일치하는가? ☐☐☐☐☐☐

주제문, 액션캡션 등이 내용, 구조, 배치에 있어서 일관성이 있는가? ☐☐☐☐☐☐

내용이나 문장이 고객 관점으로 서술되어 있는가? ☐☐☐☐☐☐

단락, 문장, 그리고 단어가 가능한 한 짧은가? ☐☐☐☐☐☐

특수 용어와 약어가 과도하지 않고 적절하게 사용되었는가? ☐☐☐☐☐☐

의견:

시각화—전반적 평가
시각 자료가 주요 강조점을 명확하게 전달하는가? ☐☐☐☐☐☐

전문성이 있고 일관된 형식으로 구성되었는가? ☐☐☐☐☐☐

데이터에 적합한 그래픽(표, 이미지, 그래프 등)이 사용되었는가? 불필요한 그래픽 요소는 없는가? ☐☐☐☐☐☐

시각 자료는 이해하기 쉬운가? ☐☐☐☐☐☐

시각 자료가 본문 내용을 적절히 강조하는가? ☐☐☐☐☐☐

시각 자료에 액션캡션을 사용하였으며(룰에 따라 적용), 특징과 효용을 연계한 설명문으로 구성되어 있는가? ☐☐☐☐☐☐

그래픽이 본문에서 먼저 언급되었는가? ☐☐☐☐☐☐

© Shipley Associates, Shipley Korea, All rights reserved

양식 1. 제안서 평가 체크리스트(4/4)

기준/체크리스트 항목	심각함 뛰어남 1 2 3 4 5 6

의견:

페이지 및 문서 디자인—전반적 평가
제안서가 전문적이며, 평가하기 쉬운가? ☐☐☐☐☐☐

핵심 정보가 눈에 잘 띄는가? ☐☐☐☐☐☐

모든 페이지가 읽고 이해하기 쉬운가? ☐☐☐☐☐☐

본문과 그래픽이 균형 잡혀 있고 평가자가 읽기에 적당한가? ☐☐☐☐☐☐

문서 페이지 번호와 그래픽 기준이 일관성 있게 적용되었는가? ☐☐☐☐☐☐

'포장과 제본'이 적절한가? 평가자가 읽고 싶어 하겠는가? ☐☐☐☐☐☐

의견:

제안서의 전반적 평가 ☐☐☐☐☐☐

전반적 제안서에 대한 의견:

© Shipley Associates, Shipley Korea, All rights reserved

Shipley Tip

제안서 작성 초기부터 인쇄 일정 계획을 수립하라

인쇄는 고된 제안서 작성 작업이 종료되는 단계이다. 인쇄 품질이 좋지 않거나 급하게 페이지를 추가하여 페이지가 누락, 혹은 중복되거나 원하던 색상이 나오지 않는 등의 오류는 제안서 전체의 질을 떨어뜨려 고객의 신뢰를 잃는다. 제안서 작성 초기부터 제안서가 어떻게 인쇄되어 고객에게 제출되고, 내부적으로 사용되는지를 염두에 두라. 인쇄 시점, 지면 배정, 인쇄업체, 색상 등을 초기에 결정하면 인쇄 작업을 원활히 할 수 있다.

다음은 원활한 인쇄를 위한 지침이다.

① 인쇄 담당자를 배정하라.
② 인쇄 일정을 문서로 작성하고 Ground Rule을 정하여 재작업을 최소화하라.
③ 제안서에 고화질 이미지·그래픽을 삽입하여 품질을 확보하라.
④ 제안서를 작성하면서 제안서가 어떻게 제작되어 고객에게 전달될 것인지 미리 생각하라.
⑤ 적어도 제출 3일 전에 인쇄하여 품질을 확인하고, 문제가 생겼을 경우에 대비하여 대응 기간을 확보하라.
⑥ 단골 인쇄소를 확보해서 커뮤니케이션 시간과 비용을 줄이라.
⑦ 제안서 최종본의 소프트카피(파일)와 인쇄가 완료된 하드카피는 반드시 보관하라.

CHAPTER 6
제안 프레젠테이션

6.1 이기는 PT의 원리
6.2 대상, 시공간, 목적 분석
6.3 PT 전략 개발
6.4 PT 본문, 오프닝, 클로징 개발
6.5 이기는 비주얼 만들기
6.6 PT 플랫폼 스킬

6.1
이기는 PT의 원리

프레젠테이션의 주인공은 슬라이드가 아니라 발표자이다.
슬라이드 작성에 모든 시간을 쏟아 붓고,
슬라이드를 그대로 읽어버리는 악순환을 극복하면
수주율이 체계적/지속적으로 향상된다.

쉬플리를 찾아오는 고객에게서 가장 많이 듣는 말은 'PT에서 졌다'는 것이다. PT에서 진 이유를 명확히 파악하지 못한 어떤 이는 아나운서 같은 말투를, 어떤 이는 외모를 교정한다. 그러나 그렇게 하면 수주가 안 될 사업이 수주가 될까?

수주 PT에서 졌다는 말은 매우 복합적인데 그 원인에는 다음과 같은 것들이 있다.

- 솔루션에서 졌다.
- 제안 전략에서 졌다.
- 고객의 이슈 이해에 실패했다.
- 고객의 의사결정 프로세스나 방법을 몰랐다.
- 슬라이드 작성에서 졌다.
- 발표 전달력에서 졌다.

필자는 이 책을 출판한 2년 후에 위와 같은 문제의식에 기초해서 전략부터 슬라이드 작성까지 다루는 방대한 책 '최강 제안 프레젠테이션'을 우리 회사의 컨설턴트들과 함께 출판했다. 따라서 이 책 6부에서는 그 핵심 내용만을 다룬다는 점을 양해 바란다.

6.1.1 평가위원의 평가에 결정적 영향을 끼치는 것들

당신은 어제 늦게까지 친구와 술자리를 함께 한 후 오늘 오전 9시에 조달청 평가위원으로 앉아 있다. 물론 이 약속은 저녁 6시 이후에 ARS 전화로 결정되었다. 사실 귀찮기도 하고 평가위원 수당이 적기도 했지만 대학교수인 당신은 본인의 연구분야인 LED의 신기술이 이번에 발주되는 사업에 어떻게 적용되는지 알고 싶어 참여하였다. 그러나 조달청 직원이 오리엔테이션 후에 배포한 제안서의 양에 당신은 이미 기가 질렸다. 늦은 술자리로 컨디션도 말이 아닌데 장장 300페이지에 이르는 제안서가 5권이나 있는 것이 아닌가. 점심시간까지는 1시간 30분 남짓 남았으니 제안서당 20분 정도의 검토 시간이 배정된 셈인데, 어떻게 검토하고 결정해야 할까? 아마도 대부분의 평가위원은 아래의 세 가지 중 한 가지 방법을 선택할 것이다.

① 제안 요약을 훑어 보고 대충 순위를 결정한 후에 프레젠테이션 때 확인한다.
② 자신의 전공분야인 LED 기술적용 섹션을 중점적으로 평가한다. 프레젠테이션 때 물어 볼 질문을 메모한다.
③ 대충 앉아 있다가 프레젠테이션을 듣고 결정하기로 결심한다.

이는 실제 상황과 매우 유사하다. 여기에서 가장 중요한 것은 평가위원이 무엇을 보고 의사결정을 하는지 파악하는 것이다. 위의 경우를 통합해보면 평가위원의 평가에 결정적인 영향을 끼치는 순서는 다음과 같다.

> 이는 평가위원이 제한된 시간 내에 여러 제안 내용을 평가해야 하기 때문이다.

그림1. 평가에 영향을 끼치는 매체(Vehicle)의 순서

제안서 〈 제안 요약 〈 PT 슬라이드 〈 발표자 〈 질의·응답

1. 제안 요약은 제안서보다 영향력이 크다

평가자가 평가할 수 있는 시간이 짧을수록 제안 요약(Executive Summary)의 영향력은 커진다. 또 하나, 제안 요약이 중요한 이유는 아이러니하게도 의사결정자일수록 대체로 의사결정에 짧은 시간을 쏟기 때문이다(일반 사기업을 대상으로 하는 제안의 경우). 담당자는 제안서를 몇 번이고 보지만 정작 의사결정을 하는 사람은 제안서를 자세히 볼 시간적 여유가 없는 경우가 많다. 그래서 서양에서는 제안 요약을 Executive Summary라고 부른다. **Executive Summary**는 '**Summary for the Executive**'를 뜻하며 경영자가 짧은 시간에 의사결정을 할 수 있도록 하는 요약본을 말한다.

2. 제안 요약보다 PT 슬라이드의 영향력이 더 크다

PT(프레젠테이션은 편의상 PT로 표시한다) 슬라이드는 제안 요약보다 당신의 전략을 더 잘 표현할 수 있는 도구이다. 제안 요약에서 당신의 메시지를 강조하기란 참 어렵다. 그림을 삽입한다거나 글씨를 크게 하거나 굵게 강조하는 정도가 고작일 것이다. 그러나 PT 슬라이드는 과감한 생략과 비주얼화가 가능하다. 애니메이션 등을 통해서 메시지를 얼마든지 효과적으로 강조할 수 있다.

3. 슬라이드가 아니라 발표자가 주인공이다

PT 슬라이드가 중요함에도 불구하고 핵심은 PT 슬라이드가 아니라 PT 임을 명심하라. 서양 사람은 PT 슬라이드를 'Visual-aid'라고 부른다. PT 를 돕는 '시각 보조자료'라는 뜻이다. 발표자인 당신이 주인공이고 PT 슬라이드는 그것을 보조하는 도구다. 당신이 제스처로 강렬하게 의지를 표현할 때 PT 슬라이드는 애니메이션 등으로 당신의 노력을 지원할 것이다. 실패하는 PT의 대부분은 PT 슬라이드가 주인공이고 발표자는 보조가 되어 PT를 그대로 읽기만 하는 경우이다.

4. 질의응답이 승부처다

PT가 그렇게 중요함에도 불구하고 더 큰 승부처는 질의응답이다. PT가 잘 준비된 쇼(show)에 가깝다면 질의응답은 커뮤니케이션이다. 무엇이 더 어려울까? 당연히 질의응답이 더 어렵다. 왜냐하면 변수가 많기 때문이다. 그래서 결과적으로 각자 준비한 PT에서는 큰 차이가 나지 않을 수도 있지만 이 부분에서는 변별력이 생긴다. PT에서는 애매하거나 불리한 것을 숨기거나 무시할 수 있지만 질의응답에서는 피해갈 수 없다. 여기에서 대체로 '성공'과 '실패'가 분명하게 판가름 난다.

5. PT는 공공 발주, 특히 조달평가에서 더 중요하다

PT와 질의응답은 모든 제안에서 중요하지만 사기업보다 평가위원단이 구성된 '공공 발주'에서, 공공 발주 중에서도 발주처의 영향력보다 평가위원의 영향력이 더 큰 '조달청을 통한 공공발주'에서 더욱 중요하다. 이는 영업 사원이 사전영업을 통해서 고객(발주처)과 좋은 관계를 형성하고 고객(발주처)의 니즈를 잘 파악했다고 해도 정작 평가위원은 이와 상관없이 다른 관점에서 프로젝트를 볼 가능성이 크기 때문이다.

6. 그럼에도 불구하고 제안서는 중요하다

여기서 독자는 '갑자기 무슨 말인가?' 할 것이다. 바로 앞에까지는 제안서보다 제안 요약이 중요하고, 제안 요약보다 PT 슬라이드, 그보다 발표자, 그보다 질의응답이 중요하다는 것이 필자의 논리였으니까. 이들이 중요한 이유는 '전달매체(Vehicle)로서 평가자에게 끼치는 영향력' 기준이다.

전달 매체로서 영향력이 크지 않은 제안서가 제안 작업 전체를 놓고 보면 중요한 이유가 있다. 첫 번째 이유는 제안서를 통해서 솔루션이 결정되고, 전략이 개발되고, 내용이 풍부해지기 때문이다. 제안서 작업에서 충실하지 않은 솔루션, 전략, 내용이 PT에서 그 깊이가 더해지기란 현실적으로 불가능한 경우가 대부분이다.

제안서가 중요한 두 번째 경우는 제안서 평가가 PT 평가보다 먼저 진행돼 제안에 대한 '인상(Impression)'을 결정해버리는 경우가 있기 때문이다. 우리가 평가를 할 때 한 번 형성된 선입견(Bias)을 극복하기는 쉽지 않다.

따라서 제안 환경을 유연하게 이해해야 한다. 제안서가 전달매체로서 지니는 중요성은 제한적인 경우가 대부분이나 내용 개발과 선입견을 형성하는 측면에서 중요하다.

6.1.2 이기는 PT는 준비 시기와 방법이 다르다

제안 컨설팅을 시작하면서 필자가 하는 첫 질문은 '프레젠테이션 준비는 언제 시작하십니까?'이다. 만약 컨설팅을 의뢰한 고객이 '제안서 제출 후'라고 말한다면 필자는 그 때부터 상당히 긴장한다. 대체로 노련하고 경험이 많은 PM은 제안서 초안이 나오면 내용과 전략이 대체로 제안서에 구현되어 있으므로 서둘러 PT 슬라이드를 작성하기 시작한다. 왜냐하면 승부는 늘 PT에서 결정된다는 것을 경험적으로 알고 있기 때문이다.

이기는 제안 PT의 첫 번째 핵심은 **준비를 경쟁자보다 먼저 시작하는 것이다.** 경쟁자보다 먼저 준비하게 되면 준비 시간이 충분하므로 발표자가 내용을 충분히 숙지할 수 있다. 내용 숙지가 충분할수록 슬라이드는 평가자를 배려한 슬라이드가 된다. 반대로 내용 숙지가 안 될수록 텍스트가 빽빽이 들어간 발표자 중심의 슬라이드가 된다.

둘째로 **차별화된 슬라이드**이다. 발표자를 위한 슬라이드가 아니라 평가자가 보고 싶어 하는 슬라이드는 다르다. 핵심 내용만 슬라이드로 구성되어 있고, 그래픽을 적극적으로 사용하고 있는 슬라이드가 평가자의 시선을 끌게 된다.

셋째로 **발표자가 주인공이 된 PT이다.** 준비된 발표자는 내용을 장악하지 슬라이드에 의존하지 않는다. 중요한 메시지를 강조할 때는 효과적으로 슬라이드를 사용하지만 슬라이드는 발표자를 보조하는 시각자료에 불과할 뿐이다.

넷째로 **충분히 준비한 발표는 질의응답에서 빛을 발한다.** 발표 때 평가위원의 흥미를 끌면서 유도했던 질문을 하면 당연히 발표자는 완벽한 대답을 한다. 또 어떤 질문을 하면 질문을 하는 동안에 대답이 슬라이드로 이미 제시된다. 고객의 예상 질문을 준비하고, 미리 준비한 슬라이드가 적중한 것이다.

평가자는 '감동적이고, 자신감에 찬, 오래 기억에 남는 전문가의 프레젠테이션'에 높은 점수를 준다.

Shipley Tip

조달 평가에서 PT가 중요한 이유

필자는 수년째 조달청, KOTRA, 한국지적공사 등에서 제안평가위원으로 활동하고 있다. 필자의 평가위원 경험을 통해서 PT가 왜 중요한지 생각해 보자.

평가 전날 오후 2시에 ARS 전화가 온다. 내용은 '평가위원으로 선정되었고, 참가 여부를 밝혀 달라.'이다. 그 다음날 오후 2시에 정부대전청사에 간다. 내 책상에는 제안서와 PT 슬라이드 하드카피, 평가표가 놓여 있고, 10~20분 내의 간단한 안내가 끝나고 나면 바로 첫 번째 팀이 발표를 시작한다. 물리적으로 제안서를 펴볼 시간이 허락되지 않는다. 나는 미안한 마음에 다른 평가위원은 어떻게 하는지 보는데 모두 나와 마찬가지로 주어진 PT슬라이드 하드카피를 따라가기에도 벅차다. 결과적으로 평가위원 중 그 누구도 제안서를 펴보지 못한다.

물론 모든 제안서 평가가 이런 것은 아니다. 필자가 속한 평가위원회는 해외시장 용역연구 컨설팅 회사를 평가하는 것으로 금액의 규모가 작기 때문에 오후에 시작하지만 조달청 내부 규정에 따르면 사업의 규모에 따라 아침에 시작해서 오전에 제안서 평가를 하고, 오후에 PT 평가를 하는 경우도 있다. 하지만 앞에서 언급했듯이 오전에 하는 제안서 평가가 매우 제한된 짧은 시간에 진행되고, 바로 오후에 PT가 시작되므로 PT, 발표자, 질의응답의 중요성은 여전하다.

6.2
대상, 시공간, 목적 분석

평가자와 장소, 시간 그리고 발표의 목적이 다른데도
늘 같은 내용과 같은 방식의 PT를 한다면
당신의 제안은 실패할 확률이 높다. 대상과 시공간, 목적을
정확히 분석하고 그에 맞춰 최적의 PT를 해야 한다.

6.2.1 대상(People)

1. 사기업이 고객일 때는 실무자와 함께 의사결정자를 공략하라

사기업은 의사결정에 실무자, 관리자, 경영자가 참여한다. 문제는 이들의 이슈와 관심사가 각각 다르다는 사실이다.

표 1. 대상별 이슈와 관심사의 차이

실무자	관리자	경영자
편리성, 개선점	효용, 내부 평가	전략 방향의 일치성

의사결정에 영향을 미치는 고객의 이슈와 관심사가 각각 무엇인지 파악하는 것은 매우 중요하다. 그리고 또 다른 문제는 지위가 높을수록 만날 기회가 적어서 그들의 니즈를 알기 어렵다는 것이다. 이를 극복하는 가장 현실적인 방법은 담당자와 함께 경영자의 관심을 예측하고 준비하는 것이다.

2. 공공조직이 발주자일 때 평가위원회에 대한 발주자의 영향력을 확인하라

공공조직의 사업은 조달청이 직접 진행하는 사업(조달 패키지)과 그렇지 않은 사업으로 나뉘며 통상 조달, 비조달로 구분된다. 중요한 점은 PT 전략이 발주처의 영향력에 따라 달라져야 한다는 것이다. 발주조직의 영향력이 강할수록 끝까지 영업력을 발휘하고, 그 결과 얻게 된 고객의 핵심 이슈(RFP상의 이슈를 넘어서는 모든 이슈)를 해결하는 제안을 해야 한다.

만약 발주처의 영향력이 없는 프로젝트라면 평가위원과 어떻게 커뮤니케이션할지를 고민하는 것이 PT 전략의 핵심이다. 커뮤니케이션의 핵심은 '어떻게 비전문가에게 전문적인 내용을 쉽게 전달할 것인가?'이다. 어떤 이들은 평가위원 대부분이 대학교수나 기술자이기 때문에 전문가라고 말하지만 그것은 매우 위험한 발상이다. 예를 들어 특정 하드웨어를 연구하는 교수가 '국립대학의 온라인방송 시스템 구축 프로젝트'의 평가자라면 그는 그 프로젝트에 문외한일 가능성이 매우 높다. 내가 만나 본 어떤 제안 전문가는 이런 대상에게 하는 PT는 '초등학생 족집게 과외' 하듯이 해야 한다고 말한다. 즉, 이 프로젝트가 무엇이고 특정 이슈가 왜 중요하며 그 이슈를 우리가 어떻게 잘 해결할 수 있는지 쉽게 설명해 주어야 한다는 것이다.

> **Shipley Tip**
>
> **평가자는 어떻게 평가하는가?**
>
> - **비교할 수밖에 없다.**
>   평가자는 절대적인 기준으로 평가하지 않는다. 상대적으로 평가한다. 당신에게 중요한 것은 100점을 맞는 것이 아니라 경쟁자보다 단 1점이라도 더 얻어 이기는 것임을 명심하라. 그러면 무엇이 중요한가? 늘 상대보다 우월한 평가를 받기 위한 방법이 무엇일지 고민해야 한다.
>
> - **금방 싫증나고, 점점 예민해지고, 까다로워진다.**
>   평가자는 잘 알지 못하는 전문적이고 기술적인 문서를 장시간 평가하다 보면 지루하고 힘들어진다.
>
> - RFP가 요구하는 정답을 정확히 제시하는 제안서에 우호적인 평가를 한다.
>
> - 단순한 요구조건 만족이 아니라 방법을 제시하는 것을 선호한다.

3. 공공조직 평가위원회의 공략 전략

① 분석적인 평가자와 통합적인 평가자, 모두를 만족시키라

평가자는 크게 두 부류로 나눌 수 있다. 평가 중간중간 평가표에 점수를 적어 나가는 '분석형'과 팔짱을 낀 채 당신의 발표를 듣고, 몇 가지 질문을 한 후에 종합적으로 평가하는 '통합형'이 있다. 이들의 점수 평가 방법은 사뭇 다르다.

전자가 섹션별로 점수를 매긴 후 이를 합산한다면, 후자는 발표자의 순위를 먼저 정한 후에 이들의 대략적인 점수를 매기고 이를 섹션별로 배분할 것이다. 이기려면 이 두 부류의 평가자를 모두 만족시켜야 한다. 프로젝트를 쉽게 이해시키고 우리의 차별화 포인트를 정확히 강조한다면 '통합형' 평가자에게 좋은 점수를 얻을 것이고, 평가표 순서대로 평가기준에 적합한 PT 내용을 제시한다면 '분석형' 평가자에게 좋은 점수를 얻을 것이다. 물론 프로젝트와 평가위원회 구성 성격에 따라서 이들의 배분은 다르므로 이를 감안하여 사업마다 구체적인 전략을 다르게 수립해야 한다. 그리고 제안서든 제안 PT이든 평가자 공략 방법은 똑같이 적용된다.

② 전략적 균형을 유지하라

전략은 본래 '선택과 집중(Do and Don't)'을 의미하지만 공공조직 평가위원회에 접근할 때 이러한 발상은 매우 위험할 수 있다. 왜냐하면 공공조직 평가위원회는 적어도 세 그룹 이상의 전문가의 결합이라 이들의 이해와 관심이 항상 다르기 때문이다.

예를 들면 국방사업에는 소요군, 방위사업청, 국방과학연구소 등에서 참여한다. 문제는 이들의 관심사는 대체로 자신이 속한 조직의 이해와 관

점 속에서 결정된다는 것이다. 소요군이 무기의 활용성이나 작전운용 개념을 중요하게 생각해서 현장의 무기체계와 어떻게 효율적으로 결합할지에 관심을 갖는다면 방위사업청은 양산 가격이나 일정 관리, 수출 등에, 국방과학연구소는 이 기술의 확보 여부에 더 큰 관심을 갖는다. 따라서 특정 분야만을 잘못 강조하다 보면 다른 분야를 소홀히 하고 있다는 느낌을 주어 골고루 높은 점수를 얻는 데 실패한다.

③ 이성과 감성의 균형을 유지하라

제안 PT를 하는 발표자가 가장 크게 착각하고 있는 점은 제안 PT가 대단히 논리적이고 전문적인 작업이라고 생각하는 것이다. 한편으로는 사실이지만 평가자도 인간이라는 점을 늘 잊어서는 안된다. 그들은 논리적 이해를 중요하게 생각하는 만큼 정서적 공감도 중요시한다. 때로 분석적인 잣대로 점수를 주지만 제안서의 이미지와 발표자의 신뢰감에 점수를 주기도 한다.

따라서 PT를 준비하고 진행할 때 이 점을 망각하지 말아야 한다. 논리적인 연결고리와 분석적인 시각이 중요한 만큼 아래의 이슈도 중요하다.

- 평가위원이 지루해 하지는 않을까?
- 우리의 PT에서 감성을 자극하는 슬라이드가 있는가?
- 우리의 PT가 유치하지는 않은가?
- 충분히 진지하고 감동이 있는가?

Shipley Tip

감성을 다루라

① 사람은 감성적인 존재이다.
평가위원도 공학박사도 24시간 감성적이라는 사실을 기억하라. 그들은 기뻐하거나 슬퍼하거나 감동하길 원한다. 따라서 무표정하게 앉아있다고 해서 그들을 평가하는 기계로 취급은하면 안 된다. 오버해서 유치해지면 안 되겠지만 과감히 그들의 감성에 접근할 필요가 있다.

② 감성을 다루는 슬라이드 또는 스크립트를 준비하라.
우리 조직의 전문성, 준비상태, 결의, 고객과 고객의 이슈에 대한 깊은 이해 등을 내용으로 하는 자료를 만들 수 있다.

③ 스토리텔링을 하라.
단순한 정보 이상의 스토리를 제공해야 한다. 우리가 고객에게 제공할 수 있는 감동적인 스토리가 무엇인가 늘 고민하라.

6.2.2 시공간(T.P.O)

1. 시간 - 오전과 오후는 다르다

아침 9시에 PT를 한다면 당신의 목소리는 불편할 것이다. 하지만 평가자는 가장 환기되어 있는 상태로, 의미 있고 중요한 당신의 이야기를 귀담아 들으려 할 것이다. 그러나 점심식사 후에 시작되는 PT는 대체로 집중력이 떨어진다. 이 점을 이해하고 대비해야 한다.

2. 장소 - 가급적 확인하라

장소를 확인해야 하는 첫 번째 이유는 그것이 단순하지만 심리적 안정감을 주기 때문이다. 예상과 다른 발표 장소는 발표자를 불안하게 하여 PT에 부정적으로 작용할 수 있다.

또 다른 이유는 명확하게 동선을 확인해서 PT 전략에 반영해야 하기 때문이다. 실제로 장소를 미리 확인하지 못해서 빔 프로젝터와 연단 사이에 갇혀 굉장히 부자연스럽게 발표하던 발표자가 기억난다.

3. 상황·순서에 따른 전략이 필요하다

만약 당신이 PT 첫 번째 순서라면 이 프로젝트를 평가자가 이해할 수 있도록 배경 설명을 해야 당신의 논리를 설득할 수 있다. 하지만 만약 당신이 네 번째 순서인데 다른 팀과 똑같이 배경 설명을 하고 있다면 평가자는 매우 지루해 할 것이다.

우리가 주목해야 할 점은 경쟁자의 순서이다. 만약 경쟁자에 앞서 한다면 경쟁자를 공략하기에 유리한 위치를 선점한다는 장점이 있다. 하지만 프로젝트를 이해시키는 데 많은 시간을 사용해야 하므로 우리의 차별화 포인트를 충분히 설명하는 데 시간을 할애하지 못한다는 단점이 있다.

반대로 경쟁자보다 나중에 하면 이미 평가위원이 프로젝트를 이해하고 있기 때문에 자신의 차별화요소를 설득하는 데 시간을 활용할 수 있지만 자칫 잘못하면 경쟁자가 깔아놓은 전략적 함정에 걸려들 위험이 있다.

그러므로 순서에 따른 전략을 별도로 수립해야 한다. PT를 경쟁자보다 먼저 한다면 적극적이고 전략적으로 경쟁자를 공략하라. PT를 경쟁자보다 나중에 한다면 평가위원을 학습시키는 것을 과감히 생략하고, 당신의 차별화요소를 부각하는 데 시간을 쏟되 경쟁자의 공략을 예측하고 적극적으로 대처해야 한다.

표 2. 순서에 따른 전략 수립

순서	장점	단점
먼저 할 때	경쟁자 공략 가능, 초기에 주목을 끔	평가자의 프로젝트 이해도 부족
나중에 할 때	자사의 강점을 충분히 설명할 수 있는 시간적 여력이 있음	경쟁자 공격에 노출됨

순서에 따라서 PT 내용은 달라져야 한다. 대체로 경쟁 열위에 있다면 먼저, 경쟁 우위에 있다면 나중에 하는 것이 유리하다.

만약에 발표 순서를 결정할 수 있다면 어떻게 할 것인가? 대체로 우리가 경쟁 열위(2등 이하)에 있다면 PT를 먼저 하는 것이 유리하다. 왜냐하면 우리의 차별화요소가 많지 않으므로 사업에 대한 충실한 설명을 통해 평가위원의 신뢰감을 확보하고 경쟁자의 약점을 먼저 공략하는 것이 전략적으로 유리하기 때문이다. 반대로 우리가 경쟁 우위(1등)에 있다면 나중에 하는 것이 유리하다. 프로젝트 관련 설명을 생략하고 우리 솔루션의 차별화요소 중심으로 PT를 전개할 수 있기 때문이다.

6.2.3 목적(Purpose)

모든 제안 PT는 '설명'과 '설득'이라는 두 가지 목적을 가지고 있다. 특히 이해시키지 않고 설득할 수 없음을 기억하라. 무엇보다 복잡하고 기술적 전문성 수준이 높은 제안일수록 일단 잘 설명하여 평가자를 이해시키는 것이 중요하다.

6.3
PT 전략 개발

모든 제안 과정에 전략이 필요하므로
제안 PT도 전략을 기반으로 수행되어야 한다.
장점이 부각되는 콘텐츠와 차별화된 PT 운영이
PT 전략의 핵심이다.

6.3.1 콘텐츠 전략
− 장점을 부각하고 경쟁자를 공략하라

1. 고객의 핵심 이슈를 우리의 장점과 연결하라

고객이 중요시하는 이슈에 솔루션을 제시할 수 있어야 비로소 고객은 설득된다. 당신의 회사가 세계 최고 수준의 품질을 보유하고 있다 하더라도 고객이 가격에만 주목한다면 당신의 장점은 별로 소용이 없다. 고객이 가격을 중요시한다면 가격에서 부각할 수 있는 장점을 적극적으로 제시해야 한다.

2. 경쟁자를 적극 공략하라

경쟁자를 적극적으로 공략한다는 것이 경쟁자의 이름을 거명하며 노골적으로 비난하는 것을 의미하지는 않는다. 다음 예를 보자.

휴대용 라디오에 헤드폰을 추가하면 조종사의 지상 송수신 능력이 더욱 향상됩니다. 특히 엔진이 조종사 위나 앞에 있는 초경량 비행기는 별도의 헤드폰이나 헬멧이 필요합니다. 그러나 다른 프로젝트를 위해 6개월간 수행된 현장 테스트에서, 엔진이 조종사 뒤쪽에 멀리 떨어져 있는 경우에는 별도의 헤드폰이 필요 없다는 것을 알게 되었습니다.

이 예시는 경비행기를 제안하는 경우인데, 엔진이 앞에 있어서 엔진 소음 때문에 헤드폰이 필요하다고 제안하는 경쟁사의 솔루션을 효과적으로 공략하고 있다. 이렇게 경쟁사의 제안을 자사의 대안으로 삼아 그 장단점을 검토하는 방법을 대안비교(Trade-off Analysis)기법이라고 한다. 이 기법은 가장 효과적인 경쟁사 공략법으로 알려져 있다.

6.3.2 PT 운영 전략-핵심은 '차별성'이다

오후 3시쯤 세 번째 발표자로 서울조달청의 회의장에 들어가 본 경험이 있는가? 따뜻한 햇빛이라도 비추면 졸음에 겨워하는 평가위원에게 얼마나 미안한지 모른다. 평가자 편에서 생각해 보자. 그들이 원하는 것은 앞서 발표한 팀과 다른 슬라이드, 다른 주장, 다른 내용일 것이다. 이를 위해서 지켜야 할 최소한의 룰은 다음과 같다.

1. 계획-시간 계획을 세우라

시작(Opening)과 마무리(Closing)를 위하여 시간의 20%를 떼어놓고 남은 시간을 3분으로 나눈다. 예를 들면 20분 중에서 본론에 사용할 수 있는 시간은 80%인 16분이고, 16분 동안 당신이 충분히 강조할 수 있는 포인트는 최대 5(16÷3)개이다.

그림 1. 시간 계획

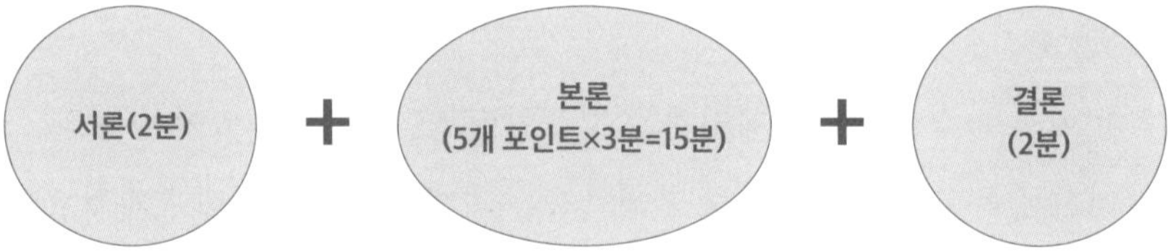

서론(2분) + 본론(5개 포인트×3분=15분) + 결론(2분)

2. 서론 - 주의집중으로 시작하라

첫 문장을 분명히 결정한 후 PT장에 입장한다. 평가위원이 준비가 안된 상황에서 바로 시작하지 말고 잠시 침묵을 유지한 후 모두가 바라보는 그 순간을 놓치지 말고 시작한다. 시작은 유머, 일화, 인용구, 스토리, 고객의 유능함 언급, 고객을 만족시켰던 유사 사례 같은 기법 중 하나를 사용한다.

그림 2. 오프닝 사례

업계에서는 꽤 알려진 내용이다. SI사업에서 대형기업과 경쟁했던 중견기업의 슬로건으로, 동부라는 건설회사가 가장 큰 규모의 회사는 아니지만 타워팰리스를 능가하는 명성을 가진 아파트를 지었다는 점에 착안하여 규모보다는 기술력과 인력을 봐 달라고 호소하기 위해 PT의 도입부를 위의 내용으로 시작하였다.

PGA 챔피언십에서 우승한 양용은은 우승이라는 최종 목표만 있었던 것이 아니라 그립, 타법, 스탠스, 볼의 궤도에서 구체적이고 세부적인 목표와 계획이 있었고, 이를 달성했기 때문에 PGA에서 우승할 수 있었다는 점을 강조하였다. 제안사가 분석한 이번 사업의 세부적인 핵심 성공요소를 보여주고 이를 달성해야 최종 목표를 이룰 수 있다고 설명하며 평가자의 신뢰를 확보하였다.

3. 본론 - 3S로 핵심포인트를 강조하라

State 포인트를 설명하라.	"저희 제품의 첫 번째 특징은 이렇습니다."
Support 포인트를 입증하라.	"관련된 통계청 자료를 제시합니다."
Summarize 포인트를 요약하라.	"이를 활용하면 귀사의 문제는 이렇게 해결됩니다."

3S는 PT를 이끌어 나가는 핵심 기법이다. 이 기법이 중요한 이유는 제안서가 헤드라인식으로 쓰이기 때문이다. 제안서와 같은 논리 구조대로 핵심 메시지를 먼저 강조하고, 이를 설득하는 구체적인 증거를 제시하는 것이 효과적이다.

4. 결론 - 강렬하게 마무리하라

초등학교 조회 시간의 끝날 듯 끝나지 않는 교장선생님의 '훈화 말씀'을 기억하는가? 결론에서 가장 중요한 점은 시간을 끌거나 새로운 이슈를 말하지 않는 것이다. 고객의 가장 큰 이슈가 무엇이고, 그 이슈를 우리는 어떤 솔루션으로 어떻게 해결할지를 한두 문장으로 요약하면 된다.

6.4
PT 본문, 오프닝, 클로징 개발

PT는 발표 순서대로(서론-본론-결론) 작성한 슬라이드에서보다 본론-서론-결론 순서대로 작성한 슬라이드가 설득력이 더 높다. 본론의 내용을 먼저 결정해야 서론을 어떻게 시작하고 결론을 어떻게 마무리할지 판단할 수 있기 때문이다.

6.4.1 설득력 있는 메시지의 구성

PT에서 발표 순서(서론 → 본론 → 결론)대로 작성한 슬라이드보다 본론 → 서론 → 결론 순서로 작성한 슬라이드가 설득력이 높고 작성이 용이하다. 왜냐하면 본론 내용을 먼저 결정해야 서론을 어떻게 시작하고 결론은 어떻게 마무리할지 판단할 수 있기 때문이다.

그림 1. 작성 순서와 발표 순서

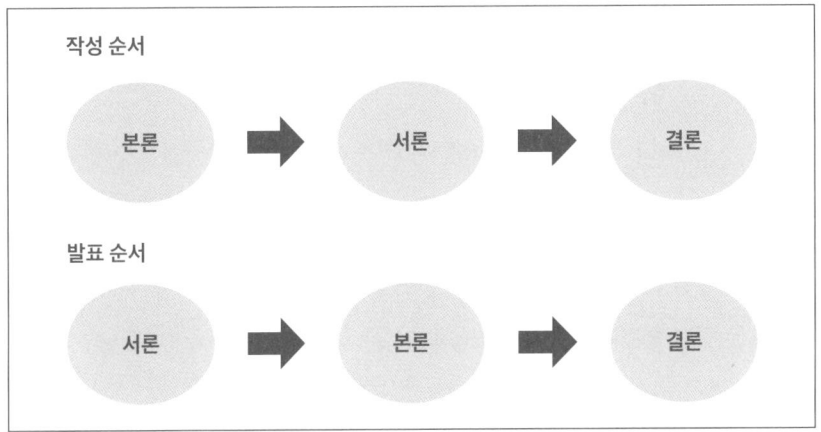

작성 순서와 발표 순서는 다르다. 본론을 먼저 작성해야 어떻게 서론과 결론을 효과적으로 진행할 수 있을지 판단이 가능하므로 본론을 먼저 작성한다.

설득력 있는 메시지의 특징은 다음과 같다.

- PT 전체뿐만 아니라 세부 이슈에서도 핵심 메시지를 먼저 제시한 후 주장의 근거를 덧붙이면서 피라미드 구조를 이룬다.
- 결론을 뒷받침하는 근거는 누락이나 중복이 없어야 하는데 이를 MECE(Mutually Exclusive Collectively Exhaustive) 구조라 한다.
- 피라미드의 아랫부분은 논리를 뒷받침하는 사실이어야 한다.

MECE 구조: 서로 중복되지 않으면서 각각의 힘이 전체가 되게 하는 분석적 사고법이다.

결론이 마지막에 나오는 학술논문이나 미스터리 소설과 다르게 제안서와 제안 PT는 철저히 두괄식이어야 한다. 이를 헤드라인식 혹은 피라미드식이라고도 한다.

그림 2. 피라미드 논리구조

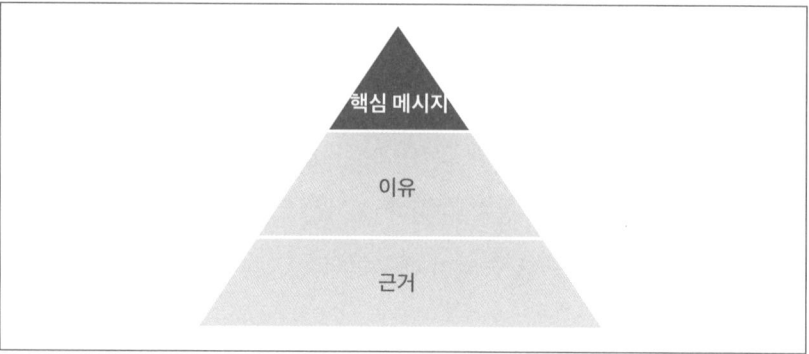

PT는 논리적이고 설득력 있는 메시지로 구성되어야 한다. 크게는 다음 세 부분으로 나누어진다.

- 서론(감성 슬라이드 중심)
- 본론(전략 슬라이드+기술 슬라이드 중심)
- 결론(감성 슬라이드 중심의 맺음말)

6.4.2 본론 작성

대체로 슬라이드 개발을 시작하면 처음에는 PT의 본문에 포함해야 할 내용이 상당히 많을 것이다. 다음과 같은 과정을 거쳐 내용을 정리해야 한다.

- 1단계: 몇 개의 포인트를 말할 것인지 결정한다.
- 2단계: 핵심 포인트를 선택하고 정보를 구조화한다.
- 3단계: 핵심 포인트를 발전시킨다.
- 4단계: 핵심 포인트를 증명할 수 있는 적합한 입증 자료를 준비한다.

1. 1단계: 몇 개의 포인트를 전할 것인지 결정한다

일반적으로 정해진 시간 안에 얼마나 많은 양의 내용을 전달할 수 있을까? 고객은 어떤 PT이든 단지 3~5개의 포인트만 기억한다. PT에서 전달할 내용의 양을 결정할 때는 고객, 내용, 환경(시간, 장소 배치, 상황) 등을 고려해야 한다.

그중에서도 시간은 가장 중요한 제한 요인이다. 시간에 쫓겨 중요한 내용까지도 서둘러 전달한다면 효과적인 PT가 될 수 없다. 다음 공식을 활용하여 주어진 시간에 전달하기에 알맞은 요점의 개수를 정할 수 있다.

- 전체 PT의 20%를 PT의 시작(Opening)과 마무리(Closing)를 위해 사용한다.
- 남은 시간을 3분으로 나눈다(3분은 하나의 주요 내용을 전달하는 데 소요되는 최소한의 시간이다). 이 계산을 통해 PT에서 전달할 수 있는 주

요 내용의 최대 개수를 확인한다.

- PT 전체 시간 = 20분
- 20%의 시작과 마무리를 제외한 시간 = 16분
- 최소 전달 시간인 3분으로 나누기 = 5개 핵심 포인트

2. 2단계: 핵심 포인트를 선택하고 정보를 구조화한다

전체적인 전략에는 여러 가지 내용이 포함되어 있겠지만 그중 PT에서 다룰 주요 내용을 가급적 5개 이하로 선택한다. 핵심 포인트를 선택할 때는 다음 두 가지 기준을 활용한다.

첫째, 목표를 달성하기 위해서 고객이 반드시 알아야 하거나 믿어야 하는 내용만을 선택한다.

둘째, 그 내용을 유사한 그룹으로 묶는다. 이 그룹이 바로 핵심 포인트이다.

핵심 포인트를 선택한 후에는 다음과 같은 원칙에 따라 PT에서 제시할 순서를 결정한다.

- 포인트를 구조화하라.

내용을 구조화할 수 있는 방법은 다양하다. 대부분의 고객은 완벽한 교과서와 같은 패턴(반복적인 양식)이나 솔루션을 기대하지 않는다. 고객은 오히려 서로 관련성이 있고 유용한 내용을 보여주는 유연한 패턴에 더욱 흥미를 갖는다.

- '로드맵(Road map)'을 작성하라.

    특정한 패턴으로 구조화하는 것보다 고객에게 어떤 패턴으로 진행되는지를 확실하게 전달하는 것이 더욱 중요하다. 먼저 요점을 제시한 후에 현재 고객이 어디에 있는지를 말해 주고 다음 방향을 제시하는 '로드맵'을 명쾌하게 작성하는 것이야말로 성공적인 PT의 가장 중요한 열쇠이다. 예를 들어 사업 전략 5가지를 설명하려면 우선 첫 장에서 다섯 가지 사업 전략을 보여준 후 그다음 장부터 하나씩 순서대로 설명한다.

- 일관성을 유지하라.

    만일 여러분이 A, B, C 등 3가지 주제를 발표할 때 A, B, C의 순으로 한다면 나중에 그 주제의 세부사항을 논의할 때도 앞서 발표했던 순서를 지켜야 한다.

- 가장 중요한 포인트를 먼저 언급한다.

    고객의 집중력은 PT 초기에 가장 높다. 아주 특별한 이유가 없는 한 가장 중요한 포인트를 먼저 시작하는 것이 좋다.

3. 3단계: 핵심 포인트를 발전시킨다

핵심 포인트를 결정하고 정리하여 목차를 개발하고 해당 목차에 들어갈 내용을 구성한다. 핵심 포인트를 한 장의 슬라이드로 본론 초입에 먼저 보여줌으로써 본론의 내용을 개괄(Overview)하고 안내(Guide)하라. 이것을 편의상 '전략 슬라이드'라고 한다.

4. 4단계: 핵심 포인트를 증명할 수 있는 적합한 입증 자료를 준비한다

핵심 포인트를 증명하기 위해서는 전략 슬라이드에서 보여준 핵심 포인트를 각각 구체적인 증거를 제시하면서 설득해야 한다. 이 내용을 기술적 부분과 관리적 부분으로 구분하여 '기술 슬라이드', '관리 슬라이드'라 칭한다.

그림 3. 전략 슬라이드와 기술·관리 슬라이드의 관계

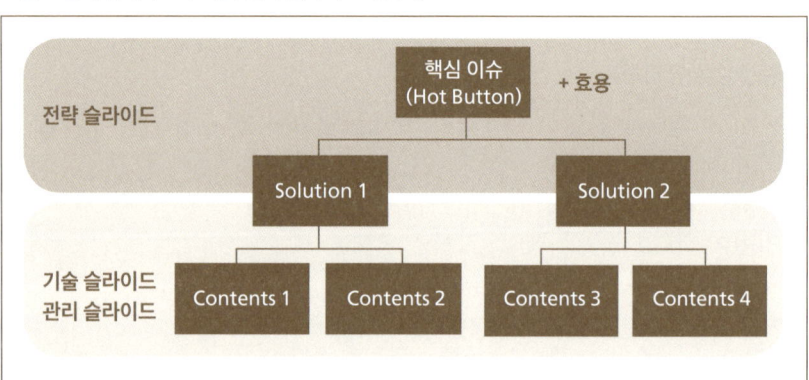

전략 슬라이드에서는 해당 사업의 핵심 이슈와 솔루션, 효용을 주로 보여준다. 기술·관리 슬라이드에서는 전략 슬라이드에서 언급되었던 내용을 세부적으로 풀어 나간다.

6.4.3 서론 작성

주요 내용을 선정하여 전체적인 아웃라인이 결정되었다면 서론을 작성한다. 서론의 필수적 기능을 숙지하고, 이를 기계적으로 적용하는 훈련이 필요하다.

1. 집중(Attention)

주의를 집중시킨다. 고객이 준비가 안 된 상태에서 바로 본론을 이야기하면 안 된다.

삽화, 유머, 일화, (관련성이 있는) 놀라운 사실에 관한 진술, 인용구, 웅변적인 질문, 스토리, 어떤 사건의 증거, 도전 사례들, 고객의 능력 언급, 고객을 만족시켰던 유사 사례 등을 활용하여 고객의 주의를 환기한다.

> **Shipley Tip**
>
> **PT, 이렇게 시작하라**
>
> • **준비가 되면 청중이 PT에 집중할 때까지 기다리라.**
> PT는 컴퓨터, 발표자료, 위치 선정 등의 준비가 되었다고 해서 바로 시작하면 안 된다. 일단 청중을 바라보고 기다린다. 그러면 별도의 안내가 있거나 순간적으로 청중이 집중하게 된다. 그 순간을 놓치지 말고 시작하라.
>
> • **주의집중을 위한 첫 멘트는 반드시 암기하라.**
> 모든 PT를 연기하듯 암기해서 할 수는 없고 바람직하지도 않다. 그러나 첫 문장은 반드시 암기하여 의도대로 해야 한다. 한 번 잘못 나온 즉흥적인 발언은 주워 담을 수도 없고, 발표자 스스로 당황하게 된다. 첫 멘트는 반드시 암기하여 기계적으로 하라.

- 집중(Attention)과 동기부여(Motivation)는 가급적 슬라이드를 사용하지 않고 눈을 바라보면서 하고, 개관(Overview)부터 슬라이드를 활용하라.

PT의 가장 중요한 순간은 청중이 슬라이드가 아니라 발표자를 바라 볼 때이다. 이 때 이 무대의 주인공이 누구인지 분명하게 보여주고, 자신감과 성실한 모습을 강력하게 전달해야 한다. 대체로 이렇게 가장 중요한 순간은 시작하는 순간과 발표 마지막 순간이다.

2. 동기부여(Motivation)

고객의 명시적인 요구사항과 함께 비명시적인 니즈까지 언급하라. 고객의 공식적인 요구조건은 제안의 예선전이다. 고객은 공식적인 요구조건을 기준으로 '수주할 팀'을 선택하는 것이 아니라 '실주할 팀'을 먼저 제거한다는 점을 명심하고 수주를 위해서는 비명시적인 니즈도 중요하다는 점을 이해한다. 특히 이 비명시적인 니즈를 경쟁자가 모르거나 충족시킬 수 없을 때 이것이 승부처가 될 수 있다.

여러분의 제안 내용과 해결책을 요약하고 고객에게 돌아가게 될 효용을 언급하라. 고객에게 우리가 그들의 요구조건과 니즈를 명확히 알고 있음을 확신시키고, 이를 어떻게 충족시킬지 우리의 솔루션과 효용을 분명히 제시한다.

> **Shipley Tip**
>
> **최고의 동기부여는 청중의 효용(Audience Benefit)을 강조하는 것이다**
>
> 필자가 기업에서 근무할 때 내부 직원을 대상으로 경영철학과 경영이론을 강의한 적이 있다. 대부분의 청중이 그다지 관심 있게 이야기를 듣지 않았다. 그때 필자가 청중을 몰입시키기 위해 취한 방법은 '진급 시험에 2문제 출제 예정'임을 알려주는 것이었다. 이처럼 청중 개인에게 그들의 이익을 명확히 제시하는 것이야말로 최고의 동기부여이다.
>
> 예를 들어 IT 프로젝트를 통해서 IT 매니저가 조직 내에서 각광받게 될 개인적 비전을 보여주면 IT 매니저는 프로젝트에 좀더 관심을 갖게 될 것이다.

3. 개관(Overview)

본문에서 이야기할 내용의 포인트를 사전에 간략히 소개하라. 고객에게 본론의 가이드를 제시하는 것이다. 이는 PT 전체의 맥락을 이해하게 하여 지루함을 덜어주고 평가자를 능동적으로 PT에 참여하게 한다.

6.4.4 결론 작성

서론처럼 결론에도 필수 기능이 있다. 논리구조와 방법은 서론과 '수미상관' 식으로 연결되어 있다는 점에 주목하고 기계적으로 적용하라.

1. 리뷰(Review)

본론에서 강조하고 싶었던 핵심 포인트를 다시 한번 강조한다. 반복은 메시지를 더 오래, 더 강렬하게 기억하게 한다.

2. 재동기부여(Re-Motivation)

재동기부여는 서론의 동기부여 내용의 연장선상에 있다. 다만 여기에서는 고객의 의사결정을 촉구하는 멘트를 할 수 있다.

- 고객의 요구사항과 니즈를 다시 언급하라.
- 우리를 선택할 때 고객에게 돌아가는 효용을 다시 언급하라.

> **Shipley Tip**
>
> **고객의 의사결정을 촉구하라**
>
> - 자동차회사 영업사원: 여름 휴가 기간인 이번주까지 구매하시면 현금 특별할인 300만 원과 저금리 적용 할부까지 총 540만 원의 할인 효과가 있습니다.
> - 보험회사: 변액연금보험은 나이 산정이 중요한데 선생님의 생일인 이번 달 20일까지 의사결정을 하면 보험료 산정에서 1년을 아끼는 효과가 있습니다.

3. 마무리(Closing)

강렬한 인상으로 마무리 지으라. 형식적인 인사말 등으로 지루하게 마무리를 하지 않아야 한다. 따라서 처음 시작할 때와 마찬가지로 강렬한 인상을 줄 수 있는 말을 사전에 준비하고 암기하여 즉흥적인 마무리가 되지 않도록 한다. 이 멘트는 PT를 시작할 때 메시지와 부분 혹은 전체적으로 겹쳐도 좋다.

클로징을 하는 방법은 다양한데 상황과 고객에 따라서 선택한다.

- 정보 제공: 예상되는 후속 진행 사항을 안내한다.
- 확신을 심어줌: 제시된 솔루션의 확실성과 타당성을 강조한다.
- 연대의식: 고객과 공동체로서의 '우리'를 강조함
- 열정을 보여줌: 긍정적 사고, 기대감, 도전 정신
- 미래 비전 제시

그림 4. 서론과 결론의 상호 연관성

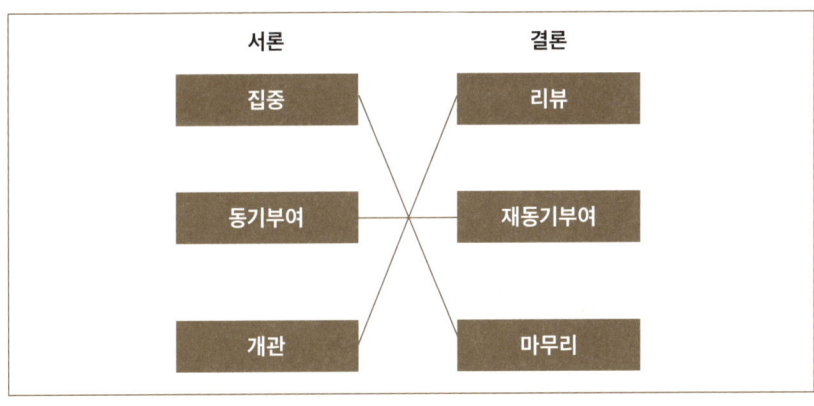

서론과 결론은 같은 논리구조와 순서로 되어 있다. 서론은 결론을 이야기하고, 본론의 개요를 설명하는 반면, 결론은 본론을 요약하고 마무리하는 형태로 진행된다.

Shipley Tip

강렬하게 마무리하라

해외 수입에 의존하던 무기체계를 신기술 개발로 국산화하는 프로젝트에서 쉬플리 팀은 제안팀과 다양한 PT 오프닝·클로징 아이디어를 교환했고, 최종적으로 그 당시 국민의 최대 관심사였던 '김연아'의 메시지를 활용하기로 하였다. 이는 한편으로 꽤 위험한 접근일 수 있었는데 왜냐하면 모두가 아는 이야기이고, 유치할 수도 있기 때문이었다. 그러나 경쟁사가 해외 합작법인인 점 등을 고려하여 과감히 시도하였고, 결과는 상당히 성공적이었다.
우리가 준비했던 스크립트는 다음과 같다.

오프닝
"저는 오늘 우리에게 큰 자부심을 주었던 김연아를 생각하면서 이 자리에 왔습니다. 왜냐하면 전 세계적으로 3개 나라밖에 개발하지 못했던 선진 무기체계를 마침내 우리가 직접 개발한다는 것 자체가 저에게는 말할 수 없는 감격이기 때문입니다."

클로징
"지난 50년간 여자 피겨스케이팅 무대는 서구 미녀들의 축제였습니다. 그러나 지금 세계는 김연아를 바라보고 환호합니다. 제안사에 기회가 허락된다면 1년 후에는 우리도 틀림없이 그 감격과 환희를 느낄 수 있도록 하겠습니다."

6.5
이기는 비주얼 만들기

PT 슬라이드는 발표자를 위한 것이 아니라 고객을 위한 것이다. 슬라이드 작성 원칙과 디자인 원칙을 준수하여 고객 관점의 슬라이드를 개발하라.

6.5.1 슬라이드 작성 원칙을 준수하라

PT 슬라이드는 발표자를 위한 것이 아니라 고객을 위한 것이다. 필자가 컨설팅 현장에서 본 대부분의 PT 슬라이드는 메시지 전달에 실패하고 있다(약 70~80%). 가장 큰 원인은 슬라이드가 제안서 같기 때문이다. 제안서처럼 모든 슬라이드에 헤드 메시지(혹은 Governing Message)가 적혀 있고 깨알 같은 글씨로 가득 채워져 있다. 당연히 평가위원은 다 읽을 수 없다. 그리고 발표자도 그들이 다 읽지 않는다는 사실을 알고 있다. 그럼 왜 그렇게 만드는가? 본인이 읽어야 하기 때문이다. 애니메이션도 넣지 않는다. 왜냐고? 본인이 당황하기 때문이다. 극단적으로 말하면 대부분의 비효과적인 슬라이드는 평가자를 위해서가 아니라 발표자가 읽기 위해서 작성된다.

고객을 위한 슬라이드를 만들려면 최소한 PT 3일 전에는 완성하여 완전히 그 내용을 숙지하고 있어야 한다. 그리고 슬라이드를 읽지 않고 PT 하는 스킬과 원리를 이해해야 한다. 그렇다면 고객을 위한 슬라이드는 어떻게 만들어야 하는지 살펴보자.

> 슬라이드 디자인의 유의사항은 제안서 디자인과 같은 맥락이다.

1. 부분(Part), 핵심(Core) 내용만

필자는 컨설팅 현장에서 제안서와 다를 바 없이 빽빽하게 작성된 슬라이드를 많이 본다. 슬라이드가 그렇게 작성된 과정에는 복합적인 이유가 있는데, 대부분은 작성자 스스로 해당 슬라이드에서 전하고자 하는 메시지가 명확하지 않아 관련 내용을 모두 담아오는 경우이다. 해당 슬라이드에서 어떤 메시지를 전할 것인지 정해지면 그 이후는 사실 정제(精製) 과정이다. 메시지를 가장 잘 전달할 수 있는 부분적(Partly)이고 핵심(Core)적인 내용만 남기는 것이다. 정제 과정에서 핵심 포인트는 '내용 버리기'이다. 보통 작성자는 정제 과정에서 사라지는 내용에 많은 불안감을 표시하지만, 꼭 필요한 내용이라면 기억나게 되어 있다. 하지만 지금까지 필자의 컨설팅 경험상 작성자는 내용을 버리는 순간에만 불안해했을 뿐, 정제 이후의 슬라이드를 보면 막상 어떤 정보가 사라졌는지 기억하지 못하는 경우가 대부분이었다.

2. 하나의 슬라이드에는 하나의 메시지

하나의 슬라이드에는 하나의 핵심 메시지만을 담아야 한다(One Message per One Visual). 하나의 슬라이드에 여러 개의 내용을 담게 되면 시선과 의식이 분산되어 전달력이 약해진다(〈예시 1〉 참고).

3. 6×6 법칙

슬라이드에 들어가는 텍스트는 최대 6줄이어야 하고, 1줄에 6단어가 넘어가면 안 된다. 이 6×6 원칙은 반드시 준수해야 한다.

우리가 한 슬라이드에 많은 내용을 담으려고 하는 이유는 슬라이드 장

예시 1. One Message per One Visual 원칙을 어긴 경우와 개선 사례

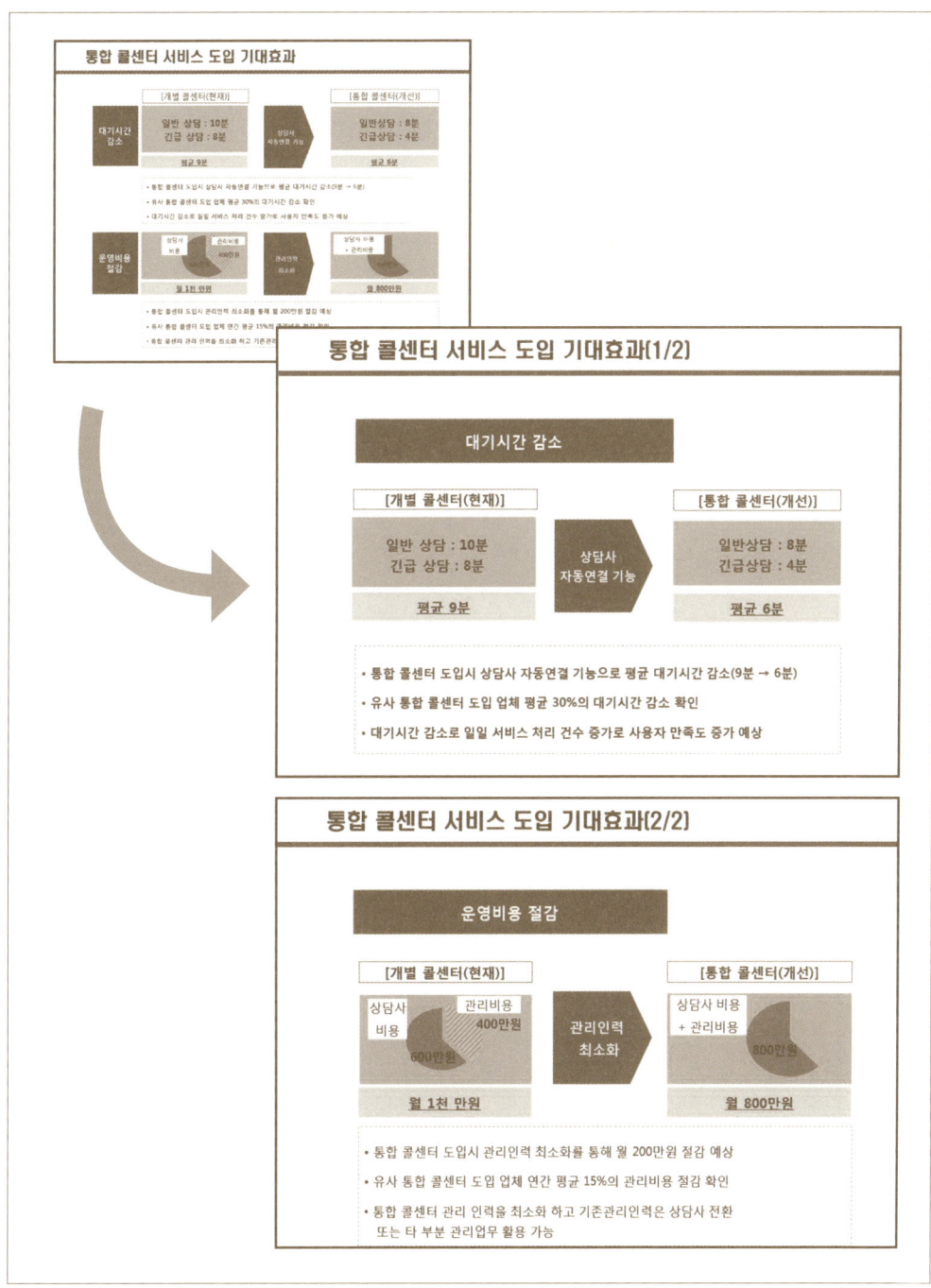

하나의 슬라이드에 여러 개의 메시지를 담으면 발표하는 사람도 힘들고 듣는 사람도 이해하기 어렵다. 하나의 슬라이드에는 하나의 메시지만 들어가게 구성해서 좀더 역동적인 PT를 하라.

수를 줄여 발표 시간을 맞추기 위해서이다. 그러나 '6×6 원칙', 'One Message per One Visual 원칙' 때문에 슬라이드 개수가 늘어난다고 해서 발표 시간이 길어지는 것은 결코 아니다. 발표 시간은 슬라이드 개수가 아니라 스크립트 분량에 따라 결정되기 때문이다.

한 장의 슬라이드에 지나치게 많은 내용을 넣으면 오히려 핵심이 흐려져 내용 전달에 실패할 수 있음을 명심하라.

6.5.2 디자인 원칙을 준수하라

1. 목적이 분명한 그래픽 요소를 사용하라

그래픽은 강조효과가 있다는 점을 항상 명심한다. 그러므로 중요하지 않은 기능을 설명하는 데 그래픽을 사용하면 핵심 메시지가 왜곡되거나 약화될 우려가 있다(〈예시 2〉 참고).

2. 시선 중력의 법칙을 준수하라

PT 슬라이드는 위에서 아래로, 좌에서 우로 작성한다. 우리의 시선은 오랜 기간에 걸쳐서 이렇게 훈련되어 왔기 때문에 이 원칙을 어긴 슬라이드를 보면 불편하거나 긴장하게 된다.

따라서 예외적으로 가운데 원이 있다거나 화살표가 아래에서 위로 그려진다거나 하는 것은 강조의 역할을 할 수 있으나 이를 전 슬라이드에 걸쳐 사용했을 경우에는 평가자에게 불편만 주게 된다(〈예시 3〉 참고).

3. 컬러에 주의를 기울이라

색깔이 너무 많으면 무엇 하나 강조되지 못한다. 색깔로 특정 메시지를 강조하기 위해서는 3가지 색(무채색 1개 포함)을 넘으면 안 된다는 것이 시각디자인 전문가의 견해이다.

4. 여백을 활용하라

많은 작성자가 여백 남기기를 두려워한다. 여백을 '못 채운 공간'이라고 생각하기 때문이다. 내용 작성 후 빈 곳이 있으면 내용을 더 채우거나 본래 목적하지 않았던 불필요한 디자인 요소를 채워넣어 메시지를 흐리고 집중력을 분산시키는 슬라이드 결과물을 제작한다. 하지만 균형 있게 잘 계획되고 의도된 여백은 내용 가독성과 집중도를 높이는 효과가 있다. 여백을 '의도된 공간'으로 활용하라(〈예시 4〉 참고).

5. 일관성을 유지하라

각 슬라이드는 일관된 템플릿과 색깔의 통일감 속에서 변화를 주어야 내용 전달과 신뢰성 확보에 유리하다(〈예시 5〉 참고).

예시 2. 핵심 메시지를 강조하기 위한 그래픽이 아닌 경우와 개선 사례

하나의 이미지, 백그라운드 등 모든 요소에는 반드시 관련된 이유가 있어야 한다.
<예시 1>의 개선 전의 슬라이드처럼 내용과 전혀 관련 없는 사람 이미지와 타일 형태의 백그라운드는 '허전해서' 삽입했다고 밖에 볼 수 없다. 백그라운드는 핵심 메시지와 관련이 있는 경우에만 삽입하도록 하라.

예시 3. 시선 중력의 법칙을 어긴 경우와 개선 사례

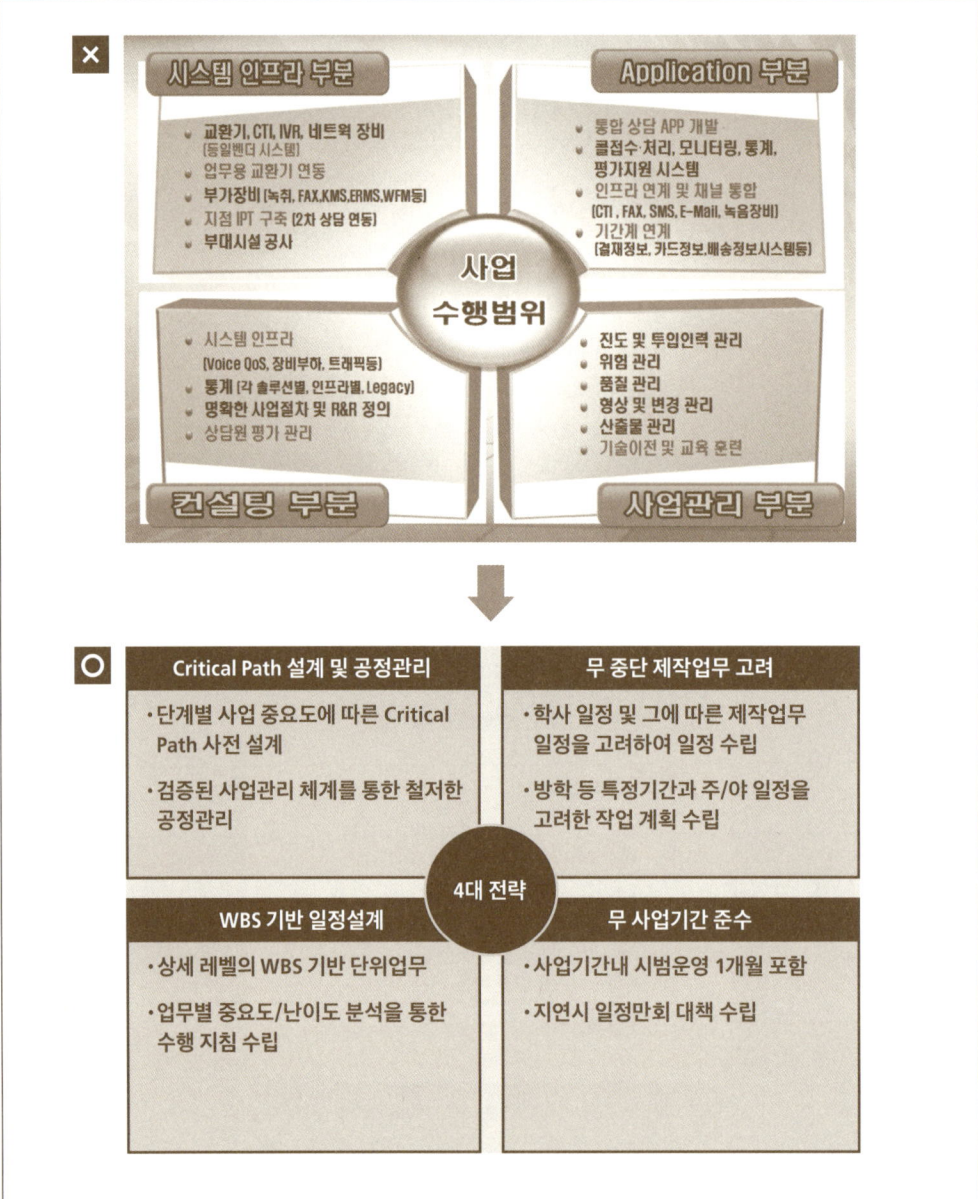

시선은 위에서 아래로 자연스럽게 이동한다. 그 때문에 개선 전 사례는 소제목을 자연스럽게 읽기가 어렵다.

예시 4. 여백을 활용한 사례

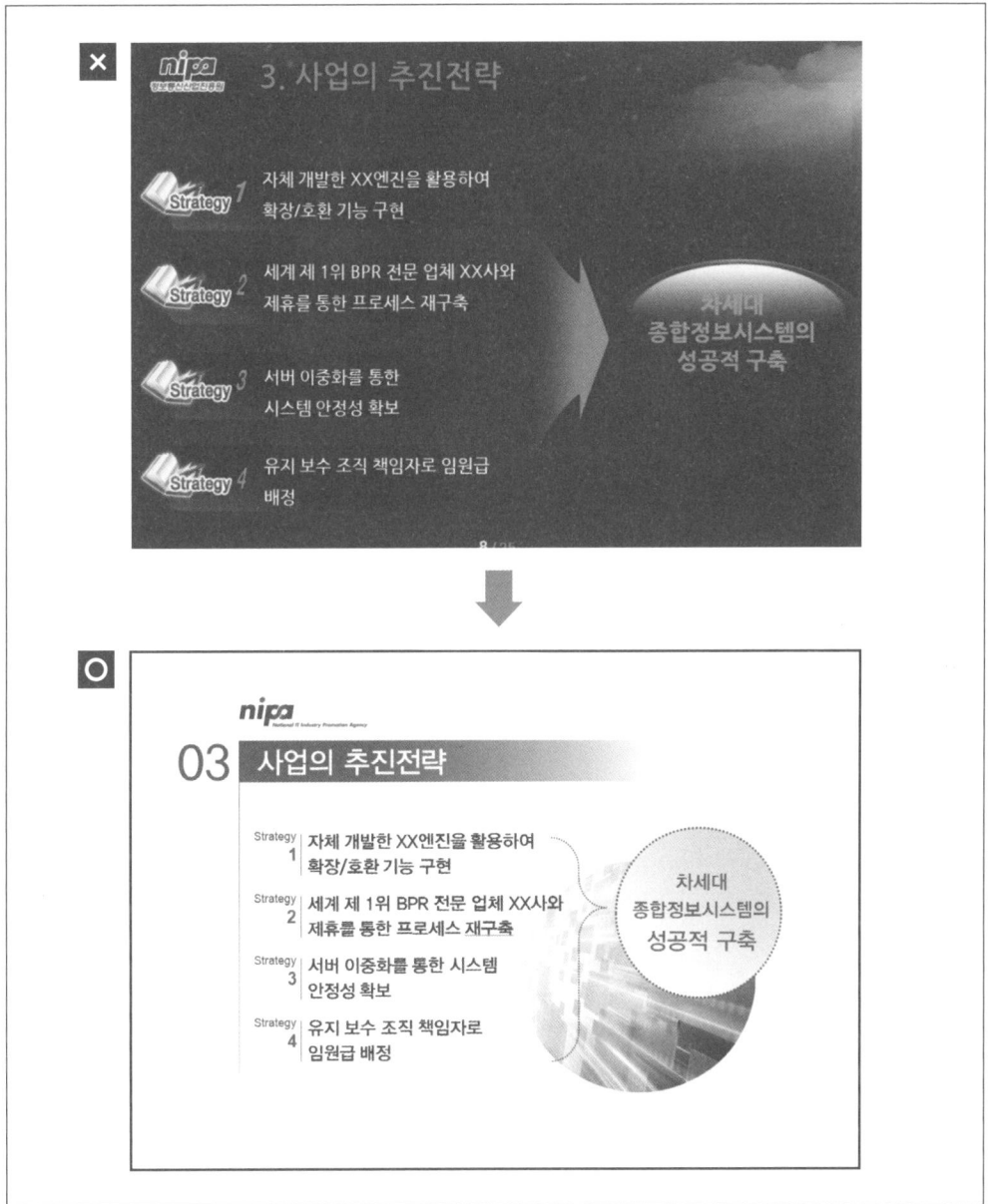

개선 전 슬라이드의 경우 여백을 채우기 위해 넣은 별과 구름, 화면 전체를 채운 레이아웃은 핵심 메시지 전달을 방해하고 있다.

예시 5. 일관성 유지에 실패한 경우와 개선 사례

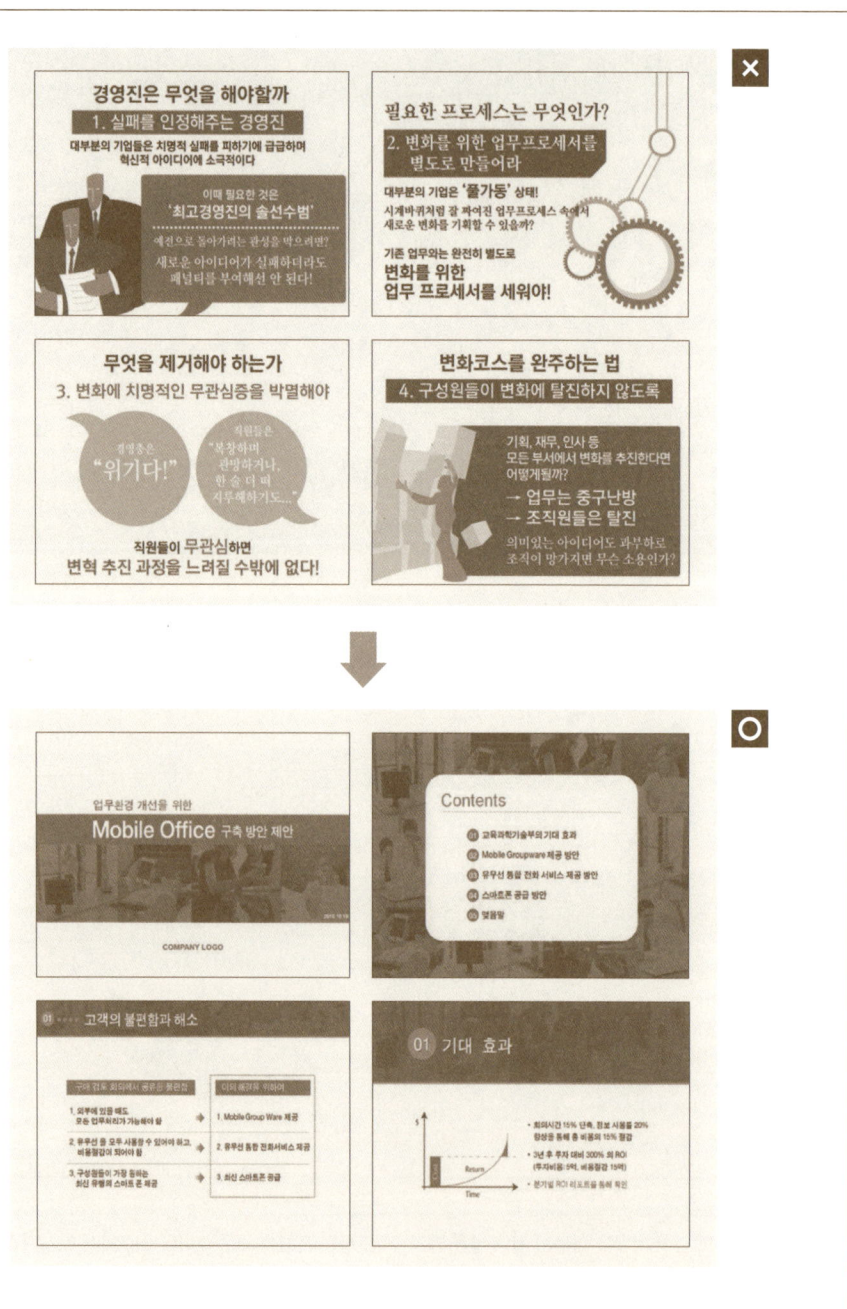

개선 전의 넉 장의 슬라이드는 전문적인 내용이 산만하게 표현되었다. 일관성을 유지하기 위해 제목을 붙이거나 색상을 통일할 필요가 있다. 아래의 슬라이드는 유사한 색상과 이미지를 통해 전체적으로 일관성을 유지하고 있다.

6.6
PT 플랫폼 스킬

PT에 자신이 없을수록 사람들은 슬라이드 작성에 의존한다. 자신을 믿지 못하기 때문이다. 그러나 주인공은 슬라이드가 아니라 발표자 자신이라는 점을 잊지 말자. 완벽해야 할 것은 슬라이드가 아니라 발표이다. 실전과 동일한 리허설을 통해 발표의 완성도를 높이라.

6.6.1 리허설 시간을 확보하라

PT 리허설에서 가장 중요한 것은 리허설 시간을 확보하는 일이다. 리허설을 충분히 못 하는 가장 큰 이유는 대체로 시간이 부족하기 때문이다.

> **Shipley Tip**
>
> **실패하는 PT의 악순환**
>
> 실패의 가장 큰 원인은 일정을 잘 관리하지 못한 데 있다. 대체로 일정관리에 실패한 경우를 보면 제안서를 제출할 때 쯤에 며칠 밤을 꼬박 새운 후라 다음 주에 있을 PT를 준비할 여력이 없다.
>
> 하루 이틀 휴식을 취하고 돌아오면 이미 발표자료를 만들 물리적 시간이 부족한 경우가 대부분이다. 그 결과 발표 전날 새벽까지 자료 작성에 시간을 모두 쏟아 부어 정작 그 내용을 숙지할 시간이 없다. 내용을 숙지할 시간이 없을수록 모든 내용을 슬라이드에 표현해야만 보고 읽을 수 있기 때문에 슬라이드는 평가위원이 보기 좋게 만드는 것이 아니라 발표자 자신이 읽으면서 발표할 수 있도록 만드는 결과를 초래한다.
>
> 결국 내용을 숙지하지 못한 발표자는 깨알같이 상세하게 써진 글씨를 읽어 내려가며 지루한 PT를 진행한다. 대체로 기술적, 전문적 내용일수록 이런 경향이 많아져서 경쟁자 역시 이런 식으로 최악의 PT를 하고도 사업을 수주하는 경우가 있다.
>
> 가끔 이런 방법으로 사업 수주에 성공하다 보면 자신의 발표자료와 PT에 문제의식을 잃어버려 더는 발전하지 못한다.

리허설 시간을 확보하기 위해 다음 사항을 인지하라.

1. 슬라이드 작성 시간을 제한하라

PT에 자신이 없을수록 사람들은 슬라이드 작성에 의존한다. 자기를 믿지 못하기 때문이다. 그러나 주인공은 슬라이드가 아니라 발표자라는 점을 잊지 말자. 완벽해야 할 것은 발표이다.

2. 슬라이드가 아니라 PT의 설득력을 향상시키라

슬라이드는 발표자의 설명력을 높이는 보조수단이다. 발표자의 설득력을 높이는 것으로는 슬라이드 이외에 여러 보조 도구가 있다. 가장 효과적인 도구는 발표자 자신이라는 점을 분명히 이해해야 한다. 제스처, 목소리 톤, 열정, 태도를 통해서 설득력을 높이라.

3. 고객의 반응과 커뮤니케이션에 초점을 맞추라

PT는 암기한 내용을 쏟아내는 시간이 아니라 청중과의 커뮤니케이션 과정이다. 발표자의 의도대로 잘 설득되고 있는지 살피고, 확인하고, 유연하게 진행한다. 예를 들어 기술적 이슈가 중요할 것으로 예상하고 실제 평가단을 만났는데, 기술전문가가 갑자기 불참하였다면 고객에게 필요한 기술적 이슈를 질의응답 시간에 질문하도록 유도하고, 발표 시간에는 그 내용을 생략하거나 최소화하여야 한다. 이렇게 커뮤니케이션 중심의 융통성 있는 PT를 하려면 '원고식 스크립트'가 아니라 '키노트 스크립트'를 준비해야 한다.

6.6.2 무대에서 승리하라

1. 무대공포의 이해

사람들이 세상에서 가장 두려워하는 것은 무엇일까? 영국의 Sunday times 의 여론조사 결과를 보면 사람들은 놀랍게도 '죽음(6위)'이나 '통증(5위)' 보다 '높은 곳(2위)'이나 '곤충(3위)'을 훨씬 두려워하는 것으로 나타났다. 하지만 더 놀라운 사실은 사람들이 가장 두려워하는 것 1위가 '사람들 앞에서 이야기하는 것(무대공포; Stage Fright)'이라는 점이다. 심리학자는 무대공포가 원시시대 우리 조상이 맹수에 노출되었을 때 보이는 육체적·심리적 반응과 매우 유사한 것으로 보고 이를 긍정적으로 소화하면 최고의 성과를 낼 수 있다고 말한다. 맹수에 노출되어 도망갈 때 초인적인 힘을 발휘하는 것처럼 적정 수준의 스트레스는 최고의 성과를 내게 한다.

그림 1. 최적의 스트레스 구간

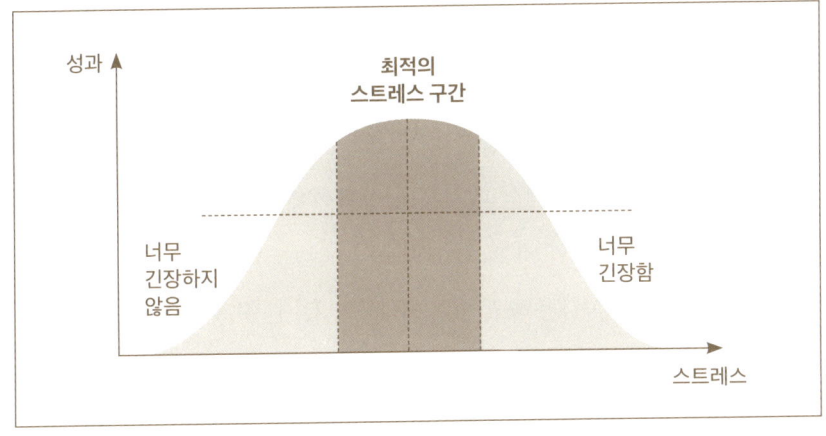

원시시대부터 훈련된 인간의 신체는 적절한 스트레스가 있는 구간에서 최고의 성과를 낸다.

우리가 무대에서 느끼는 긴장감의 실체를 이해하라. 긍정적인 긴장감은 심지어 그 순간을 즐기게까지 한다. 필자를 비롯한 쉬플리 컨설턴트들도 정부사업이나 컨설팅 수주를 위한 경쟁 PT에서 많은 성공과 실패를 한다. 그러나 나는 항상 경쟁과 긴장감을 즐기려고 노력한다.

2. 어디를 볼 것인가?

PT를 할 때 프로와 아마추어의 차이는 시선이 어디를 향하느냐에 따라서 결정된다. 평가자를 보고 있으면 프로이고 시각자료를 보고 있으면 아마추어이다. 이것이 왜 그렇게 중요할까? 평가자를 보기 위해서는 자신의 메시지를 구조화하고 이를 평가자와 커뮤니케이션할 수 있는 방법을 반드시 갖추고 있어야만 하기 때문이다. 그 핵심 방법 두 가지는 아래와 같다.

- **Key Note를 이용하라**

원고식 PT를 하지 않는다. 원고를 줄줄이 외우면 반드시 중간에 생각나지 않는 구간이 있기 마련이고, 그 다음부터 당신의 PT는 꼬이기 시작한다. 그 대신 핵심 키워드를 크게 쓴 Key Note를 준비한다. 이는 원고 외우기(사고의 직렬처리)와 다르게 사고가 병렬처리되어 설령 한두 문장, 심지어 한두 단락을 빼먹거나 현장에서 시간이 줄거나 늘어서 상황이 바뀌는 경우가 있다고 하더라도 핵심 메시지를 정확히 전달할 수 있게 해 준다. 필자는 실제로 많은 분량의 키노트(Key Note, 노트 10권 정도)를 가지고 있다. 최근에는 태블릿 PC를 사용하고 있는데 편집, 복사, 수정이 가능하다는 점에서 더욱 효율적이다.

- **Eye Contact를 하라**

평가자와 시선을 교환한다는 것은 매우 어려운 일이다. 여기에는 약간의 요령이 필요하다.

- 마음속으로 평가자를 3~4개 그룹으로 나눈다.
- 한 그룹에서 가장 호의적인 표정과 시선을 가진 사람을 한 명 정해서 주로 그 사람과 눈을 맞춘다.
- 다른 그룹으로 이동하여 마찬가지로 가장 호의적인 한 명을 중심으로 눈을 맞춘다.
- 시선을 각 그룹에 골고루 배분한다.

이 방법이 효과적인 이유는 모든 사람이 예외없이 자신을 봐주기를 원하기 때문이다. 이 방법을 사용하면 발표 장소의 어떤 사람도 소외감 없이 여러분의 발표에 참여하게 된다.

그림 2. Eye Contact

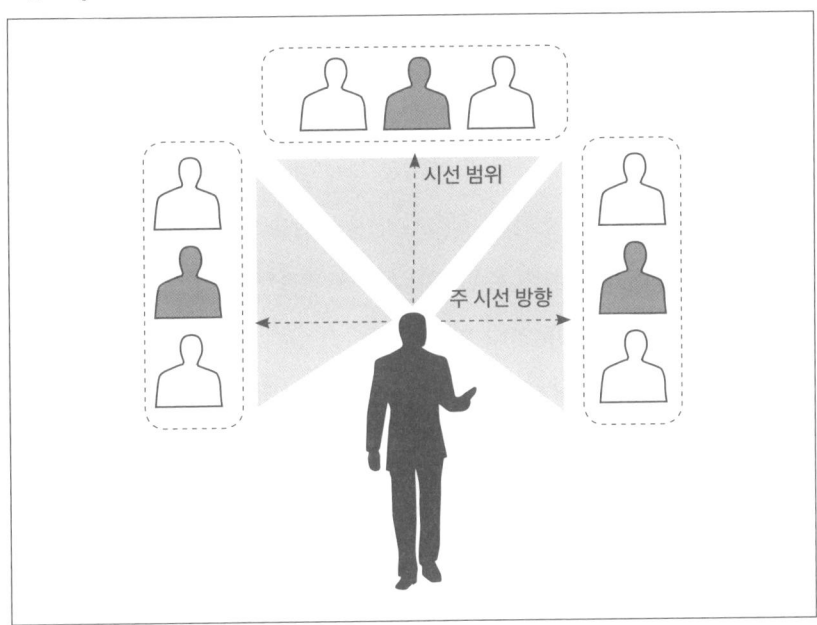

3. 자세 및 제스처와 움직임

• 자세

자세는 반듯이 서면 된다. 몸을 흔들면 안 된다는 뜻과 한쪽으로 기울여져 균형이 깨져도 안 된다는 의미이다. 실제 PT를 훈련시켜 보면 약 70%의 비즈니스맨이 이 두 가지 습관 중 하나 이상을 가지고 있다.

• 손 처리

손을 사용하지 않는 경우, 손은 바지 옆 재봉선에 내려놓는 것이 가장 이상적이다. 문제는 손을 전혀 사용하지 않으면 이 상태를 계속 유지하는 것이 바보 같아 보일 수 있다는 점이다. 그러므로 필요시에는 활발한 제스처를 하는 것이 가장 이상적이다.

• 제스처(Gesture)

자신의 강조 포인트에서 자연스럽게 손을 사용한다. 손을 통해서 메시지를 강조하고 언어로 확인한다. 제스처 사용 시 주의해야 할 점은 반복 정도이다. 제스처가 지나치게 반복될 경우 메시지를 강조하는 것이 아니라 노이즈가 되어 오히려 메시지의 선명도를 떨어뜨린다. 제스처 사용을 훈련하기 전에 먼저 습관적인 제스처를 없애야 한다. 제스처는 반드시 허리 위에서 한다. 허리 밑에 가지런히 있던 손이 올라옴으로써 PT에 역동성을 제공하게 된다.

• 움직임

만약 움직일 공간이 허락된다면 세 발 이상을 옮기라. 왜 세 발인지는 걸어보면 안다. 당신이 두 발 이하를 움직일 경우에는 변화보다는 불안하게 보일 수 있다. 또한 세 발 이상을 움직여야 청중의 시선이 변경되어 다이내믹한 분위기가 자연스럽게 연출된다. 평가자가 질문하면 다가서라. 시각자료를 함께 볼 때는 그쪽으로 걸음을 옮기라. 중간에 한두 번 왼쪽에서 오른쪽으로 빠르게 위치를 옮기면 무대 전체를 새롭게 구성하는 듯한 느낌을 받는다. 핵심 메시지를 강조하거나 평가자와 커뮤니케이션을 시도할 때는 앞으로 이동하는 것이 효과적이다. 이렇게 무대를 다이내믹하게 활용하기 위해서 PT 시작 전에 이동할 동선을 마음 속으로 결정하고, 이를 적극적으로 실행해야 한다.

그림 3. 발표자 동선 예시

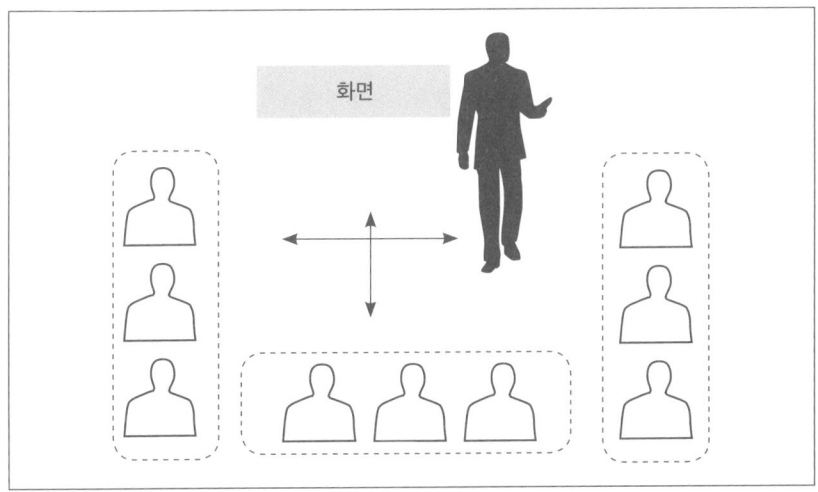

4. 메시지에 집중하라

우리가 긴장하는 이유는 앞에서 설명했지만 사람들로부터 평가를 받기 때문이다. 필자가 깨달은 방법은 근원적으로 나의 관심을 평가자의 시선에서 내가 전달할 메시지로 이전하는 것이다. 내가 솔루션을 세일즈하는 사람이라면 이 솔루션의 가치에 대해서 진지하고, 정직한 메시지를 고민해야 한다. 그곳에 집중하다 보면 내 앞에 누가 앉아 있더라도 나는 내가 제시하는 솔루션의 가치에 몰입하는 나 자신을 발견할 것이다.

> **Shipley Tip**
>
> **메시지에 집중하기**
>
> 이것은 근원적인 긴장감을 극복하는 방법이다.
>
> 필자는 일 년이면 수백 차례의 강의, 경쟁 PT, 세일즈 PT, 컨설팅 코칭을 하게 된다. 물론 어떤 때는 수백 명, 수천 명 앞에서 강의를 해야 할 때도 있고, 대기업의 CEO나 임원들 앞에서 세일즈 PT를 할 때도 있다. 그럼에도 불구하고 필자의 강의와 PT는 청중에 따라서 긴장감의 변화는 없다. (내용의 변화는 있지만!) 한결같다.
>
> '청중이 누구냐'는 근원적으로 중요하지 않다는 사실을 깨달았기 때문이다. 중요한 것은 메시지이다. 내가 그들에게 간절한, 가치 있는, 의미 있는, 전달하고 싶은 메시지가 있느냐가 중요하다.
>
> 나는 외향적이지 않고, 말솜씨가 있지도 않고, 발음이 좋지도 않고, 외모가 탁월하지도 않다. 그러나 사람들은 내 강의와 PT에 긍정적으로 동의하는 경우가 많다. 중요한 것은 메시지다. 그 메시지에 몰입하다 보면 나의 모든 단점은 사라지고, 정제된 메시지만 남게 된다.
>
> 이것이 나의 마지막 '대중 앞에서 말하기'의 노하우이다.

6.6.3 질의응답(Q&A)에서 승부하라

앞에서 언급한 것처럼 질의응답은 PT보다 영향력 면에서 더욱 중요하다. 왜냐하면 정확한 답변을 통해 평가자에게 자신감을 보여주고 신뢰를 줄 수 있기 때문이다.

Q&A가 중요한 이유는 다음과 같다.

- 중요한 메시지를 다시 강조할 수 있는 기회이다.
- 고객이 메시지를 명확히 이해하도록 돕는다.
- 우리의 솔루션이 니즈에 부합한다는 것을 확인시켜 줄 수 있는 추가적인 기회이다.
- PT의 성공 여부를 측정할 수 있다.

1. 질문을 유도하고, 예상하고, 준비하라

우리의 차별화요소를 설명할 기회를 얻기 위하여 평가자의 궁금증을 의도적으로 유발하거나 이슈화하여 질문을 유도한다. 예를 들어 PT를 할 때 1, 2, 3, 5번을 설명하고 4번은 시간 관계상 생략하겠다고 하면 평가자는 Q&A 시간에 반드시 4번 이슈를 질문할 것이다. 이때 준비한 슬라이드를 보여주면서 답변하면 더욱 효과적으로 메시지를 전달할 수 있다.

경쟁자가 자신의 장점으로 어떤 것을 강조할 것인지 예상하고 이를 Q&A 시간에 어떻게 공략할 것인지를 생각한다. 경쟁자가 우리를 어떻게 공략하려고 할 것인가도 예상하고 적극적으로 준비한다.

Q&A 준비 범주

- 경쟁사의 강조 포인트 예상 공략
- 이번 프로젝트의 위험 요소(기술측면, 비용측면, 일정측면, 관리측면)
- 우리 조직과 제안 내용의 약점

2. 3S 기법을 활용하여 답변을 구조화하라

① 받은 질문을 확인하라.

② 3S

- 결론부터 이야기 하라(State)
- 사실을 통해 결론을 입증하라(Support)
- 요약해서 말하라(Summarize)

③ 대답이 만족스러운지 확인하라.

질문
발표자께서는 우리가 국제적 수준의 안전벨트 의무 착용법을 제정해야 한다고 생각하십니까?

잘못된 답변
음, 질문자께서도 아시겠지만 이것은 논쟁의 여지가 있는 문제입니다. 많은 파장을 일으킬 수 있는 문제이지요. 얼마 전 발표된 몇몇 중요한 통계를 보면 질문하신 내용과 관련되는 부분이 나와 있습니다. 하지만 우선 이 문제가 처음 발생했을 때로 거슬러 올라가 봅시다. 어떤 사람들은 안전벨트가 처음 만들어진 것이…

좋은 답변
그러니까 국제적 수준의 안전벨트 의무 착용법 제정 여부와 관련한 제 의견을 물으시는 것이지요?(재진술)

> 네. 저는 찬성입니다.(State)
> 우선 안전벨트의 역사와 새로 발표된 통계를 말씀 드리겠습니다…(Support) 예. 저는 이런 이유 때문에 우리가 국제적 수준의 안전벨트 의무 착용법을 제정해야 한다고 생각합니다.(Summary)
> 제 이야기가 답이 되었는지요?(만족 여부 질문)

3. VIPs 기법을 사용하여 핵심 메시지를 강조하라

VIPs(Very Important Points)를 사전에 정해서 난해하거나 비본질적인 질문을 받았을 때 이 메시지를 강조하는 기회로 삼는다.

> **VIPs(Very Important Points) 기법 활용법**
> - 평가자에게 전달하고 싶은 핵심 메시지를 이야기한다.
> - 명확하고 단순하게 하며, 전문용어를 피한다.
> - 최대 20초를 넘기지 않도록 한다.
> - 긍정적이고 낙관적인 관점에서 이야기한다.

> **질문**
> 이 서버는 중국산 제품입니까?
>
> **답변**
> 네 맞습니다. 그러나 서버를 선택할 때 중요한 것은 서버 품질의 국제 인증 여부와 품질 테스트 결과입니다. 그런 측면에서 저희는 세 국가의 제품을 비교한 뒤 성능이 가장 우수한 이 제품을 선택하였습니다.

4. 적대적인 질문은 응대시간을 최소화하라

제안 PT에서 적대적인 질문을 하는 사람을 속칭 '저격수'라고 한다. 저격수를 어떻게 다루느냐가 승부의 핵심이다. 저격수의 적대적인 질문에 응대할 때 가장 중요한 것은 시간을 최소화하는 것이다. 시간이 길어질수록 불리하므로 절대 반박하지 말라.

명확한 답을 제시할 수 없을 때는 VIPs 기법을 활용한다. 2의 '3S 기법으로 답변을 구조화하라'에서 배운 것처럼 질문에 대한 재진술과 대답의 만족 여부를 묻는 확인 질문은 하지 않는 것이 좋다. 적대적인 평가자가 우리 대답에 만족스러워할 리가 없기 때문이다.

제안 PT와 일반 비즈니스 PT는 전혀 다르다. 제안 PT는 철저하게 승부에 초점이 맞추어져 있어야 하므로 세련될 필요도 없다. 궁극적으로 좋은 점수를 얻으면 그것이 바로 성공적인 제안 PT이다. 세련미, 논리성 같은 것은 모두 이기기 위해서 제한적으로 필요한 부분일 뿐이다. 제안의 명승부사가 되려면 이기는 PT를 하라!

> **Shipley Tip**
>
> **저격수 대응법 → "시간을 짧게 하라"**
>
> ① 논쟁하지 말라
> ② 대답의 만족 여부를 확인하지 말라
> ③ VIPs 기법을 활용하라

6.6.4 실전과 동일하게 연습하라

1. 실전과 같이 훈련하고 반복하라

실전처럼 해야 실력이 향상된다. 실제와 동일한 수준의 긴장감을 경험하면 실제 장면에서도 긴장감에 익숙해서 잘 통제할 수 있고, 위기상황의 대처 방안을 미리 훈련할 수 있다.

그러므로 가능하면 실제 공간, 아니면 유사공간에서 훈련하고 실제 기자재, 마이크 등을 활용한다. 실제 평가위원과 유사한 청중 앞에서 연습하는 것도 큰 도움이 된다.

2. 피드백을 받으라

자신의 모습을 객관적으로 이해해야 한다. 무엇보다 자신의 모습, 목소리, 얼굴 표정은 자신의 생각과 다르다는 것을 인식해야 한다. 가장 효과적인 자기인식은 비디오 촬영을 통해서 스스로 확인하는 것이다.

자신의 장점을 정확히 인식하는 것도 중요하다. 사람들이 빠지는 가장 흔한 함정 중 하나는 이런 훈련을 자신의 단점을 찾아내서 개선하는 과정으로 이해하는 것이다. 그러나 실제 여러분의 성과 대부분은 자신의 장점을 명확히 인식하고 이를 잘 발휘하는 것에서 나온다는 점을 명심하자.

Shipley Tip

자신의 장점을 발휘하라

쉬플리가 코칭했던 어떤 발표자는 매우 내성적이고 말을 많이 더듬었다. 프로젝트를 하면서 보니 이분이 PT는 어려워했지만 자신의 분야에서 전문성과 기술 이해는 매우 뛰어나다는 점을 알게 되었다. 그래서 담당 컨설턴트에게 통상적인 PT 스킬(아이콘택트, 제스처, 자세, 음성 등)을 훈련하지 말라고 요청하였다. 그 대신 그분이 자신의 아이디어를 끝까지 포기하지 않고 이야기하게 하고, 이것이 청중에게 전달되는지를 체크해 달라고 하였다. 왜냐하면 발표 자체를 어려워하는 사람에게 제스처와 발음 관련 이야기는 잘 받아들여지지 않을뿐더러 오히려 자신의 장점(전문성)을 잘 살려야 할 기회에 진짜 중요한 장점을 발휘하지 못하게 하는 결과를 낳기 때문이다.

이 코칭의 목표는 그분의 전문성과 진정성이 투박하고 지루하더라도 여과 없이 평가자에게 전달되는 것이었다. 결과적으로, 그는 이겼다.

PT는 제안서와 달리 '논리적으로 설득적'이기만 하면 되는 것이 아니라 평가위원이 '감성적으로도 신뢰'할 수 있도록 해야 한다는 점을 잊으면 안 된다.

3. 개선해야 할 사항은 최소화하라

너무 많은 부분을 개선하려고 하면 효과적이지도 않고 사기도 떨어진다. 여러 가지 피드백 중에서 개선해야 할 것과 이번에는 그대로 진행해야 할 것을 반드시 구분하라. 특히 슬라이드를 한없이 개선하는 어리석음을 범하면 안 된다. 슬라이드는 프로젝트가 중요할 경우 3일 전, 아무리 작은 프로젝트라고 하더라도 PT 1일 전부터는 수정하지 않는다. 불완전한 부분은 발표자가 스크립트로 커버한다. 그래야만 발표자가 슬라이드의 순서와 내용을 명확히 숙지해서 PT에 자신감을 가질 수 있다.

표 1. 프레젠테이션 평가 시트

평가 기술		1	2	3	4	5	평가 근거
내용 / 전달 / 비주얼							
충실도	고객 니즈의 표현 여부						
전략적 초점	솔루션과 고객의 효용 표현 여부						
	차별화 전략의 명확성						
메시지 전달	서론에서 관심 유도, 동기부여, 개관 여부						
	본론 내용의 논리성, 설득력						
	본론 내용의 리뷰, 재동기부여, 마무리						
	슬라이드가 간결하여 알아보기 쉬운가						
디자인 및 그래픽	디자인과 스토리라인 콘셉트의 조화						
	그래픽의 핵심 차별화요소 전달력						
	흥미와 설득력						
플랫폼 스킬							
어조와 태도	자신감 있고 열정적인 어조						
	시선처리와 손동작						
	내용 숙지 후 고객을 보며 진행						
	말하는 속도와 발음의 명확성						
	발표 내용의 길이가 적절한가						
질의 응답	간결하고 명확한 답변						
	질문에 적절한 대응 (보조슬라이드 준비 여부, 성실성 여부)						
전체적 진행	신뢰감을 주기에 충분한 발표 내용과 논조						
	고객 관점의 진행과 태도						
	시간 관리와 진행 능력						
총계(100점 만점) 점수:							

표1의 평가기준에 맞춰 PT를 평가할 수 있다. 이러한 기준들은 가장 기본적인 PT 스킬 향상에 도움이 될 것이다.

4. 반복하라

가장 중요한 것은 연습을 여러 번 하는 것이다. 고객은 우리 조직과 솔루션의 전문성을 확인하고 확신하고 싶어 한다. 이를 위해서는 많은 연습을 통해 메시지를 분명히 전달해야 한다.

또한 연습을 통해 PT에서 느끼는 높은 긴장감(무대공포)을 대부분 극복할 수도 있다. 누구나 대중 앞에 서면 긴장하지만, 발표 준비를 잘할수록 이 감정은 생산적이고 창조적인 긴장감(Creative Tension)이 된다. 훈련을 열심히 한 운동선수는 올림픽 무대가 두렵지만은 않을 것이다. 오히려 준비한 역량을 발휘할 날이 기다려지지 않겠는가.

찾아보기

123
- 10초 룰 367
- 1등 전략·2등 전략 167
- 4-Box 275, 307, 318, 338

ABC
- POWeR 프로세스 303
- VIPs(Very Important Points) 467

ㄱ
- 가치제안(Value Proposition) 68, 89, 152, 171
- 간결 표제(Telegraphic Headings) 242, 309, 343
- 강점의 극대화 150
- 객관적인 정보(IVP: Independently Verifiable Proof) 109
- 경쟁사 강점의 최소화 154
- 경쟁사 비교표(BCM: Bidder Comparison Matrix) 48, 137, 143
- 경쟁사 약점의 극대화 153
- 경쟁사 초점(Competitive focus) 297, 300, 394
- 고객 관점(Customer Focus) 326
- 고객 정보(Account Plan) 76
- 고객의 구매단계 105
- 고객이슈 발굴 프로세스 132
- 고부가가치 시장(High-end Market) 68
- 고스팅(Ghosting) 113, 153, 300
- 관계구축 영업(ABS: Alcohol Based Selling) 36, 67
- 그림설명문(Action Caption) 38, 288, 371
- 기회분석(Opportunity Assessment) 44

ㄷ
- 동기(Motivation) 130

ㄹ
- 리스크 갭(Risk Gap) 64
- 리트머스 테스트(litmus test) 155, 352

ㅁ
- 목업(Mock-Up) 280
- 목차 개발 227, 234, 261
- 무대공포(Stage Fright) 459, 472

ㅂ
- 반응도(Responsiveness) 129, 297, 392
- 분석적 평가자 96
- 블루오션 전략(ERRC) 162
- 비공식적인 요구조건(Unstated Requirement) 21, 328
- 비즈니스 개발(Business Development) 61

- 빙산(Iceberg) 22, 128, 140

ㅅ

- 사전영업 22, 64, 406
- 서술의 품질(Quality of writing) 297, 300, 392
- 성과 리스크(Performance Risk) 176
- 섹션기획서 리뷰(Pink Team Review) 50, 381
- 섹션기획서(PDW: Proposal Development Worksheet) 49, 223, 247, 252
- 섹션요약(Section summary) 310
- 솔루션 최적화 158
- 수의계약(Handshake' deals) 24
- 수주영업 36, 43, 46, 61, 64
- 수주전략(Capture Strategy) 49, 222
- 스토리보드(Storyboard) 49, 247
- 시각화(Visualization) 297, 392
- 시선 중력의 법칙(Reading Gravity Rule) 368, 447

ㅇ

- 약점의 최소화 151
- 영업대표(Sales Representative) 65
- 영업정보(Capture Plan) 44, 248
- 영업참여 결정(Pursuit Decision) 44
- 영향자(Influencer) 93, 114, 132
- 의사결정자(Decision maker) 93, 114, 132, 198, 274, 315, 357, 413
- 일일미팅(Daily Stand up Meeting) 210, 217
- 일정 관리 217
- 입찰타당성 결정(Bid Validation Decision) 44

ㅈ

- 작성자 정보(Writer's Package) 239, 252
- 전략 리뷰(Blue Team Review) 50, 381
- 전략개발의 3단계 127
- 전략적 초점(Strategic focus) 297, 392
- 전문가 영업(SBS: Solution Based Selling) 36
- 정공법·역공법 171
- 정보 표제(Informative Headings) 242
- 제안 PM(Proposal Manager) 204, 209, 213, 248
- 제안 리스크(Proposal Risk) 176
- 제안 요약(Executive Summary) 47, 179, 274, 315, 405
- 제안 요청서(RFP) 21, 64, 128, 139, 227
- 제안 프로세스 43
- 제안계획서(PMP: Proposal Management Plan) 213, 250, 317
- 제안서 기획(Proposal Planning) 44
- 제안서 리뷰(Red Team Review) 50, 381
- 제안전략(Proposal Strategy) 44, 49, 127, 222
- 제안참여 의사결정 프로세스 44
- 제안팀 구성 203
- 주제문(Theme Statement) 346
- 질의응답(Q&A) 465

ㅊ

- 충실도 체크리스트(Compliance checklist) 239, 252
- 충실도(Compliance) 128, 140, 297, 392
- 커뮤니케이션 방법 개발 158
- 컨소시엄(Teaming) 183

ㅋ

- 키노트(Key Note) 458, 460

• 킥오프 미팅 212, 222, 239

ㅌ
• 통합적 평가자 96
• 투명성(Transparency) 27, 36

ㅍ
• 파레토의 법칙(Pareto's Rule) 357
• 파이프라인 관리(Pipeline Management) 45
• 페이지 & 문서 디자인(Page & Document Design) 297
• 평가항목(Evaluation Factor) 139

ㅎ
• 하나의 슬라이드에는 하나의 핵심 메시지(One Message per One Visual) 444
• 핵심 차별화요소(Discriminator) 37, 73, 137, 338
• 핵심이슈(Hot buttons) 132, 139
• 헤드라인 구조 275, 296

자주 이기는 제안서
수주 영업에서 프레젠테이션까지 수주와 제안의 모든 것

1판 1쇄 발행 2019년 1월 10일
1판 2쇄 발행 2025년 12월 1일

지은이 김용기

편집 최일규, 경정은

펴낸곳 (주)휴넷쉬플리코리아
펴낸이 박주한
주소 서울 구로구 디지털로272 한신IT타워 711호
전화 02-862-8450
이메일 shipley@shipleywins.co.kr

ISBN 978-89-90834-81-2 03320

※ 이 책은 저작권법에 따라 보호를 받는 저작물이므로
  무단 전재와 복제를 금하며 본사의 서면 허락 없이는
  어떠한 형태나 수단으로도 이 책의 내용을 이용하지 못합니다.
※ 잘못된 책은 구입하신 서점에서 바꾸어 드립니다.
※ 책값은 뒤표지에 있습니다.